OEUVRES COMPLÈTES

DE M. LE VICOMTE

DE CHATEAUBRIAND.

TOME III.

DE L'IMPRIMERIE DE FÉLIX LOCQUIN,
RUE NOTRE-DAME-DES-VICTOIRES, N° 16.

OEUVRES COMPLÈTES

DE M. LE VICOMTE

DE CHATEAUBRIAND,

MEMBRE DE L'ACADÉMIE FRANÇOISE.

TOME TROISIÈME.

ESSAIS SUR LES RÉVOLUTIONS.

TOME II.

PARIS.

POURRAT FRERES, ÉDITEURS.

M. DCCC. XXXVII.

ESSAI HISTORIQUE

POLITIQUE ET MORAL

SUR

LES RÉVOLUTIONS

ANCIENNES ET MODERNES

CONSIDÉRÉES DANS LEURS RAPPORTS

AVEC LA RÉVOLUTION FRANÇOISE.

LIVRE PREMIER.

SECONDE PARTIE.

CHAPITRE PREMIER.

Seconde révolution. Philippe et Alexandre.

Le théâtre change; de la ressemblance des évènements nous passons à celle des hommes. Jusqu'ici les tableaux se sont rapprochés par les sites, mais presque toujours les personnages ont différé. Maintenant, au contraire, les similitudes se montreront dans les groupes, les oppositions dans les fonds. Plus nous avancerons vers les temps de corruption, de lumières et de despotisme, plus nous retrouverons nos temps et nos mœurs. Souvent nous nous croirons transportés dans nos sociétés, au milieu des grandes femmes et des petits hommes, des philosophes et des tyrans; des gens rongés de vice pousseront de grands cris de vertu; de beaux livres sur la science de la liberté conduiront les peuples à l'esclavage : enfin nous allons nous revoir parmi les deux tiers et demi de sots et le demi-tiers de fripons, dont nous sommes sans cesse entourés [a].

Périclès avoit pris le vrai sentier pour arriver au bonheur. Traitant le monde selon sa portée, lorsque la nécessité le forçoit d'y paroître, il s'y présentoit avec des idées communes et un cœur de glace. Mais le soir, renfermé secrètement avec Aspasie et un petit nombre d'amis choisis, il leur découvroit ses opinions cachées, et un cœur de feu. Les sots s'aperçurent de son mépris pour eux, car les sots ont un tact singulier sur cet article, et rien ne les chagrine tant que l'indifférence du mépris. Ils accusèrent donc la tendre amie de Périclès; celui-ci parvint à peine à la sauver par ses larmes. Et qui cependant devoit prétendre plus que lui à la gratitude de ses concitoyens? Il y comptoit peu, ayant étudié les hommes. La reconnoissance est nulle chez le très nécessiteux, parce que le sentiment du premier besoin absorbe tous les autres; elle existe quelquefois comme vertu chez le mécanique pauvre, mais non indi-

---

[a] Voilà mon siècle bien arrangé. (N. Ed.)

gent ; elle se change en haine dans l'individu placé immédiatement un rang au dessous du bienfaiteur ; elle pèse aux philosophes ; les courtisans l'oublient. Il suit de là qu'il faut faire du bien au petit peuple par devoir, obliger l'artiste par satisfaction de cœur, n'avoir qu'une extrême politesse avec les classes mitoyennes, prêter seulement aux gens de lettres ce qu'ils peuvent exactement vous rendre, et ne donner aux grands que ce qu'on compte jeter par la fenêtre*.

A ces petites caricatures de nos sociétés se mêleront aussi nos grandes scènes tragiques : la tyrannie, les proscriptions, les rois jugés et massacrés par les peuples, d'autres tombés du trône et réduits à gagner leur vie du travail de leurs mains ; enfin nos hideuses révolutions, entourées du cortége de nos vices.

Expliquons le plan de cette partie.

On sent qu'il est impossible de suivre maintenant le cours régulier de l'histoire, ni même de s'attacher à de grands détails. Ce qui nous reste à

---

* Singulier train d'idées ! Cette inclination à la satire se manifeste continuellement dans l'*Essai*. Il est visible, dans tous ces passages, que ce n'est qu'avec de grands efforts sur moi-même que je parviens à étouffer ce penchant au dédain et à l'ironie.

On s'aperçoit, au reste, que je commençois déjà à écrire moins mal. Sous le rapport de l'art, l'*Essai* va se trouver à peu près de niveau avec mes ouvrages subséquents ; il y restera cependant, toujours avec des idiotismes étrangers, quelque chose de fougueux et de déclamatoire. (N. Ed.)

peindre des Grecs consiste en cette partie qui s'étend depuis l'époque que nous avons traitée jusqu'au règne de Philippe et d'Alexandre, où Athènes et Lacédémone perdirent leur liberté, non de nom, mais de fait.

Dans cette période, qui, à la compter de l'année de la paix avec les Perses jusqu'à la bataille de Chéronée, renferme un espace de cent onze ans, nous saisirons seulement trois traits caractéristiques : le renversement de la constitution et le règne des Trente Tyrans à Athènes, la chute de Denys le jeune à Syracuse, et, par extension, la condamnation d'Agis à Sparte. Nous verrons ainsi l'âge de corruption dans les trois principales villes grecques de l'ancien monde. Quant à la révolution même de Philippe, nous ne ferons que l'indiquer, parce qu'elle ne va pas directement au but de cet ouvrage ; mais, en même temps, nous nous étendrons sur le siècle d'Alexandre, dont les rapports avec le nôtre ont été si grands, considérés sous le jour philosophique. Au reste, nous avons donné, pour abréger, à cette seconde partie le nom général de *révolution de Philippe et d'Alexandre* ; elle forme la seconde de cet *Essai*.

CHAPITRE II.

Athènées. Les Quatre Cents [1].

Déjà vingt années de guerre ont désolé l'Attique[2] ; une peste, non moins destructive, en a enlevé la plus grande partie des habitans, et plongé le reste dans tous les vices; Périclès n'est plus; et Alcibiade, fugitif depuis la malheureuse expédition de Sicile, après avoir dirigé quelque temps la ligue du Péloponèse contre son pays, est maintenant retiré auprès de Tisaphernes, satrape de Lydie.

Là, touché des malheurs dont il fut en partie l'instrument, il commence à tourner les yeux vers sa patrie. De leur côté, les citoyens d'Athènes, accablés sous le poids de leurs calamités, ayant à lutter à la fois contre toutes les forces du Péloponèse et de l'Asie, ne voyoient de ressource que dans le génie de leur illustre compatriote. On entama donc des négociations avec Alcibiade ; mais celui-ci, banni par le peuple, refusa de retourner à Athènes, à moins qu'on ne changeât la forme du gouvernement, en substituant l'oligarchie à la constitution démocratique. Le tyran vouloit faire sa couche avant de s'y reposer.

[1] Je suis ici exactement le VIIe livre de THUCYDIDE ; j'en préviens, afin de ne pas être obligé à chaque ligne de multiplier les *idem* et les *ibid.*

[2] Il y avoit eu une trêve qui devoit durer cinquante ans, et qui fut rompue au bout de six ans et dix mois.

Une prompte réconciliation, à quelque prix que ce fût, étoit devenue d'une nécessité absolue. Agis, avec les forces lacédémoniennes, bloquoit Athènes par terre et occupoit les campagnes voisines, dont les habitants s'étoient réfugiés dans la capitale. D'un autre côté, l'armée athénienne tenoit l'île de Samos, qu'elle venoit d'emporter. De manière que les habitants de l'Attique se trouvoient divisés en deux parties : l'une servant aux expéditions du dehors, l'autre demeurée à la défense de la ville.

La proposition d'Alcibiade, malgré ces circonstances calamiteuses, ne passa pas sans une forte opposition de la part du peuple et des soldats : mais, comme il ne restoit que ce seul moyen d'échapper à une ruine presque inévitable, il fallut enfin se soumettre et consentir à l'abolition de la démocratie.

Alors commencèrent à Athènes les scènes tragiques qui se renouvelèrent bientôt après sous les Trente Tyrans. On ne sauroit se figurer une position plus affreuse que celle de cette malheureuse cité, ni qui ressemblât davantage à l'état de la France durant le règne de la Convention. Attaquée au dehors par mille ennemis, et prête à succomber sous des armes étrangères, une aristocratie dévorante vint consumer au dedans le reste de ses habitants. D'abord il fut décrété qu'il n'y auroit plus que les soldats et cinq mille citoyens à prendre part aux affaires de la république ; et, pour faire perdre à jamais l'envie de s'opposer aux mesures des conjurés, on se hâta de dépêcher tous ceux qui passoient pour être attachés à l'ancienne constitution. Le peuple et le sénat s'assembloient encore; mais si quelqu'un osoit délivrer[a] une opinion contraire à la faction, il étoit immédiatement assassiné. Environnés d'espions et de traîtres, les citoyens craignoient de se communiquer; le frère redoutoit le frère, l'ami se taisoit devant l'ami, et le silence de la terreur régnoit sur la ville désolée.

Ayant établi cette tyrannie provisoire, les conspirateurs procédèrent à l'achèvement d'une constitution. On nomma un comité des Dix, chargé de faire incessamment un rapport à ce sujet. Celui-ci, à l'époque fixée, donna son plan, qui consistoit à établir un conseil de quatre cents avec un pouvoir absolu, et le droit de convoquer les Cinq-Mille à sa volonté.

On jugea par le premier acte du nouveau gouvernement ce qu'on devoit attendre de sa justice. Les Quatre-Cents, armés de poignards et suivis de leurs satellites, entrèrent au sénat dont ils chassèrent les membres. Ils renversèrent ensuite les anciens établissements, firent massacrer ou exilèrent les ennemis de leur despotisme; mais ils ne rappelèrent aucun des anciens bannis dont ils avoient d'abord embrassé la cause, soit dans la

---

[a] Anglicisme.   (N. Éd.)

crainte d'Alcibiade, soit pour jouir des biens de ces infortunés. Je me figure le monde comme un grand bois, où les hommes s'entr'attendent pour se dévaliserᵃ.

Cependant l'armée, en apprenant les troubles d'Athènes, se déclara contre la nouvelle constitution. Alcibiade, que les tyrans avoient négligé, qui ne se soucioit ni de la démocratie ni de l'aristocratie, et n'entretenoit pour les hommes qu'un profond mépris, ne se trouva pas plus disposé à favoriser les conspirateurs. Les soldats, de même que les troupes françoises, fiers de leurs exploits, remarquoient que, loin d'être payés par la république, c'étoient eux au contraire qui la faisoient subsister de leurs conquêtes, et qu'il étoit temps de mettre fin à tant de calamités, en marchant à la ville coupable.

Tandis que ces pensées agitoient les esprits, arrive un transfuge d'Athènes. On s'empresse autour de lui; les nouvelles les plus sinistres sortent de sa bouche. Il rapporte que le crime est à son comble; que les tyrans ravissent les épouses, égorgent les citoyens, et jettent dans les cachots les familles unies aux soldats par les liens du sang[1]. A ces mots, un cri d'indignation et de fureur s'élève du milieu de l'armée; elle jure d'exterminer

---

ᵃ J'avois là une idée bien peu gracieuse du monde. Cette allure d'un esprit qui se permet tout est assez amusante. (N. Éd.)

[1] Ce rapport étoit exagéré.

les scélérats, chasse ses officiers, partisans de la faction aristocratique, en nomme de plus populaires, et rappelle à l'instant Alcibiade.

Tout annonçoit la chute des Quatre-Cents. Il se trouvoit parmi eux des hommes d'un talent extraordinaire: Antiphon, parlant peu, mais réviseur des discours de ses collègues; Phrynique, d'un esprit audacieux et entreprenant: Théramènes, plein d'éloquence et de génie. La discorde ne tarda pas à se mettre parmi eux. Les hommes ressemblent peu à ces animaux justes dont parlent les voyageurs, qui, après avoir chassé en commun, divisent également le fruit de leurs fatigues: les factieux s'entendent sur la proie, presque jamais sur la dépouille. Théramènes, sentant que le pouvoir leur échappoit, revenoit peu à peu à l'ancienne constitution, et se rangeoit du côté du peuple. Phrynique, par des motifs d'ambition, soutenoit le nouvel ordre de choses; et, pour se ménager des ressources, il députa secrètement à Sparte, et se mit à bâtir une forteresse au Pirée, afin d'y recevoir les ennemis et de s'y retirer lui-même en cas d'évènement. Sur ces entrefaites, on apprend tout à coup qu'il vient d'être assassiné sur la place publique, comme Marat au milieu de ses triomphes. Théramènes, maintenant à la tête du parti populaire, insurge les citoyens, et se saisit du général de la faction opposée. Les Quatre-Cents courent aux armes pour leur défense. A l'instant même la flotte lacédémonienne se montre à l'entrée du Pirée ; le tumulte est à son comble. Théramènes vole au port ; il parle aux soldats ; il leur représente que le fort a été élevé par les tyrans, non pour la sûreté de la place, mais pour y introduire l'ennemi de la patrie, dont les vaisseaux sont déjà en vue. La rage s'empare des troupes ; le fort, rasé jusqu'aux fondements, disparaît sous la main empressée d'une multitude furieuse ; l'abolition du tribunal des Quatre-Cents est prononcée par acclamation, les conjurés épouvantés s'échappent de la ville ; et la constitution populaire se rétablit au milieu des bénédictions et des cris de joie de la foule.

Tels furent ces troubles passagers, où nous retrouvons si bien le caractère de ceux de la France. On y sent le même fond d'immoralité et de vice intérieur. Nous apercevons un gouvernement flattant la soldatesque, et s'entourant du militaire, signe certain de ruine et de tyrannie. On y découvre un je ne sais quoi d'étroit en choses et en idées, qui fait qu'on s'imagine lire l'histoire de notre propre temps. Ce ne sont plus les Thémistocle, les Aristide, les Cimon : ce sont les Robespierre, les Couthon, les Barrère. Au reste, cette révolution d'Athènes tient à un principe politique que nous allons examiner avant de passer aux Trente Tyrans [a].

---

[a] Ce ne sont plus des comparaisons directes, mais quelques rapprochements généraux de faits et de personnages : le système devient supportable. (N. Éd.)

CHAPITRE III.

Examen d'un grand principe en politique.

Par un principe généralement adopté des publicistes, les nations ont le droit de se choisir un gouvernement, et par un autre principe aussi fameux, « que tout pouvoir vient du peuple, » elles peuvent reprendre leurs droits et changer leur constitution. C'est ce que firent les Athéniens qui consentirent à l'abolition de la démocratie, et la rétablirent ensuite. Voyons où ces principes nous mènent.

Des trois partis qui composent la foule, les uns adoptent absolument ces propositions et disent : Une nation a le droit de se choisir un gouvernement, parce que celle-ci était avant celui-là : que la première est un corps réel, existant dans la nature, dont l'autre n'est qu'une modification, qu'une pensée. La loi ne peut être en ascension de l'effet à la cause, mais descendante du principe à la conséquence. Tout pouvoir découle ainsi du peuple, et il ne sauroit aliéner sa liberté, car le contrat est nul entre celui qui donne tout et celui qui n'engage rien ; entre tel qui ne sauroit acheter et tel qui n'a pas droit de vendre.

Les autres nient le tout, et les modérateurs jettent un voile religieux sur cet axiome.

Je ne puis penser de même; cet air secret fait beaucoup de mal. Le peuple est un enfant; présentez-lui un hochet dont il sorte des sons, si vous ne lui en expliquez la cause, il le brisera pour voir ce qui les produit. Pour moi, j'avoue hautement ce que je crois, et suis persuadé qu'en toute occasion la vérité, bien expliquée, est bonne à dire. Je reçois donc les deux principes, inattaquables dans leur base, et indisputables dans le raisonnement : mais en adoptant la majeure avec les républicains, voyons si nous admettrons le corollaire.

Conclurai-je que ce qui est rigoureusement vrai en logique soit nécessairement salutaire dans l'application? Il y a des vérités abstraites qui seroient absurdes si on vouloit les réduire en vérités de pratique. Il y a des vérités négatives et des vérités de maux, que le titre de *vérités* ne rend pas pour cela meilleures. J'ai la fièvre, c'est une vérité; est-ce une bonne chose que d'avoir la fièvre? Le chaos où les deux propositions nous plongent est évident de soi. Le peuple a le pouvoir de se choisir un gouvernement, mais il a aussi celui de changer ce gouvernement, puisque toute souveraineté émane de lui. Ainsi, hier une république, aujourd'hui une monarchie, et demain encore une république. Par le premier droit, dira-t-on, une nation courroit les risques de tomber dans l'esclavage, comme à Athènes, si elle n'avoit le second pour se sauver. D'accord.

Mais cette seconde faculté ne le livre-t-elle pas à la merci des factieux sans nombre, qui ne vivent que dans les orages? des factieux qui, connoissant trop le penchant inquiet de la multitude, lui persuaderont incessamment que sa constitution du moment est la pire de toutes, par cela même qu'elle en jouit; et un éternel carnage et une éternelle révolution règneront parmi les hommes. Est-il d'ailleurs quelque puissance qui puisse rompre le soir les serments solennels que vous avez faits le matin? L'honneur, les engagements les plus sacrés, que dis-je! la morale même, ne sont qu'une folie si j'ai le droit incontestable de les violer, et si par cette violation je crois mériter, non des reproches, mais des louanges. Quoi! le manque de foi que vous puniriez dans l'individu, vous le récompenserez dans le corps collectif! Y a-t-il donc deux vertus, l'une de l'homme et l'autre des nations? O vertu! peux-tu être autre qu'une! Que si tu es double, tu es triple, quadruple, ou plutôt tu n'es rien qu'un être de raison qui nivelle le scélérat et l'honnête homme, qu'un vain fantôme omniforme, modifié selon les cœurs et variant au souffle de l'opinion. Que deviendra l'univers?

Tel est l'abîme où nous font accourir ceux qui tiennent de loin devant nous ces lumières funestes, comme ces phares trompeurs que les brigands allument la nuit sur des écueils pour attirer les vaisseaux au naufrage. Voulez-vous encore vous convaincre davantage de l'illusion de ces préceptes ? examinez les contradictions où est tombée la Convention en voulant les faire servir à l'économie politique. C'étoit un crime digne de mort en France, à une certaine époque, d'oser soutenir qu'une nation n'eût pas le droit de se constituer. L'anarchie est venue, et les révolutionnaires n'ont point eu de honte de nier la proposition au soutien de laquelle ils avoient versé tant de sang. Ainsi ils sont réduits à abandonner la base de leur propre édifice, tandis qu'ils continuent d'en suspendre en l'air la coupole. Est-ce supériorité de talent, ou foi menteuse? Pour moi, qui, simple d'esprit et de cœur, tire tout mon génie de ma conscience, j'avoue que je crois en théorie au principe de la souveraineté du peuple; mais j'ajoute aussi que si on le met rigoureusement en pratique, il vaut beaucoup mieux, pour le genre humain, redevenir sauvage, et s'enfuir tout nu dans les bois ª.

* L'audace de ce chapitre est inconcevable; certes, je n'aurois pas aujourd'hui le courage de couper ainsi le nœud gordien. Aurois-je réellement trouvé dans ma jeunesse la manière la plus sûre de toucher à cette question de la souveraineté du peuple ? Je me débarrasse de tous les raisonnements en faveur de cette souveraineté en la *reconnoissant*, et j'en évite tous les périls en la déclarant *impraticable :* je la tiens comme une vérité de la nature de la peste ; la peste est aussi une vérité.

Au surplus, et je l'ai déjà dit dans ces *notes,* le droit divin pour le prince, la souveraineté pour le peuple, sont des mystères qu'aucun esprit raisonnable ne doit essayer de sonder. Il est tout aussi aisé, après tout, de nier la souveraineté du peuple que de l'admettre. Ce principe, que le peuple existoit avant le gouvernement, n'a aucune solidité; on répond fort bien que c'est, au contraire, le gouvernement qui, constituant les hommes en société, fait le peuple : supposez le gouvernement absent, il y a des individus, il n'y a point de nation.

Le principe de la souveraineté du peuple n'est d'ailleurs d'aucun intérêt pour la liberté : il y auroit même un danger réel à faire sortir la liberté du droit politique, car le droit politique est toujours contestable, susceptible d'interprétations et de modifications. La liberté a une origine plus assurée, elle sort du droit de nature : l'homme est né libre. Ce n'est point par sa réunion avec les autres hommes qu'il acquiert sa liberté; il la perd plus souvent qu'il ne la trouve dans les agrégations politiques; mais l'homme apporte dans la société son droit imprescriptible à la liberté. Dieu n'a soumis ce droit qu'à l'ordre, et n'a exposé ce droit à périr que par la violence des passions.

Il résulte de là que la liberté ne doit et ne peut supporter que le joug de la règle ou de la loi; qu'aucun souverain n'a d'autorité politique sur elle; que plus cette liberté est éclairée, moins elle est exposée à se perdre par les passions; qu'elle a pour ennemi principal le vice, pour sauvegarde naturelle la vertu.

(N. Ed.)

CHAPITRE IV.

Les Trente Tyrans. Critias, Marat, Théramènes, Syeyes [a].

Quelques années après la révolution des Quatre-Cents, Athènes fut prise par les Lacédémoniens. Lysander, ayant fait abattre les murailles de la ville, y abolit la démocratie, et y nomma trente citoyens qui devoient s'occuper du soin de faire une nouvelle constitution [1]. Ces hommes pervers s'emparèrent bientôt de l'autorité remise entre leurs mains. Faisons connaître les principaux acteurs de cette scène sanglante.

A la tête des Trente Tyrans paroissoit Critias, philosophe et bel esprit de l'école de Socrate. Ce despote avoit tous les vices de ceux qui désolèrent si long-temps la France. Athée par principe, sanguinaire par plaisir, tyran par inclination [2], il renioit, comme Marat, Dieu et les hommes.

Théramènes, son collègue, avec plus de talents, avoit aussi plus de souplesse. De même que

---

[a] Oubliez le rapprochement des noms, Critias et Marat, Théramènes et Syeyes, et il y a quelque intérêt historique dans ces chapitres. (N. Éd.)

[1] XENOPH., *Hist. Græc.*, lib. II; DIOD. SIC., lib. III.
[2] XENOPH., *Hist. Græc.*, lib. II; ISOCR., *Areop.*, t. 1, p. 330; BAYLE, *Crit.*

Syeyes, amateur de la démocratie, il consentit cependant à devenir l'un des Quatre-Cents¹, renversa bientôt après leur autorité², et fut choisi de nouveau l'un des Trente, après la reddition d'Athènes³.

La première opération de ces misérables fut de s'associer trois mille brigands et de tirer une garde de Lacédémone, prête à exécuter leurs ordres⁴. Lorsqu'ils se crurent assez forts, ils désarmèrent la cité, ainsi que la Convention les sections de Paris, excepté les Trois-Mille, qui conservèrent les droits des citoyens⁵. C'est encore de cette manière que les conjurés de France avoient fait des Jacobins les seuls citoyens actifs de la république, tandis que le reste du peuple, plongé dans la nullité et la terreur, trembloit sous un gouvernement révolutionnaire.

Désormais certains de leur empire, les Trente lâchèrent la main au crime. Tous les Athéniens soupçonnés d'attachement à l'ancienne liberté, tous ceux qui possédoient quelque fortune, furent enveloppés dans la proscription générale⁶. Critias disoit, comme Marat, qu'il falloit, à tout hasard, faire tomber les principales têtes de la ville⁷. Les monstres en vinrent au point de choisir tour à tour un riche habitant qu'ils condamnoient à

---

¹ Thucyd., lib. viii.   ² Id. ibid.
³ Xenoph., Hist. Græc., lib. ii.
⁴ Id., ibid.   ⁵ Id., ibid.   ⁶ Id., ibid.   ⁷ Id., ibid.

mort, afin de payer de la confiscation de ses biens les satellites de leur tyrannie[1]. Et comme si tout, dans cette tragédie, devoit ressembler à celle de Robespierre et de la Convention en France, les corps des citoyens massacrés étoient privés des honneurs funèbres[2].

Cependant Athènes n'étoit plus qu'un vaste tombeau habité par la terreur et le silence. Le geste, le coup d'œil, la pensée même, devenoient funestes aux malheureux citoyens. On étudioit le front des victimes ; et sur ce bel organe de vérité, les scélérats cherchoient la candeur et la vertu, comme un juge tâche d'y découvrir le crime caché du coupable[3]. Les moins infortunés des Athéniens furent ceux qui, s'échappant dans les ténèbres de la nuit, alloient, dépouillés de tout, traîner le fardeau de leur vie chez les nations étrangères[4].

L'énormité de cette conduite ouvrit enfin les yeux à quelques uns des tyrans. Théramènes, quoique facile, avoit, au fond, du courage et du penchant à bien faire. Ces atrocités le firent frémir. Il s'y opposa avec magnanimité, et sa perte

---

[1] Xenoph., *Hist. Græc.*, lib. ii.

[2] Isocrat., *Areopag.*, tom. 1, pag. 445; Demosth., *in Tim.*; Æschin., *in Ctesiph.*

Selon les derniers auteurs cités, il y eut à peu près de douze à quinze cents citoyens massacrés; mais, d'après Xénophon, le nombre paroîtroit avoir été bien plus considérable, comme j'aurai occasion de le faire remarquer ailleurs.

[3] Xenoph., *Hist. Græc.*, lib. ii.   [4] *Id. ibid.*; Diod., lib. xiv.

fut résolue ¹. Tallien, de même, détesté de Robespierre, se vit sur le point de succomber sous une dénonciation ; mais, plus heureux ou plus adroit que l'Athénien, il détourna le poignard contre l'accusateur même. C'est ainsi que les chances disposent de la vie des hommes. Je vais rapporter l'une auprès de l'autre ces deux accusations célèbres ; nous y verrons que les factions ont toujours parlé le même langage, cherché à s'accuser par les mêmes raisons, et à s'excuser sur les mêmes principes. Je ne puis donner une meilleure leçon aux ambitieux, aux partisans des révolutions, que de leur montrer que, dans tous les siècles, elles n'ont eu qu'une issue pour ceux qui s'y sont engagés, la tombe ².

¹ Xenoph., *Hist. Græc.*, lib. II.

² Ami des libertés publiques, ennemi des révolutions, voilà comme je me montre partout et à toutes les époques de ma vie. Je suis convaincu qu'avec de la constance et de la raison on peut produire, dans l'ordre politique, les réformes nécessaires, sans bouleverser la société, sans acheter la liberté par des injustices ou des crimes. (N. Éd.)

CHAPITRE V.

Accusation de Théramènes; son discours et celui de Critias. Accusation de Robespierre.

En abolissant les autorités constituées à Athènes, les Trente avaient laissé subsister le sénat, qui, subjugué par la terreur, ne pouvoit leur faire d'ombrage. Ce fut devant ce tribunal que Critias dénonça Théramènes. Le peuple, dans un morne silence, assistoit en tremblant au jugement de son dernier défenseur, tandis que les émissaires des tyrans, cachant des poignards sous leurs robes, occupoient les avenues et entouroient les juges [1].

Les parties étant arrivées, Critias prit ainsi la parole :

« Sénateurs, on accuse notre gouvernement de sévérité, et on ne considère pas que c'est une malheureuse nécessité qui suit la réforme de tout État. Mais Théramènes, lui, membre de ce gouvernement, n'est-il pas, en nous faisant ce reproche, plus coupable qu'un autre? Ah! il n'a pas appris aujourd'hui à conspirer! Se disant l'ami du peuple, il établit le pouvoir des Quatre-Cents. Jugeant que ceux-ci finiroient par succomber, il

[1] Xenoph., lib. ii.

les abandonna bientôt et se rangea du parti contraire, d'où il en acquit le surnom de *Cothurne*. Sénateurs, celui qui trahit sa foi par intérêt seroit-il digne de vivre? Otez, par sa mort, un chef aux factieux, dont il entretient les espérances par son audace [1]. »

Alors Théramènes :

« Qui de Critias ou de moi, sénateurs, est réellement votre ennemi ? Je vous en fais juges. J'ai été de son avis lorsqu'il fit punir les délateurs; mais je me suis opposé à ce qu'on proscrivît les honnêtes gens : un Léon de Salamines, un Nicias, dont la mort épouvante les propriétaires, un Antiphon [2], dont la condamnation fait encore frémir tous ceux qui ont bien mérité de la patrie. J'ai réprouvé la confiscation des biens comme injuste, le désarmement des citoyens comme tendant à affoiblir l'Etat; j'ai opiné contre les gardes étrangères comme tyranniques, contre le bannissement des Athéniens comme dangereux à la sûreté de l'Etat. Ceux qui s'emparent de la fortune des autres, condamnent les innocents au supplice, ne ruinent-ils pas en effet votre autorité, sénateurs? On m'accuse de versatilité. Est-ce à Critias à me faire ce reproche? Ennemi du peuple dans la démocratie, ennemi des hommes vertueux dans le

---

[1] Xenoph., *Hist. Græc*, lib. ii.

[2] Antiphon, proscrit par les Trente, avoit entretenu à ses frais deux galères au service de la patrie durant la guerre du Péloponèse. (Vid. Xenoph., *loc. cit.*)

gouvernement du petit nombre, il ne veut de la constitution populaire qu'avec la canaille, de la constitution aristocratique qu'avec la tyrannie [1]. »

Critias, s'apercevant que ce discours faisoit impression sur le sénat, appela ses satellites : « Voilà, dit-il, des patriotes qui ne sont pas disposés à laisser échapper le coupable. En vertu de ma souveraineté, j'efface Théramènes du rôle des citoyens et le condamne à mort. »—« Et moi, s'écrie celui-ci, s'élançant sur l'autel, je demande que mon procès me soit fait selon la loi. Ne voyez-vous pas, Athéniens, qu'il est aussi aisé d'effacer votre nom du rôle de citoyens que celui de Théramènes [2] ? » Critias ordonne aux assassins de s'avancer ; on arrache Théramènes de l'autel [3]; le sénat, sous le coup du poignard, est obligé de garder le silence [4]; Socrate seul s'oppose courageusement, mais en vain, à l'infame décret [5]. Le malheureux collègue de Critias, entraîné par les gardes, cherchoit, en passant à travers la foule, à attendrir le peuple [6]; mais le peuple se souvient-il des bienfaits [7] ? Arrivé aux cachots des Trente, Théra-

---

[1] Xenoph., *Hist. Græc.*, lib. ii.
[2] *Id., ibid.*   [3] *Id., ib.*   [4] *Id., ib.*
[5] Diod. Sic., lib. xiv; Xenoph., *Memor.*
[6] Xenoph., *Hist. Græc.*, lib. ii.
[7] Cela me rappelle la réflexion touchante de Velleïus Paterculus sur Pompée, qui, croyant trouver un asile chez un roi comblé de ses bienfaits, n'y trouva que la mort. — *Sed quis*, dit l'historien, *beneficiorum servat memoriam? Aut quis ullam calamitosis deberi putat gratiam? Aut quando fortuna non mutat fidem!* Les fastueuses pyramides d'Égypte, bâties par les efforts réunis de tout un peuple ; l'humble tombeau de sable

mènes but avec intrépidité la ciguë, et en jetant en l'air les dernières gouttes comme à un festin : « Voilà, dit-il, pour le beau Critias [1]. »

N'est-ce pas là la Convention? N'est-ce pas ainsi que ses membres se sont tant de fois traînés dans la boue, qu'ils se sont couverts d'accusations infames, tandis que l'opinion étoit enchaînée par des tribunes pleines d'assassins? Le philosophe y voit plus : il y remarque que partout où les révolutions ont été durables, jamais de pareilles scènes ne les déshonorèrent. Que conclut-il de cette observation?

Une des époques les plus mémorables de notre révolution est sans doute celle de la chute de Robespierre. Ce tyran, auquel il ne restoit plus qu'un degré à franchir pour s'asseoir sur le trône;

---

du grand Pompée, élevé furtivement sur le même rivage par la piété d'un vieux soldat, durent offrir à César deux monumens bien extraordinaires de la vanité des choses humaines. Les peintres devroient chercher dans l'histoire des sujets de tableaux qui réuniroient à la fois la majesté de la morale et la grandeur de la nature. Le tombeau du rival de César pourroit offrir cette double pompe. Une mer agitée, les ruines de Carthage à moitié ensevelies dans le sable et sous le jonc marin, Marius contemplant l'orage, appuyé dans une attitude pensive sur le tronçon d'une colonne, où l'on distingue peut-être, en caractères puniques, les premières lettres brisées du nom d'*Annibal* : voilà le sujet d'un second tableau non moins sublime que le premier. L'histoire des Suisses en fournit un troisième. Le peintre représenteroit les trois grands libérateurs de l'Helvétie, vêtus de leurs simples habits de paysans, assemblés secrètement, dans un lieu désert, au bord d'un lac solitaire, et délibérant de la liberté de leur patrie, au milieu des montagnes, des torrents, des forêts; le silence de la nature les environne, et ils n'ont pour témoin de cette sainte union que le Dieu qui entassa ces Alpes glacées, et déroula ce firmament sur leurs têtes.

[1] Xenoph., *Hist. Græc.*, lib. II.

résolut d'abattre la tête du modéré Tallien, de même que Critias s'étoit défait de Théramènes. Il reparut à la Convention après une longue absence. On auroit dit que le froid de la tombe colloit déjà la langue du misérable à son palais; obscur, embarrassé, confus, il sembla parler du fond d'un sépulcre. Une autre circonstance non moins remarquable, c'est que son discours, dont on avoit ordonné l'impression par la plus indigne des flatteries, n'étoit pas encore sorti de la presse, que déjà l'homme tout-puissant qui l'avoit prononcé avoit péri du dernier supplice. *O Altitudo!*

Enfin le jour des vengeances arriva. On conçoit à peine comment Robespierre, qui devoit connoître le cœur humain, fit dénoncer aux Jacobins les députés qu'il vouloit perdre; c'étoit les réduire au désespoir, et les rendre par cela même formidables. Ils allèrent donc à la Convention, résolus de périr ou de renverser le despote. Celui-ci exerçoit encore un tel empire sur ses lâches collègues, qu'ils n'osèrent d'abord l'attaquer en face; mais, s'encourageant peu à peu les uns les autres, l'accusation prit enfin un caractère menaçant. Robespierre veut parler, les cris d'*à bas le tyran* retentissent de toutes parts. Tallien, sautant à la tribune : « Voici, dit-il, un poignard pour enfoncer dans le sein du tyran, si le décret d'accusation est rejeté. » Il ne le fut pas. Barrère, abandonnant son ami, et se portant lui-même pour délateur, fit pencher la balance contre le malheureux Robespierre. On l'arrête. Délivré par les Jacobins, il se réfugie à l'Hôtel-de-Ville, où il essaie vainement d'assembler un parti. Mis hors de la loi par un décret de la Convention, déserté de toute la terre, il ne put même échapper à ses ennemis par ce moyen qui nous soustrait à la persécution des hommes, et la fortune le trahit jusqu'à lui refuser un suicide. Arraché par les gardes de derrière une table, où il avoit voulu attenter à ses jours, il fut porté, baigné dans son sang, à la guillotine. Robespierre, sans doute, n'offroit, par sa mort, qu'une foible expiation de ses forfaits; mais, quand un scélérat marche à l'échafaud, la pitié alors compte les souffrances, et non les crimes du coupable[a].

[a] Il faut encore que je fasse remarquer pour la centième fois que l'*Essai* est l'ouvrage d'un émigré. On voit que cet émigré ne savoit rien ou presque rien des hommes auxquels la France alors étoit assujétie; il prend pour des personnages vulgaires des factieux déjà rentrés dans leur obscurité naturelle. Mais les comparaisons sont ici moins choquantes, parce que Critias et Théramènes sont eux-mêmes des acteurs communs et sans nom. Ce n'étoient pas pourtant des esprits violents que ces exilés qui éprouvoient de la pitié même pour Robespierre. (N. Ed.)

CHAPITRE VI.

Guerre des émigrés. Exécution à Éleusine. Massacres du 2 septembre.

Après l'exécution de Théramènes, aucun citoyen, hors le seul Socrate, n'osa s'opposer aux mesures des Trente. Cependant les émigrés, chassés au dehors par la tyrannie, n'avoient pu trouver un lieu où reposer leur tête. Lacédémone menaçoit de sa puissance quiconque recevroit ces infortunés [1]. C'est ainsi que la Convention a poursuivi les François expatriés, et que plusieurs Etats ont eu la lâcheté d'obéir. Thèbes [2] et Mégare seules donnèrent le courageux exemple que l'Angleterre a renouvelé de nos jours, et se firent un devoir d'accueillir l'humanité souffrante.

Bientôt les fugitifs se réunirent sous Thrasybule, citoyen distingué par ses vertus. Leur petite troupe, grosse seulement de soixante-dix héros, s'empara du fort Phylé. Les Trente y accoururent avec leur cavalerie, furent repoussés avec perte; et, craignant un soulèvement dans Athènes, se retirèrent à Éleusine [3].

[1] Elle ordonna même qu'on les livrât aux Trente, et condamna à cinq talents d'amende quiconque leur donneroit un asile.
[2] Thèbes poussa la générosité jusqu'à faire un édit contre ceux qui refuseroient de prêter main-forte à un émigré athénien.
[3] Xenoph., *Hist. Græc.*, lib. II.

La manière dont ils en usèrent avec les habitants de cette ville (apparemment soupçonnés d'attachement au parti contraire) rappelle une des scènes les plus tragiques de la révolution françoise. Ayant fait ériger leur tribunal sur la place publique, on publia que chaque citoyen eût à venir inscrire son nom, sous prétexte d'un enrôlement. Lorsque la victime s'étoit présentée, on la faisoit passer par une petite porte qui donnoit sur la mer, derrière laquelle la cavalerie se trouvoit rangée sur deux haies. Le malheureux étoit à l'instant saisi et livré au juge criminel pour être exécuté [1]. A quelques différences près, on croit voir les massacres du 2 septembre.

Thrasybule ayant augmenté son parti, s'avança jusqu'au Pirée, dont il se saisit [2]. L'opinion com-

---

[1] Ceci demande une explication. Xénophon, qui rapporte ce fait dans le second livre de son Histoire, ne dit pas expressément *pour être exécuté*; il dit que le général de la cavalerie livra les citoyens au juge criminel ; que le lendemain les Trente assemblèrent les troupes, et leur déclarèrent qu'elles devoient prendre part à la *condamnation* des habitants d'Éleusine, puisqu'elles partageoient avec eux (les Trente) la même fortune. N'est-ce pas là un langage assez clair? Quelques auteurs que j'ai déjà cités ont porté le nombre des suppliciés à Athènes à environ quinze cents ; mais Xénophon fait dire à Cléocrite, dans un discours, que les Trente ont fait périr plus de citoyens en quelques mois de paix que la guerre du Péloponèse en vingt-sept années de combats. S'il y a ici de l'exagération, il faut aussi qu'il y ait quelque chose de vrai. D'ailleurs il seroit peut-être possible de montrer que l'expression grecque renferme le sens que je lui donne, si je voulois ennuyer le lecteur par une dissertation grammaticale. Il est donc, après tout, très raisonnable de conclure qu'il y eut un massacre à Éleusine.

[2] Xenoph., *Hist. Græc.*, lib. ii.

mençoit à se tourner vers lui, et l'on se sentoit attendrir en voyant cette poignée d'honnêtes citoyens lutter contre une tyrannie puissante. Il n'y eut pas jusqu'à l'orateur Lysias qui n'envoyât cinq cents hommes[1] aux émigrés d'Athènes. Les Trente, avec leur armée, se hâtèrent de venir déloger Thrasybule. Celui-ci rangea aussitôt en bataille ses soldats, infiniment inférieurs en nombre à ceux de Critias, et posant à terre son bouclier : « Allons, mes amis, s'écria-t-il en se montrant à ses compagnons d'infortune, allons, combattons pour arracher par la victoire nos biens, notre famille, notre pays des mains des tyrans. Heureux qui jouira de sa gloire, ou recouvrera la liberté par la mort ! Rien de si doux que de mourir pour la patrie[2] ! »

Les fugitifs à ces mots se précipitèrent sur les troupes ennemies. Le combat étoit trop inégal pour que le succès fût long-temps douteux. D'un côté, la vengeance et la vertu; de l'autre, le crime et sa conscience. Les tyrans furent renversés : Critias y perdit la vie, et le reste des Trente, épouvanté, se renferma dans Athènes[3].

Après l'action, les soldats des deux partis se parlèrent; ceux qui combattirent sous Critias étoient du nombre des cinq mille habitants qui, comme je l'ai dit, avoient seuls conservé le droit

---

[1] Just., lib. v, cap. ix.
[2] Xenoph., *Hist. Græc.*, lib. ii.   [3] *Id.*, *ib.*

de citoyens. Cléocrite, attaché au parti de Thrasybule, leur fit sentir la folie de se déchirer pour les maîtres. Les Trois-Mille[a], mécontents de leurs anciens tyrans, en élurent dix autres qui ne se conduisirent pas moins criminellement que les premiers. Les Trente et leur faction s'enfuirent à Éleusine[1].

[a] Lisez les Cinq-Mille.   (N. Ed.)
[1] Xenoph., *Hist. Græc.*, lib. II.

CHAPITRE VII.

Abolition de la tyrannie. Rétablissement de l'ancienne Constitution.

C'étoit une maxime du peuple libre de Sparte, de soutenir partout la tyrannie. Si le principe n'est pas généreux, du moins est-il naturel. Nous cherchons à être heureux, mais nous ne pouvons souffrir le bonheur dans nos voisins. Les hommes ressemblent à ces enfants avides qui, non contents de leurs propres hochets, veulent encore saisir ceux des autres *. Les Lacédémoniens volèrent au secours des Trente, Lysander bloqua le Pirée [1]; c'en étoit fait des émigrés athéniens, lorsque les passions humaines vinrent les sauver et rendre la paix à leur patrie.

Pausanias, roi de Sparte, jaloux de la gloire de Lysander, eut l'adresse de se faire envoyer à Athènes avec une armée. Il livra un combat pour la forme à Thrasybule, et en même temps l'invita sous main à députer à Sparte quelques uns de ses amis.

Ceux-ci y conclurent un traité par lequel la

---

* Qui avoit pu me donner une idée aussi abominable de la nature humaine! (N. Ed.)

[1] Xenoph., lib. ii.

tyrannie fut abolie, et l'ancien gouvernement rétabli dans sa première forme. Cette heureuse nouvelle étant apportée à Athènes, les partis se réconcilièrent, et Thrasybule, après avoir offert un sacrifice à Minerve, termina ainsi le discours qu'il adressoit à l'ancienne faction des Trente et des Dix : « Pourquoi voulez-vous nous commander, citoyens? Valez-vous mieux que nous? Avons-nous, quoique pauvres, convoité vos biens? et ne commîtes-vous pas mille crimes pour nous dépouiller des nôtres?... Je ne veux point rappeler le passé, mais apprenez de nous que souvent l'opprimé a plus de foi et de vertu que l'oppresseur. »

Les Trente et les Dix, retirés à Eleusine, voulurent encore lever des troupes pour se rétablir. Un tyran dans l'impuissance est un tigre muselé qui n'en devient que plus féroce. On marcha à ces misérables. Ils furent massacrés dans une entrevue. Ceux qui les avoient suivis firent un accommodement avec les vainqueurs, et une sage amnistie ferma toutes les plaies de l'Etat [1].

---

[1] Xenoph., *Hist. Græc.*, lib. II.

CHAPITRE VIII.

Un mot sur les émigrés.

Je me suis fait une question en écrivant le règne des Trente. Pourquoi élève-t-on Thrasybule aux nues? et pourquoi ravale-t-on les émigrés françois au plus bas degré? Le cas est rigoureusement le même. Les fugitifs des deux pays, forcés à s'exiler par la persécution, prirent les armes sur des terres étrangères en faveur de l'ancienne constitution de leur patrie. Les mots ne sauroient dénaturer les choses : que les premiers se battissent pour la démocratie, les seconds pour la monarchie, le fait reste le même en soi. Ces différences d'opinions sur des objets semblables naissent de nos passions : nous jugeons le passé selon la justice, le présent selon nos intérêts.

Les émigrés françois, comme toute chose en temps de révolution, ont de violents détracteurs et de chauds partisans. Pour les uns, ce sont des scélérats, le rebut et la honte de leur nation : pour les autres, des hommes vertueux et braves, la fleur et l'honneur du peuple françois. Cela rappelle le portrait des Chinois et des Nègres : tout bons, ou tout méchants. Si l'on convient qu'un grand seigneur peut être un fripon, qu'un royaliste peut être un malhonnête homme, cela ne suffit pas actuellement : un ci-devant gentilhomme est de nécessité un scélérat. Et pourquoi? Parce qu'un de ses ancêtres, qui vivoit du temps du roi Dagobert, pouvoit obliger ses vassaux à faire taire les grenouilles de l'étang voisin lorsque sa femme étoit en couche.

Un bon étranger, au coin de son feu, dans un pays bien tranquille, sûr de se lever le matin comme il s'est couché le soir, en possession de sa fortune, la porte bien fermée, des amis au dedans et la sûreté au dehors, prononce, en buvant un verre de vin, que les émigrés françois ont tort, et qu'on ne doit jamais quitter sa patrie : et ce bon étranger raisonne conséquemment. Il est à son aise, personne ne le persécute, il peut se promener où il veut sans crainte d'être insulté, même assassiné; on n'incendie point sa demeure, on ne le chasse point comme une bête féroce, le tout parce qu'il s'appelle Jacques et non pas Pierre, et que son grand-père, qui mourut il y a quarante ans, avoit le droit de s'asseoir dans tel banc d'une église, avec deux ou trois arlequins en livrée derrière lui[a]. Certes, dis-je, cet étranger pense qu'on a tort de quitter son pays.

C'est au malheur à juger du malheur. Le cœur grossier de la prospérité ne peut comprendre les

---

[a] Je ne sais si cette manière de défendre mes compagnons d'infortune leur plaisoit beaucoup.   (N. Éd.)

sentiments délicats de l'infortune. Nous nous croyons forts au jour de la félicité ; nous nous écrions : « Si nous étions dans cette position, nous ferions comme ceci, nous agirions de cette manière. » L'adversité vient-elle, nous sentons bientôt notre faiblesse, et, avec des larmes amères, nous nous rappelons les vaines forfanteries et les paroles frivoles du temps du bonheur.

Si l'on considère sans passion ce que les émigrés ont souffert en France, quel est l'homme, maintenant heureux, qui, mettant la main sur son cœur, ose dire : « Je n'eusse pas fait comme eux? »

La persécution commença en même temps dans toutes les parties de la France ; et qu'on ne croie pas que l'opinion en fût la cause. Eussiez-vous été le meilleur patriote, le démocrate le plus extravagant, il suffisoit que vous portassiez un nom connu pour être noble, pour être persécuté, brûlé, lanterné : témoin les Lameth et tant d'autres, dont les propriétés furent dévastées, quoique révolutionnaires et de la majorité de l'Assemblée constituante.

Des troupes de sauvages, excitées par d'autres sauvages, sortirent de leur antre. Un malheureux gentilhomme, dans sa maison de campagne, voyoit tour à tour accourir les paysans effrayés : « Monsieur, on sonne le tocsin; monsieur, les voici; monsieur, ils ont résolu de vous tuer; monsieur, fuyez, fuyez, ou vous êtes perdu!... » Au

milieu de la nuit, réveillés par des cris de feu et
de meurtre, si ces infortunés, échappés à travers
mille périls de leurs châteaux réduits en cendres,
vouloient, avec leurs épouses et leurs enfants à
demi nus, se retirer dans les villes voisines, ils
étoient reçus avec les cris de mort : « A la lan-
terne, l'aristocrate! » Aussitôt la municipalité en
ruban rouge, et à la tête de la populace, venoit,
dans une visite solennelle, examiner s'ils n'avoient
point d'armes. Que malheureusement un vieux
couteau de chasse rouillé, un pistolet sans batte-
rie, se trouvassent en leur possession, les vocifé-
rations de *traîtres*, de *conspirateurs*, de *scélérats*,
retentissoient de toutes parts. Ici on les traînoit à
la Maison-Commune, pour rendre compte de
prétendus discours contre le peuple; là, pour
avoir entendu la messe, selon la foi de leurs
pères; ailleurs, on les surchargeoit de taxes arbitraires, par d'infames décrets qui les obli-
geoient de payer sur le pied de leurs anciennes
rentes, tandis que d'autres décrets, en abolissant
ces rentes mêmes, ne leur avoient quelquefois
rien laissé : taxes qui souvent surpassoient le revenu de la terre entière [1], tant ils étoient absurdes
et méchants !

Dans l'abandon général et la persécution atta-
chée à leurs pas, il restoit aux gentilshommes

[1] Ceci est arrivé à la mère de l'auteur. Pour payer les taxes de 1791, elle fut obligée d'ajouter au revenu de la terre taxée six mille livres de sa poche.

une ressource : la capitale. Là, perdus dans la foule, ils espéroient échapper par leur petitesse, contents de dévorer en paix, dans quelque coin obscur, le triste morceau de pain qui leur restoit : il n'en fut pas ainsi.

Il semble que l'on fit tout ce que l'on put pour les forcer à s'expatrier, et plusieurs pensent que c'étoit un plan de l'Assemblée pour s'emparer de leurs biens. Ces victimes dévouées étoient obligées de quitter Paris dans un certain temps donné. Le matin ils voyoient leur hôtel marqué de rouge ou de noir, signe de meurtre ou d'incendie. Ce fut alors qu'ils se trouvèrent dans une position si horrible, que j'essaierois en vain de la peindre. Où aller? où fuir? où se cacher? Réduits à la plus profonde misère, encore pleins de l'amour de la patrie, on les vit à pied, sur les grands chemins, retourner dans les villes de province, où, plus connus, ils éprouvèrent tout ce qu'une haine raffinée peut faire souffrir. D'autres rentrèrent dans les ruines de leurs châteaux dévastés par la flamme. Ils y furent saisis et assassinés; quelques uns rôtis, comme sous le roi Jean, à la vue de leur famille; plusieurs y virent leurs épouses violées avec la plus inhumaine barbarie. En vain les malheureux gentilshommes qui survécurent criaient : Nous sommes patriotes, nous vous cédons nos biens, notre vêtement, notre demeure; on insultoit à leurs cris, on redoubloit de rage : le désespoir les prit, et ils émigrèrent.

Voilà une partie des raisons sans réplique de l'émigration. Qui seroit assez absurde pour se laisser prendre aux déclamations des révolutionnaires, qui joignent la moquerie à la férocité, en condamnant des misérables sur un principe qu'ils ne leur ont par permis de suivre? Vous m'assassinez, et vous m'appelez un traître si je crie! Vous mettez le feu à ma maison, et vous me condamnez à mort parce que je me sauve par la fenêtre! Et quel droit avez-vous de me punir comme déserteur? Laissant un moment à part votre barbarie, ne m'avez-vous pas, par des décrets multipliés, rendu incapable de toutes fonctions? Ne m'avez-vous pas condamné à la plus parfaite inactivité sous les peines les plus sévères? Et vous osez dire que la patrie avoit besoin de moi! Grand Dieu! quand la pudeur est perdue jusqu'à cet excès, tout raisonnement est inutile. Comme le philosophe dont parle Jean-Jacques, nous nous bouchons les oreilles de peur d'entendre le cri de l'humanité, et nous argumentons.

Mais c'est dans cette conduite même que je découvre la vraie raison qui nous force à calomnier les émigrés. Nous avons été cruels envers eux; ils sont malheureux, et leur misère nous est à charge. Quand les hommes ont commis, ou veulent commettre une injustice, ils commencent par accuser la victime : lorsqu'on jetoit des enfants dans le bûcher à Carthage, on faisoit battre les tambours et sonner les trompettes. Lorsqu'on m'a dit : Tel se plaint violemment de vous, j'en ai toujours conclu que ce tel méditoit de me faire quelque mal, où que je lui avois fait du bien [a].

[a] Ces sentiments de misanthropie sont ici plus excusables. Il faut dire, pour être juste, que toute l'émigration ne fut pas produite par la violence comme je l'avance ici, qu'une grande partie de cette émigration fut volontaire. La noblesse de province surtout, et les officiers de l'armée, émigrèrent par le plus noble sentiment d'honneur, et pour se réunir sous le drapeau blanc qu'avoient emporté leurs princes légitimes. Quel François fût resté dans ses foyers lorsqu'on lui envoyoit une quenouille? En défendant les émigrés, je ne défendois ma cause que sous le rapport de la fidélité et des souffrances, car mes opinions politiques n'étoient point représentées par celles de l'émigration.
(N. Éd.)

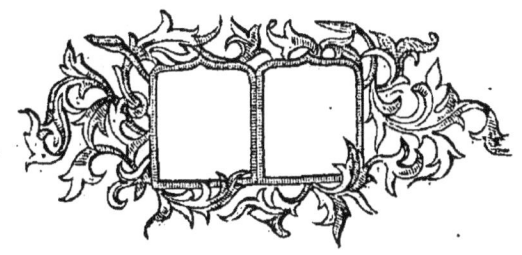

CHAPITRE IX.

Denys le Jeune.

D'autres scènes nous appellent à Syracuse. Après avoir considéré long-temps des républiques, nous allons examiner des monarchies. Au reste, ce sont les mêmes passions, les mêmes vices, les mêmes vertus que nous retrouverons sous des appellations différentes. Le bandeau royal, celui de la religion, le bonnet de la liberté, peuvent déformer plus ou moins la tête des hommes, mais le cœur reste toujours le même.

Tandis que la tyrannie s'étoit glissée à Athènes, elle avoit aussi levé l'étendard en Sicile. Tranquille possesseur d'une autorité usurpée par la ruse, Denys l'Ancien soutint trente-huit années sa puissance par des vices et des vertus : avec les premiers il extermina ses ennemis; avec les secondes il rendit son joug supportable [1] : en cela, comme Auguste, il proscrivit et régna.

A sa mort, son fils le remplaça sur le trône. Esprit médiocre, il ne se distinguoit de la foule que par l'habit qu'il portoit et le rang où le sort l'avoit fait naître. De même que plusieurs autres

---

[1] Diod., lib. xi-xv; *in Moral.; Id. in Dion.*

princes du monde ancien et du monde moderne, c'étoit un bon et aimable jeune homme, qui savoit caresser une femme, boire du Chio, rire agréablement, et qui croyoit qu'il suffisoit de s'appeler Denys et de ne faire de mal à personne, pour être à la tête d'une nation [1].

Denys eût trouvé très doux de jouer ainsi le roi à Syracuse; et peut-être les peuples l'auroient-ils souffert : car, après tout, il importe peu qui nous gouverne [a]. Malheureusement le nouveau prince avoit un oncle philosophe [2].

---

[1] Diod., lib. xvi, p. 410; Plut., *in Dion.*, *in Timol.*; Athen., lib. x pag. 436; Plat., *Epist.* vii.

[a] Je veux dire que tout gouvernement dans ce bas-monde est une chose détestable, et que la perfection seroit de vivre pêlemêle, sans aucune forme de gouvernement. Ces chapitres sont bien plus difficiles à combattre et à réfuter que les chapitres de la première partie, et ils sont bien plus dangereux que toutes les niaiseries anti-religieuses de l'*Essai*. Me croyant près de mourir, ayant pris les hommes en horreur par les crimes révolutionnaires, n'estimant point ce qui avoit précédé la révolution ; n'aimant point ce qui l'avoit suivie, mes opinions intérieures alloient tout droit à l'anarchie et à la destruction de la société. Dans ma verve satirique, je n'épargnois pas plus les morts que les vivants, les anciens que les modernes, et je vais troubler les cendres de Pompée et de César, de Cicéron et de Brutus. . . . (N. Éd.)

[2] Il faut bien se donner de garde, en lisant l'histoire ancienne, de tomber dans l'enthousiasme. Il y a toujours beaucoup à rabattre des idées exaltées que nous nous faisons des Grecs et des Romains. Dion étoit sans doute un grand homme; mais, au rapport de Platon même, il avoit beaucoup de défauts. Voici comme Cicéron parle de Pompée dans ses lettres à Atticus : « Tuus autem ille amicus, nos, ut ostendit, admodum diligit, amplectitur, amat, aperte laudat; occulte, sed ita ut perspicuum sit, in-

Dion commit une grande erreur : il méconnut le génie de Denys. Amant de la philosophie, il s'imagina que chacun devoit en avoir le goût comme lui. En voulant forcer le tyran de Sicile à s'élever au dessus des bornes que la nature lui avoit prescrites, il ne fit que lui mettre mille idées in-

videt nihil come, nihil simplex, nihil εν τοῖς πολιτικοις honestum (in reb. quæ sunt reip.), nihil illustre, nihil forte, nihil liberum. » Et c'est ce même homme pour lequel le même Cicéron a écrit l'oraison *Pro lege Manilia!* Et ce fameux Brutus, ce vertueux régicide, vraisemblablement assassin de son père, dont Plutarque et tant d'autres nous ont laissé de si magnifiques éloges ! Brutus avoit prêté de l'argent aux habitants de Salamine, et il veut que Cicéron force ces malheureux citoyens de payer l'intérêt de cette somme à quatre pour cent par mois, tandis que les plus grands usuriers, dit l'orateur romain, qui est justement révolté de la proposition, se contentent d'un pour cent! Brutus met dans ses sollicitations, au sujet de cette affaire, toute la chaleur et l'aigreur d'un malhonnête homme, jusque-là qu'il cherche à faire nommer à la préfecture un misérable qui avoit tenu assiégés pour dettes, avec un parti de cavalerie, les sénateurs de Salamine, dont trois cents étoient morts de faim; et Brutus espère qu'une seconde exécution militaire lui fera obtenir son argent. « Je suis fâché, ajoute Cicéron, de trouver votre ami (Brutus) si différent de ce que je le croyois. » C'est dans ces mêmes lettres de Cicéron à Atticus qu'on lit cette anecdote fort peu connue, et qui mérite bien de l'être. Le trait est d'autant plus odieux, que Brutus réclamoit cet argent au nom de deux de ses amis, quoiqu'il lui appartînt réellement.

Quant au bon Cicéron lui-même, ses propres ouvrages, et sa vie écrite par Plutarque, nous font assez connoître ses foiblesses. Il est amusant de voir de quel air César lui écrivoit au sujet des guerres civiles : « Mon cher Cicéron, lui mande le tyran, restez tranquille; un bon citoyen comme vous ne doit se mêler de rien. » Et le pauvre Cicéron se désole. « Eh ! que deviendrai-je, mon cher Atticus, si j'allois être arrêté avec mes licteurs ! Ah ! grands Dieux ! on débite les plus mauvaises nouvelles ! Si j'étois à ma maison de Tusculum ! Mais je veux me retirer dans une île de la Grèce. Antoine ne le voudra pas. Que faire ? etc. » Et il écrit une belle lettre à Antoine, qui arrive dans une litière avec trois comédiennes ; ensuite il prononce les Philippiques, et Antoine montre la malheureuse lettre. Pour ce qui est de César, il ne se cachoit point de ses vices. La proclamation de

digestes dans la tête, et peut-être lui donner des vices dont les semences n'étoient pas dans son cœur. Savoir bien juger d'un homme, du langage qu'il faut lui parler, est un art extrêmement difficile. Un esprit d'un ordre supérieur est trop porté à supposer dans les autres les qualités qu'il se trouve, et va se communiquant sans cesse, sans s'apercevoir qu'il n'est pas entendu. C'est une nécessité absolue pour l'homme de génie de sacrifier à la sottise; quelqu'un me disoit qu'il se voyoit prodigieusement recherché de la société, parce qu'il étoit toujours plus nul que son voisin [a].

La réputation de Platon s'étendoit alors dans toute la Grèce. Dion persuada à Denys d'attirer le philosophe en Sicile [1]. Celui-ci, après quelques difficultés, consentit à venir donner des leçons

---

son collègue Bibulus : « Bithynicam reginam, cique regem antea fuisse cordi, nunc esse regnum; » et les vers des soldats :

> Gallias Cæsar subegit, Nicomedes Cæsarem :
> Ecce Cæsar nunc triumphat qui subegit Gallias ;
> Nicomedes non triumphat, quæ subegit Cæsarem ,

apprennent assez les désordres de la reine de Bythinie. Auguste, après avoir proscrit ses concitoyens dans sa jeunesse, et obligé le père et le fils à mourir de la main l'un de l'autre, se faisoit amener dans sa vieillesse les jeunes vierges de ses États. Voilà les grands hommes de Rome. Je ne parle ni des Néron, ni des Tibère. Il paroît cependant singulier que Suétone n'ait pas rapporté ce que Tacite nous apprend du commerce incestueux d'Agrippine et de son fils, lui qui étoit si curieux de pareilles anecdotes.

[a] Je traite le public comme mon camarade ; je le prends par le bras ; je lui raconte familièrement ce que *quelqu'un* m'a dit ou ne m'a pas dit. Il est impossible d'être plus à l'aise. (N. Éd.)

[1] Plut., in *Dion*.

au jeune prince ¹. Bientôt la cour se transforma en une académie ; Denys, du soir au matin, argumentoit du meilleur et du pire des gouvernements ² ; mais il se lassa enfin de déraisonner sur ce qu'il ne comprenoit pas. Les courtisans murmurèrent ; les soldats ne se soucioient pas beaucoup *du monde d'idées* ³, et la vertu philosophique étoit trop chaste pour le tyran. Dion fut exilé, et Platon le rejoignit peu de temps après en Grèce ⁴.

Le moraliste eut à peine quitté Syracuse, que Denys brûla du désir de le revoir. Dans les rois les désirs sont des besoins. Cette fois-ci il fallut que les philosophes de la Grande-Grèce engageassent, pour sûreté, leur parole au vieillard de l'Académie. Il y a je ne sais quoi d'aimable et de touchant dans cet intérêt de tout le corps des sages en un de leurs membres : lorsque Jean-Jacques fuyoit de pays en pays[a], peu importoit aux sa-

---

¹ PLUT., *in Dion*. ² PLUT., *Epist.* VII, tom. III.
³ PLUT., *in Tim.*, pag. 29. ⁴ PLUT., *in Dion.*; PLAT., *Epist.* III.

[a] Les prétendues persécutions éprouvées par Rousseau étoient pour la plus grande partie dans sa tête. Il fut condamné, il est vrai, pour quelques uns de ses ouvrages, mais plusieurs autres écrivains dans le même cas se moquoient d'une condamnation qui ne faisoit qu'accroître leur renommée, et dont la plus grande rigueur se réduisoit à prononcer quelques jours d'arrêts au château de Vincennes. Je ne veux pas dire qu'on n'avoit pas eu grand tort de décréter Rousseau de prise de corps : j'aime trop la liberté individuelle et la liberté de la pensée pour ne pas en revendiquer les droits ; mais je dis qu'il ne faut rien

vants de la France, de l'Angleterre [1] et de l'Italie.

Platon de retour auprès du tyran voulut obtenir de lui le rappel de Dion [2]. Non seulement Denys se montra inexorable, mais, sous un prétexte frivole, confisqua les biens de celui-ci, que jusqu'alors il avoit respectés [3]. Le philosophe, piqué de l'injustice qu'on faisoit à son ami, demanda la permission de se retirer; il l'obtint avec beaucoup de peine [4]. Le prince, demeuré seul avec ses vices et ses courtisans, se replongea dans les excès du despotisme et de la débauche. La mesure des maux du peuple monta à son comble, et l'heure de la vengeance approchoit.

---

exagérer, et qu'il n'est pas juste de donner le nom de *proscription*, d'*exil*, à ce qui n'avoit dans le fond rien de ce caractère odieux. (N. Éd.)

[1] Il y auroit de l'injustice à oublier que Hume donna l'hospitalité à Jean-Jacques; qu'il trouva dans le duc de Portland la protection d'un Mécène et les lumières de la philosophie; enfin, que S. M. britannique elle-même accorda une pension honorable à l'illustre réfugié.

[2] Plat., *Epist.* vii.   [3] Plut., *in Dion*.
[4] Plut., *in Dion*.

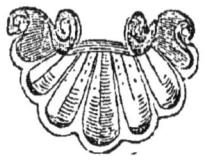

CHAPITRE X.

Expédition de Dion. Fuite de Denys. Troubles à Syracuse.

Dion, dépouillé de ses biens, et blessé au cœur par le divorce de son épouse, que Denys avoit donnée en mariage à l'un de ses favoris, résolut d'arracher la Sicile à la tyrannie [1]. Il se mit en mer avec deux vaisseaux et huit cents hommes [2] pour attaquer un prince qui possédoit des escadres et des armées [3] : mais il comptoit sur les

---

[1] Plat., *Epist.* vii; Plut., *in Dion.*
[2] Diod., lib. vi, p. 413.
[3] Mais Denys étoit alors sans finances, grande cause des révolutions [*]. On trouvera dans cet *Essai* trois ou quatre chapitres où il y a quelques

[*] On a généralement cru, quand j'ai parlé de finances à la tribune, ou quand j'ai mieux fait pour mon pays, quand je me suis tu sur des opérations désastreuses, on a généralement cru que je commençois, comme tant d'autres, mon éducation financière : on s'est trompé : cette note de l'*Essai* et plusieurs passages de ce même ouvrage le prouveront. L'étude et la langue des finances me sont familières depuis long-temps ; j'en avois pris le goût en Angleterre. En arrivant aux affaires dans mon pays, je n'étois étranger à aucune partie essentielle des devoirs que j'avois à remplir. Je ne sais si j'aurois été un bon ministre des finances, mais j'aurois pu avoir du moins cette ressemblance avec M. Pitt : l'État eût peut-être été obligé de faire les frais de mon enterrement. La maison de ce grand ministre étoit dans un complet désordre ; tout le monde le voloit, et il ne pouvoit parvenir à régler les mémoires de sa blanchisseuse : je suis plus fort que tout cela.   (N. Éd.)

vices du roi de Syracuse et sur l'inconstance du peuple : il ne s'étoit pas trompé.

Tout réussit : Denys se trouvoit absent, les Syracusains se soulevèrent. Dion entra dans la cité,

recherches sur le système comparé des finances des anciens et des modernes. Ce sujet est obscur et m'a donné beaucoup de travail, ayant suivi pas à pas, autant que le sujet me l'a permis, l'état des impôts, des prêts, des opérations fiscales, depuis les premiers temps de l'histoire jusqu'à nos jours. On verra qu'il n'est pas improbable que les lettres de change ne fussent connues des anciens, et qu'en cela, comme en toute autre chose, notre supériorité n'est pas considérable. Quant au papier-monnoie, nous n'avons guère de quoi nous vanter, son usage a toujours été calamiteux. La France en présente un grand exemple ; l'Amérique avoit été désolée auparavant par ce fléau. En 1775, le congrès décréta l'émission de bills de crédit pour la somme de deux millions de dollars, qui devoient être retirés graduellement de la circulation par des taxes, le premier retrait étant fixé au 31 novembre 1779. Plusieurs autres émissions suivirent ; et au mois de février 1776, il y avoit déjà pour vingt millions de dollars en bills dans les États-Unis.

L'enthousiasme du peuple les soutint pendant quelque temps en paix : mais enfin, l'intérêt l'emportant sur le patriotisme, ils commencèrent à perdre. Le congrès continuant à multiplier le papier, la somme totale s'éleva bientôt à deux cents millions de dollars. Outre cette masse énorme, chaque état avoit encore ses bills particuliers, comme les départements de France leurs petits assignats. En 1779, les bills perdant vingt-sept et vingt-huit pour un, le congrès voulut avoir recours à un expédient que la Convention a employé depuis dans l'opération de ses mandats : c'étoit de remplacer l'ancien papier par un nouveau. Le premier devoit être brûlé progressivement, tandis que le second auroit été émis dans la proportion de vingt à un avec l'autre ; en sorte que les deux cents millions de dollars en bills continentals se seroient trouvés rachetés par dix millions. L'opération étoit trop fallacieuse pour réussir, et le papier continua de tomber de plus en plus. Alors le congrès mit en usage, pour soutenir ses bills, tous les moyens dont se sont servis les révolutionnaires françois pour supporter leurs assignats. Il fixa un maximum au prix des denrées, à celui des journées d'ouvrier. Les dettes contractées en argent furent déclarées payables en papier ; d'autres lois forçoient le marchand à recevoir les bills à leur valeur nominale, de vendre au même taux pour du papier que pour de l'argent ; les biens des royalistes furent mis à l'encan. L'effet de ces me-

et proclama le rétablissement de la république [1]. Le tyran, accouru au bruit de cette nouvelle, hasarda une action où il fut défait. Après plusieurs pourparlers, il se retira en Italie, laissant la citadelle, dont il avoit eu le bonheur de s'emparer, entre les mains de son fils [2].

Cependant la division régnoit dans la ville. Les uns soutenoient Dion, leur libérateur; les autres s'attachoient à Héraclide, qui proposoit des mesures populaires [3]. Celui-ci l'emporte, et Dion, poursuivi par les plus ingrats de tous les hommes, est obligé de se retirer avec un petit nombre d'amis fidèles, au milieu d'une populace furieuse, prête à le déchirer [4].

Ce grand patriote avoit à peine abandonné Syracuse, que le parti de Denys, toujours bloqué

---

sures coërcitives fut de créer la disette, de ruiner les propriétaires et de répandre l'immoralité. Il fallut bientôt rappeler ces décrets, et les bills, perdant quatre cents pour un en 1781, cessèrent enfin de circuler.

Ainsi s'opéra la banqueroute. C'est une chose extraordinaire, mais prouvée, que la chute d'un papier-monnoie n'a jamais opéré de grands mouvements dans un État : on en voit plusieurs raisons. A la première émission d'un papier, il a ordinairement toute sa valeur. Celui qui le reçoit alors, loin d'éprouver une perte, assez souvent y fait un gain. Lorsque le discrédit commence, le billet a changé de main ; le capitaliste qui l'a reçu à perte le passe à un autre avec cette même perte ; et le papier continue ainsi de circuler, pris et rendu au prix du change lors de la négociation ; en sorte que la diminution est insensible d'un individu à l'autre. Il n'y a à souffrir considérablement que pour le créancier et celui entre les mains duquel le papier expire. Quant à l'État, les fortunes ayant seulement changé de mains, il s'y trouve la même quantité de propriétaires qu'auparavant, et l'équilibre est conservé.

[1] Plut., in Dion. [2] Id., ib. [3] Id., ib. [4] Id., ib.

dans la citadelle, fait une vigoureuse sortie, force les lignes des assiégeants, et les citoyens épouvantés députent humblement vers Dion, qui a la magnanimité de revenir à leur secours [1].

Il s'avançoit au milieu de la nuit vers la capitale, lorsqu'il reçoit tout à coup des courriers qui lui apportent l'ordre de se retirer de nouveau. Les soldats de Denys étoient rentrés dans la citadelle; le peuple, toujours lâche, avoit repris son audace; et le parti d'Héraclide, s'étant saisi des portes de la ville, comptoit en disputer l'entrée à la troupe de Dion [2].

Cependant un bruit sourd vient, roulant de proche en proche. Bientôt des cris affreux se font entendre. Des hurlements confus, des sons aigus, entrecoupés de grands silences, durant lesquels on distingue quelque voix lamentable et solitaire, comme d'un homme égorgé dans une rue écartée; enfin, tout l'effroyable murmure d'une ville en insurrection et en proie à l'ennemi, monte à la fois dans les airs [3].

Un incendie général vient éclairer les horreurs de cette nuit, que le pinceau seul de Virgile [4]

---

[1] PLUT., *in Dion.*; DIOD. SIC., lib. XVI.

[2] PLUT., *in Dion.*   [3] *Id., ib.*

[4] La description que les historiens nous ont laissée de l'embrasement de Syracuse a tant de traits de ressemblance avec celui de Troie décrit par Virgile, qu'il ne me paraît pas impossible que ce poète, dont on connoit d'ailleurs la vérité, et qui, ayant passé une partie de sa vie à la vue de la Sicile, devoit s'en rappeler sans cesse l'histoire, n'ait emprunté plusieurs choses de cet évènement pour le second chant de son *Énéide*; à moins qu'on ne suppose que les historiens qui ont écrit après lui n'aient eux-mêmes imité l'épique latin.

pourroit rendre. Les teintes scarlatines et mouvantes du ciel annoncent à Dion, encore loin dans la campagne ¹, l'embrasement de la patrie. Un messager arrive à la hâte; il apprend aux soldats du philosophe guerrier que la garnison de la citadelle a fait une seconde sortie ; qu'elle égorge femmes, enfants, vieillards; qu'elle a mis le feu à la ville; que le parti même d'Héraclide sollicite Dion de précipiter sa marche, et d'étouffer, dans le danger commun, tout ressentiment des injures passées ².

Dion ne balance plus. Il entre dans Syracuse avec sa petite troupe de héros, aux acclamations des citoyens prosternés à ses pieds, qui le regardoient non comme un homme, mais comme un dieu, après leur ingratitude. Le philosophe patriote s'avançoit dans les rues à travers mille dangers, sur les cadavres des habitants massacrés, à la réverbération des flammes, entre des murs rouges et crevassés, tantôt plongé dans des tourbillons de fumée et de cendres brûlantes, tantôt exposé à la chute des toits et des charpentes embrasés qui crouloient de toutes parts autour de lui ³.

Il parvint enfin à la citadelle, où les troupes du tyran s'étoient rangées en bataille. Il les attaque, les force de se renfermer dans leur repaire, d'où elles ne sortirent plus que pour remettre la place,

---

¹ A environ deux lieues.
² Plut., *in Dion*.   ³ *Id., ib.*

par capitulation, entre les mains des citoyens de Syracuse¹.

Dion, ayant rétabli le calme dans sa patrie, ne jouit pas long-temps du fruit de ses travaux². Il périt assassiné³, après s'être lui-même rendu coupable d'un assassinat. Callippe, le meurtrier, fut à son tour chassé par le frère de Denys, et Denys lui-même, sortant de sa retraite après dix ans d'interrègne, remonta sur le trône⁴.

Platon connut mieux que Dion les hommes de son siècle. Il lui prédit qu'il ne causeroit que des maux, sans réussir⁵. C'est une grande folie que de vouloir donner la liberté républicaine à un peuple qui n'a plus de vertu. Vous le traînez de malheur en malheur, de tyran en tyran, sans lui procurer l'indépendance. Il me semble qu'il existe un gouvernement particulier, pour ainsi dire naturel à chaque âge d'une nation : la liberté entière aux Sauvages, la république royale aux pasteurs, la démocratie dans l'âge des vertus sociales, l'aristocratie dans le relâchement des

---

¹ Plut., *in Dion.*
² Dion avoit entrepris avec les philosophes platoniciens d'établir en Sicile une de ces républiques idéales qui font tant de mal aux hommes. C'est peut-être la seule fois qu'on ait tenté de former le gouvernement d'un peuple sur des principes purement abstraits. Les François ont voulu faire la même chose de notre temps. Ni Dion ni les théoristes de France n'ont réussi; parce que le vice étoit dans les mœurs des nations. Il est presque incroyable combien l'âge philosophique d'Alexandre ressemble au nôtre.
³ Plut., *in Dion.*   ⁴ Diod., lib. xvi, pag. 532.
⁵ Plat., *Epist.* vii.

mœurs, la monarchie dans l'âge du luxe, le despotisme dans la corruption. Il suit de là que, lorsque vous voulez donner à un peuple la constitution qui ne lui est pas propre, vous l'agitez sans parvenir à votre but, et il retourne tôt ou tard au régime qui lui convient, par la seule force des choses ª. Voilà pourquoi tant de prétendues républiques se transforment tout à coup en monarchies sans qu'on en sache bien la raison : de tel principe, telle conséquence; de telles mœurs, tels gouvernements. Si des hommes vicieux bouleversent un Etat, quels que soient d'ailleurs leurs prétextes, il en résulte le despotisme. Les tyrans sont les remords des révolutions des méchants.

ª Je combats ici avec avantage cette fureur de donner à des peuples des constitutions uniformes sans s'embarrasser du degré de civilisation où ces peuples sont parvenus. J'ai tenu le même langage à la tribune depuis dix ans, soit comme membre de l'opposition, soit comme ministre, souhaitant à toutes les nations une liberté mesurée sur l'étendue de leurs lumières. C'est le seul moyen d'élever les hommes à la liberté complète : autrement on échoue dans tout ce que l'on prétend faire pour cette liberté. Ma vieille raison approuve donc aujourd'hui ce que ma jeune raison disoit dans cette page il y a trente années ; je ferai seulement observer que, raisonnant toujours ici d'après le système des républiques anciennes, et fondant la liberté uniquement sur les mœurs, j'oublie cette autre liberté qu'amènent les progrès de la civilisation. (N. Éd.)

CHAPITRE XI.

Nouveaux troubles à Syracuse. Timoléon. Retraite de Denys.

Denys ne resta que deux années en possession de son trône. Les intraitables Syracusains se soulevèrent de nouveau. Ils appelèrent à leur secours un tyran voisin, nommé Icétas [1]. Celui-ci, loin de combattre pour la liberté de la Sicile, ne cherchant qu'à se substituer à Denys, traita sous main avec les Carthaginois. Bientôt la flotte punique parut à la vue du port. L'ancien tyran étoit alors renfermé dans la citadelle, où il se défendoit contre le nouveau maître de la ville. Dans cette conjoncture, les citoyens opprimés envoyèrent demander du secours à Corinthe, leur mère-patrie, et contre Denys, et contre Icétas et ses alliés [2]. Les Corinthiens, touchés des malheurs de leur ancienne colonie, firent partir Timoléon avec dix vaisseaux [3]. Le grand homme aborda en Sicile et remporta un avantage sur Icétas. Denys, voyant s'évanouir ses espérances, se rendit au général corinthien, qui fit passer en Grèce, sur

---

[1] Diod., lib. xvi, pag. 457-470 ; Plut., *in Timol.*
[2] Diod., lib. xvi, pag. 467-470 ; Plut., *in Timol.*
[3] Plut., *in Timol.* ; Diod., lib. xvi, pag. 462.

une seule galère, sans suite, avec une petite somme d'argent, celui qui avoit possédé des flottes, des trésors, des palais, des esclaves, et un des plus beaux royaumes de l'antiquité.

Peu de temps après Timoléon se trouva maître de Syracuse, battit les Carthaginois, et, appelant le peuple à la liberté, fit publier qu'on eût à démolir les citadelles des tyrans [1]. Les Syracusains se précipitent sur ces monuments de servitude; ils les nivellent à la terre; et fouillant jusque dans les sépulcres des despotes, dispersent leurs os dans les campagnes, comme on suspend dans les moissons la carcasse des bêtes de proie pour épouvanter leurs semblables [a]. On érigea des tribunaux de justice nationale sur l'emplacement même de cette forteresse, d'où émanoient les ordres arbitraires des rois. Leurs statues furent publiquement jugées et condamnées à être vendues. Une seule, celle de Gélon, fut acquittée par le peuple [2]. Le bon, le patriote Henri IV, qui n'étoit pas comme Gélon un usurpateur, n'a pas échappé aux républicains de la France. Les anciens respectoient la vertu, même dans leurs ennemis; et ceux qui accordèrent les honneurs de

---

[1] PLUT., in *Timol.*

[a] L'image n'est que trop juste; mais il ne faut pas pousser la haine de la tyrannie jusqu'à approuver la violation des tombeaux. (N. ÉD.)

[2] Diod., lib. xvi, pag. 462; PLUT., in *Timol.*

la sépulture à l'étranger Mardonius n'auroient pas laissé les cendres d'un Turenne, leur compatriote, au milieu d'une ostéologie de singes. Nous avons beau nous élever sur la pointe des pieds pour imiter les géants de la Grèce, nous ne serons jamais que de petits hommes [a].

[a] C'est beaucoup d'humeur avec quelque vérité. Le sentiment d'indépendance qui respire dans toutes ces pages ne nuisoit point, comme on le voit, à mon attachement pour la famille de mes rois légitimes. On ne peut condamner plus sincèrement les excès révolutionnaires et aimer plus franchement la liberté.
(N. Éd.)

CHAPITRE XII.

Denys à Corinthe. Les Bourbons.

Cependant Denys étoit arrivé à Corinthe. On s'empressa de venir repaître ses regards du spectacle d'un monarque dans l'adversité. Nous chérissons moins la liberté que nous ne haïssons les grands, parce que nous ne pouvons souffrir le bonheur dans les autres, et que nous nous imaginons que les grands sont heureux. Comme les rois semblent d'une autre espèce que le reste de la foule, au jour de l'affliction ils ne trouvent pas une larme de pitié. Voilà donc, dit chacun en soi-même, cet homme qui commandoit aux hommes, et qui, d'un coup d'œil, auroit pu me ravir la liberté et la vie. Toujours bas, nous rampons sous les princes dans leur gloire, et nous leur crachons au visage lorsqu'ils sont tombés [a].

Qu'eût dû faire Denys dans ses revers? Il eût dû savoir que les tigres et les déserts sont moins à craindre pour les misérables que la société. Il

---

[a] Si l'espèce humaine étoit telle que je la voyois alors, il faudroit aller se noyer. Il est vrai que l'on crache au visage des princes quand ils sont tombés : reste à savoir si les princes, lorsqu'ils ont recouvré leur pouvoir, ne crachent pas au visage de ceux qui les ont servis.   (N. Éd.)

eût dû se retirer dans quelque lieu sauvage pour gémir sur ses fautes passées, et surtout pour cacher ses pleurs; ou plutôt il pouvoit, comme les anciens, se coucher et mourir. Un homme n'est jamais très à plaindre lorsqu'il a le droguiste ou le marchand de poignards à sa porte, et qu'il lui reste quelques *mines* [a].

L'ame de Denys n'étoit pas de cette trempe. Le tyran abandonné tenoit, on ne sait pourquoi, à l'existence. Peut-être quelque lien caché qu'il n'osoit découvrir, quelque sentiment secret.... Denys n'étoit-il pas père? et les foiblesses du cœur n'attachent-elles pas à la vie? C'est un effet cruel de l'adversité qu'elle redouble notre sensibilité, en même temps qu'elle l'éteint pour nous dans le cœur des autres, et qu'elle nous rend plus susceptibles d'amitiés lorsque l'heure des amis est passée.

Le prince de Syracuse offroit une grande leçon à Corinthe, où les étrangers s'empressoient de ve-

---

[a] Il ne me restoit plus, pour couronner l'œuvre, qu'à recommander le suicide. Si cent pages de l'*Essai* n'étoient en contradiction directe avec de tels principes, n'expioient ces incartades d'un esprit blessé, il n'y a point de reproche que l'on ne dût adresser à l'auteur d'un pareil livre. Si je pouvois chercher une excuse à des doctrines aussi pernicieuses, je ferois remarquer que c'est encore un sentiment généreux et même monarchique qui me les fait énoncer ici. J'aurois voulu que Denys se fût tué, plutôt que d'avilir à la fois sa personne et son sceptre, l'homme et le roi; le conseil est criminel, mais le motif de ce conseil est noble. (N. Éd.)

nir méditer ce spectacle extraordinaire. Le malheureux roi, couvert de haillons, passoit ses jours sur les places publiques ou à la porte des cabarets, où on lui distribuoit, par pitié, quelque reste de vin et de viande. La populace s'assembloit autour de lui, et Denys avoit la lâcheté de l'amuser de ses bons mots [1]. Il se rendoit ensuite dans les boutiques des parfumeurs, ou chez des chanteuses auxquelles il faisoit répéter leurs rôles, s'occupant à disputer avec elles sur les règles de la musique [2]. Bientôt, pour ne pas mourir de faim, il fut obligé de donner des leçons de grammaire dans les faubourgs aux enfants du petit peuple [3], et ce ne fut pas le dernier degré d'avilissement où le réduisit la fortune.

Une conduite aussi indigne a porté les hommes à en chercher les causes. Cicéron fait là dessus une remarque cruelle [3]. Denys, dit-il, voulut dominer sur des enfants par habitude de tyrannie. Justin [4], au contraire, croit qu'il n'agissoit ainsi que dans la crainte que les Corinthiens ne prissent de lui quelque ombrage. Ne seroit-ce point plutôt le désespoir qui jeta le roi de Syracuse dans cet excès de bassesse? A force de l'insulter on le rendit digne d'insultes. Le malheur est une maladie de l'ame qui ôte l'énergie nécessaire pour se

---

[1] Plut., in Timol. [2] Id., ib.

[3] Id., ib.; Cic., Tusc., lib. III, n° 27; Just., lib. XXI; Lucian., Somn., cap. XXIII; Val. Max., lib. VI, cap. IX.

[4] Cic., Tusc., ib. [5] Just., lib. XXI, cap. V.

défaire de la vie ; et lorsqu'un misérable sent que son caractère s'avilit, que la pitié des hommes ne s'étend plus sur lui, alors il se plonge tout entier dans le mépris, comme dans une espèce de mort.

Malgré le masque d'insensibilité que le monarque de Sicile portoit sur le visage, je doute que la borne de la place publique, qui lui servoit d'oreiller durant la nuit, et qu'il partageoit peut-être avec quelque mendiant de Corinthe [1], fût entièrement sèche le matin. Plusieurs mots échappés à ce prince justifient cette conjecture.

Diogène, le rencontrant un jour, lui dit : « Tu ne méritois pas un pareil sort ! » Denys, se trompant sur le motif de cette exclamation, et étonné de trouver de la pitié parmi les hommes, ne put se défendre d'un mouvement de sensibilité. Il repartit : « Tu me plains donc ! je t'en remercie. » La simplicité de ce mot, qui devoit briser l'ame de Diogène, ne fit qu'irriter le féroce cynique. « Te plaindre ! s'écria-t-il, tu te trompes, esclave : je suis indigné de te voir dans une ville où tu puisses jouir encore de quelques plaisirs [2]. » A Dieu ne plaise qu'une pareille philosophie soit jamais la mienne !

Dans une autre occasion, le même prince, importuné par un homme qui l'accabloit de familia-

---

[1] Val. Max., lib. vi, cap. ix.
[2] Plut., in Timol.

rités indécentes, dit tranquillement: « Heureux ceux qui ont appris à souffrir¹ ! »

Quelquefois il savoit repousser une injure grossière par une raillerie piquante. Un Corinthien, soupçonné de filouterie, s'approche de lui en secouant sa tunique, pour montrer qu'il ne cachoit point de poignard (manière dont on en usoit en abordant les tyrans): « Fais-le en sortant, » lui dit Denys ².

La fortune voulut mêler quelques douceurs à l'amertume de ses breuvages, pour en rendre le déboire plus affreux. Denys obtint la permission de voyager, et Philippe le reçut dans son royaume avec tous les honneurs dus à son rang. Pédagogue à Corinthe, roi encore à la table de celui de Macédoine, réduit de nouveau à la mendicité, ces étranges vicissitudes devoient bien apprendre au prince de Sicile la folie de la vie et la vanité des rôles qu'on y remplit. Du moins le père d'Alexandre s'honora-t-il en respectant l'infortune. Il ne put s'empêcher de dire à son hôte, en le voyant, avec une espèce de chaleur : « Comment avez-vous perdu un empire que votre père sut conserver si long-temps ? » — « J'héritai de sa puissance, répondit Denys, et non de sa fortune ³. » Ce mot-là explique l'histoire du genre humain. Un soir

---

¹ Stob., *Serm.* 110.
² Plut., *in Timol.*; Ælian., *Var. Hist.*, lib. iv, cap. xviii.
³ Ælian., *Var. Hist.*, lib. xii, cap. ix.

que les deux tyrans s'entretenoient familièrement dans une orgie, celui de la Grèce demanda à celui de Sicile quel temps son père, Denys l'Ancien, prenoit pour composer un si grand nombre de poèmes : « Le temps que vous et moi mettons ici à boire, » répliqua gaîment le roi détrôné [1] [a].

Le sort voulut enfin terminer ce grand drame de l'école des rois par un dénoûment non moins extraordinaire que les autres scènes. Denys, réduit au dernier degré de misère, ou rendu fou de chagrin, s'engagea dans une troupe de prêtres de Cybèle, et l'on vit le monarque de Syracuse, avec sa grosse taille [2], et ses yeux à moitié fermés [3], parcourant les villes et les bourgs de la Grèce, sautant et dansant en frappant un tympanon, et allant après tendre la main à la ronde, pour recevoir les chétives aumônes de la populace [4].

Si je me suis arrêté long-temps aux infortunes de Denys, on en sent assez la raison. Outre la

---

[1] Plut., in Timol.

[a] Je n'ai pas tiré tout le parti que je pouvois tirer de cette entrevue de Denys et de Philippe. Denys l'Ancien étoit un tyran assez remarquable ; il eut un misérable fils. Philippe étoit un prince habile qui eut pour héritier un des plus grands hommes dont l'histoire ait conservé le souvenir. Ce petit despote qui finissoit le royaume de Sicile, dînant avec le jeune Alexandre en qui alloit commencer un des trois grands royaumes du monde, formoit un contraste qui n'auroit pas dû m'échapper.
(N. Éd.)

[2] Just., lib. xxi, cap. ii.

[3] Athen., lib. x, pag. 439 ; Just., ib. ; Plut., de Adul., tom. ii.

[4] Ælian., Var Hist., lib. ix, cap. viii ; Athen., lib. xii, cap. xi.

grande leçon qu'elles présentent, l'Europe a devant les yeux, au moment où j'écris ceci, un exemple frappant, non des mêmes vices, mais presque des mêmes malheurs. Déjà un Bourbon, qui devoit être le plus riche particulier de l'Europe, a été obligé, pour vivre, d'avoir recours en Suisse au moyen employé par Denys à Corinthe. Sans doute le duc d'Orléans aura enseigné à ses pupilles les dangers d'une ambition coupable, et surtout les périls d'une mauvaise éducation. Il se sera fait une loi de leur répéter que le premier devoir de l'homme n'est pas d'être roi, mais d'être probe. Si ce mot paroit sévère, j'en appelle à ce prince lui-même, qu'on dit d'ailleurs plein de courage et de vertus naturelles [a]. Qu'il jette les regards autour de lui en Europe, qu'il contemple les milliers de victimes sacrifiées chaque jour à l'ambition de sa famille : j'aurois voulu éviter de nommer son père.

Le reste de la famille des Bourbons a éprouvé diverses calamités. L'héritier des rois, le souverain légitime de la France, erre maintenant en Europe à la merci des hommes [b]; et le maître de

---

[a] Voyez la note [a], page 45. (N. Éd.)

[b] Mes sentiments pour la monarchie de saint Louis et pour mes rois légitimes sont nettement exprimés ici ; mais le parallèle entre Denys et les héritiers de tant de monarques offre la même impertinence qu'une foule d'autres rapprochements de l'*Essai*. Le petit tyran de quelques villes de la Sicile, fils d'un autre tyran, premier né de sa race, a-t-il avec la dynastie des

tant de palais seroit trop heureux de posséder dans quelque coin de la terre la moindre des cabanes de ses sujets.

Cependant si un royaume florissant, un peuple nombreux, une naissance illustre, se réunissent pour augmenter l'amertume des regrets de Louis, il ne sauroit craindre, comme les rois de l'antiquité, l'excès de l'indigence. Cette différence tient à l'état relatif des constitutions. Chez les anciens un prince fugitif ne rencontroit que des républiques qui insultoient à sa misère; dans le monde moderne il trouve du moins d'autres princes qui lui procurent les nécessités de la vie [a]. S'il arrivoit que l'Europe se formât en démocraties, le dernier des monarques détrônés seroit aussi malheureux que Denys.

Depuis les premiers âges du monde jusqu'à la catastrophe des Bourbons en France, l'histoire

---

Bourbons quelque rapport d'influence, de caractère et de grandeur? L'histrion royal descendu du trône pour danser dans une troupe de prêtres de Cybèle peut-il être nommé sans honte auprès de ce roi magnanime qui repoussa si noblement les propositions de l'usurpateur de sa couronne? Mais il me falloit, bon gré mal gré, des comparaisons, afin d'arriver à des réflexions plus ou moins justes, à des pages plus ou moins dans le sujet. (N. Éd.)

[a] Il y a quelque chose d'étroit, de sec et de vulgaire dans cette remarque. Je l'ai dit ailleurs, et plus noblement : Un roi de France qui manque de tout est encore roi quand il peut dormir sur la terre enveloppé dans sa casaque fleurdelisée, ayant pour bâton le sceptre de saint Louis, et pour épée celle d'Henri IV.

(N. Éd.)

nous offre un grand nombre de princes fugitifs et en proie aux douleurs, le partage commun des hommes. On remarque particulièrement, chez les anciens, le monarque aveugle qui parcouroit la Grèce appuyé sur son Antigone; Thésée, le législateur, le défenseur de sa patrie, et banni par un peuple ingrat; Oreste, suivi d'un seul ami; Idoménée, chassé de Crète; Démarate, roi de Sparte, retiré auprès de Darius; Hippias, mort au champ de Marathon, en cherchant à recouvrer sa couronne; Pausanias II, roi de Sparte, condamné à mort et sauvé par la fuite; Denys à Corinthe; Darius, fuyant seul devant Alexandre, et assassiné par ses courtisans; Cléomène, digne successeur d'Agis, crucifié en Egypte, où il s'étoit retiré; Antiochus Hiérax, réfugié chez Ptolémée, qui le jette dans les cachots; Antiochus X, errant chez les Parthes et en Cilicie; Mithridate, cherchant en vain un asile auprès de Tigrane son gendre, et réduit à s'empoisonner; à Rome, Tarquin chassé par Brutus, et soulevant en vain l'Italie en sa faveur; une foule d'empereurs des deux empires qu'il seroit trop long d'énumérer [a]. Parmi les peuples modernes, on reconnoît en Afrique Gélimer [1], chassé du trône des Vandales et réduit

---

[a] J'aurois dû au moins, dans ce catalogue des rois détrônés, nommer Persée, ne fût-ce que pour rappeler le trône d'Alexandre. (N. Éd.)

[1] Son histoire est touchante, et présente un des jeux les plus extraordinaires de la fortune. Le lendemain du jour que Gélimer sortit secrètement

à cultiver un champ de ses propres mains ; en Italie, Lamberg, premier prince fugitif de l'Europe moderne ; Pierre de Médicis, qui, sans Philippe de Commines, n'eût pu trouver une retraite à Venise ; l'empereur Henri IV, fuyant devant son fils ; le comte de Flandre, chassé par Artavelle ; Charles V de France, dépouillé par la faction de Charles de Navarre ; Charles VII, réduit à sa ville d'Orléans ; Henri VI d'Angleterre, détrôné, puis rétabli, puis détrôné encore ; Edouard IV, errant dans les Pays-Bas, privé de tout secours ; Henri IV de France, chassé par la Ligue ; Charles II d'Angleterre, obligé de dormir sur un chêne dans ses

de Carthage, Bélisaire, dans le palais de ce prince des Vandales, servi par ses propres esclaves, dîna sur la table, dans les plats, et des viandes mêmes préparées pour le repas du malheureux monarque. Le roi fugitif s'étant ensuite remis entre les mains du général romain, il fut conduit à Constantinople, où, après s'être prosterné devant Justinien, on lui donna quelque terre dans un coin de l'empire. (Procop., *Bell. Vandal.*, lib. I, cap. XXI, etc.) Ce bon Procope, qui raconte si naïvement ses songes, l'amour d'Honorius pour une poule nommée *Rome*, et les chansons des petits enfants qui disoient : « G. chassera B., et B. chassera G. », me fait ressouvenir qu'on trouve, dans son Histoire de la guerre des Perses, un chapitre intéressant sur la mer Rouge et le commerce des Indes, qui a, je crois, échappé au savant Robertson, dans sa *Disquisition*. On y apprend que l'on construisoit les vaisseaux sans clous pour cette navigation, en attachant seulement les planches avec des cordes, non à cause des rochers d'aimant, dit Procope, qui se pique alors d'incrédulité, mais pour les rendre plus légers*. (*De Bell. Pers.*, lib. 1, cap. XVIII.)

* Cette note est écrite à la diable, bien qu'elle soit assez curieuse. Mais à quoi bon tout cela ; et les petits enfants qui chantent, et Honorius et Robertson, et le commerce des Indes, et les rochers d'aimant, etc., etc. ? Érudition tout à fait digne du *Chef-d'œuvre d'un Inconnu*. (N. Éd.)

Etats, tandis que sa famille sur le continent étoit forcée de se tenir au lit, faute de feu; Gustave Vasa, retiré dans les mines; Stanislas, roi de Pologne, s'échappant déguisé de son palais; Jacques II, trouvant une cour en France, mais dont les descendants n'avoient pas un lieu où reposer leur tête [a]; Marie, portant son fils dans les rangs hongrois; enfin les Bourbons, terminant cette liste d'illustres infortunés. Dans ce catalogue de misères, chacun pourra satisfaire le penchant de son cœur : l'envie y verra des rois, la pitié des malheureux, et la philosophie des hommes.

[a] La France les repoussa; mais Rome, cette mère commune des infortunés, les accueillit. (N. Éd.)

CHAPITRE XIII.

Aux Infortunés.

> Thrice happy you, who look as from the shore
> And have no venture in the wreck you see!

Ce chapitre n'est pas écrit pour tous les lecteurs ; plusieurs peuvent le passer sans interrompre le fil [a] de cet ouvrage ? il est adressé à la classe des malheureux ; j'ai tâché de l'écrire dans leur langue, qu'il y a long-temps que j'étudie [b] !

Celui-là n'étoit pas un favori de la prospérité qui répétoit les deux vers qu'on voit à la tête de ce chapitre. C'étoit un monarque, le malheureux Richard II, qui, le matin même du jour où il fut assassiné, jetant à travers les soupiraux de sa prison un regard sur la campagne, envioit le pâtre qu'il voyoit assis tranquillement dans la vallée auprès de ses chèvres.

Quelles qu'aient été tes erreurs, innocent ou

---

[a] On n'interrompt point le fil d'un ouvrage, on le rompt. Langue à part, cette phrase condamne tout le chapitre. C'est au lecteur à dire s'il veut qu'on le supprime. (N. Éd.)

[b] On va voir en effet que j'ai examiné la question dans tous ses rapports, que je suis savant dans la science des infortunés. Je me délectois à parler du malheur : j'étois là comme un poisson dans l'eau. (N. Éd.)

coupable, né sur un trône ou dans une chaumière, qui que tu sois, enfant du malheur, je te salue : *Experti invicem sumus, ego ac fortuna.*

On a beaucoup disputé sur l'infortune comme sur toute autre chose. Voici quelques réflexions que je crois nouvelles [a].

Comment le malheur agit-il sur les hommes? Augmente-t-il la force de leur ame? La diminue-t-il?

S'il l'augmente, pourquoi Denys fut-il si lâche?

S'il la diminue, pourquoi la reine de France déploya-t-elle tant de fortitude?

Prend-il le caractère de la victime? Mais, s'il le prend, pourquoi Louis, si timide au jour du bonheur, se montra-t-il si courageux au jour de l'adversité [b]? Et pourquoi ce Jacques II, si brave dans la prospérité, fuyoit-il sur les bords de la Boyne lorsqu'il n'avoit plus rien à perdre?

Seroit-ce que le malheur transforme [c] les hommes? Sommes-nous forts parce que nous étions foibles, foibles parce que nous étions forts? Mais le pusillanime empereur romain qui se cachoit dans les latrines de son palais au moment de sa

---

[a] J'ai un grand penchant à m'applaudir. (N. Éd.)

[b] Je louois et j'admirois ces grandes victimes lorsque je ne demandois rien et n'avois rien à attendre de leurs héritiers.
(N. Éd.)

[c] Le verbe *transformer* ne s'emploie guère absolument; mais si je m'étois mis à relever les hardiesses de langue dans l'*Essai*, je n'en aurois pas fini. (N. Éd.)

mort avoit toujours été le même, et le Breton Caractacus fut aussi noble dans la capitale du monde que dans ses forêts.

Il paroît donc impossible de raisonner d'après une donnée certaine sur la nature de l'infortune.

Il est vraisemblable qu'elle agit sur nous par des causes secrètes qui tiennent à nos habitudes et à nos préjugés, et par la position où nous nous trouvons relativement aux objets environnants. Denys, si vil à Corinthe, eût peut-être été très grand entre les mains de ses sujets à Syracuse.

Autre recherche. Voilà le malheur considéré en lui-même; examinons-le dans ses relations extérieures.

La vue de la misère cause différentes sensations chez les hommes. Les grands, c'est-à-dire les riches, ne la voient qu'avec un dégoût extrême; il ne faut attendre d'eux qu'une pitié insolente, que des dons, des politesses, mille fois pires que des insultes.

Le marchand, si vous entrez dans son comptoir, ramassera précipitamment l'argent qui se trouve atteint : cette ame de boue confond le malheureux et le malhonnête homme.

Quant au peuple, il vous traite selon son génie. L'infortuné rencontre en Allemagne la vraie hospitalité; en Italie, la bassesse, mais quelquefois des éclairs de sensibilité et de délicatesse; en Espagne, la morgue et la lâcheté, parfois aussi de la noblesse; le peuple françois, malgré sa barbarie, lorsqu'il s'assemble en masse, est le plus charitable, le plus sensible de tous envers le misérable, parce qu'il est sans contredit le moins avide d'or. Le désintéressement est une qualité que mes compatriotes possèdent éminemment au dessus des autres nations de l'Europe. L'argent n'est rien pour eux, pourvu qu'ils aient exactement la vie. En Hollande, le malheureux ne trouve que brutalité; en Angleterre, le peuple méprise souverainement l'infortune; il sent, il frotte, il mord, il examine, il fait sonner son shilling, il ne voit partout que du cuivre ou de l'argent. Au reste, il est précisément le contraire du François. Autant les individus qui le composent feroient des bassesses pour quelques demi-couronnes, autant ils sont généreux pris en corps. Au fait, je ne connois point deux nations plus antipathiques de génie, de mœurs, de vices et de vertus, que les Anglois et les François, avec cette différence, que les premiers reconnoissent généreusement plusieurs qualités dans les derniers, tandis que ceux-ci refusent toute vertu aux autres [a].

Examinons maintenant si de ces diverses re-

---

[a] Il y avoit peut-être quelque courage à écrire ainsi en Angleterre; mais il y a une transposition évidente dans le texte. Au lieu de lire : « Je ne connois point deux nations plus antipathiques... que les Anglois et les François... » Il faut lire : *Que les François et les Anglois.* (N. ED.)

marques on ne peut retirer quelques règles de conduite dans le malheur. J'en sais trois :

Un misérable est un objet de curiosité pour les hommes. On l'examine, on aime à toucher la corde des angoisses, pour jouir du plaisir d'étudier son cœur au moment de la convulsion de la douleur, comme ces chirurgiens qui suspendent des animaux dans des tourments, afin d'épier la circulation du sang et le jeu des organes[a]. La première règle est donc de cacher ses pleurs. Qui peut s'intéresser au récit de nos maux ? Les uns les écoutent sans les entendre, les autres avec ennui, tous avec malignité. La prospérité est une statue d'or dont les oreilles ressemblent à ces cavernes sonores décrites par quelques voyageurs : le plus léger soupir s'y grossit en un son épouvantable.

Le seconde règle, qui découle de la première, consiste à s'isoler entièrement. Il faut éviter la société lorsqu'on souffre, parce qu'elle est l'ennemie naturelle des malheureux ; sa maxime est : l'infortuné — coupable. Je suis si convaincu de cette vérité sociale, que je ne passe guère dans les rues sans baisser la tête.

Troisième règle : Fierté intraitable. L'orgueil est la vertu du malheur. Plus la fortune vous abaisse, plus il faut nous élever, si nous voulons sauver notre caractère. Il faut se ressouvenir que

---

[a] Cette idée abominable que j'ai des hommes me poursuit. Il y a incohérence dans les images. (N. Ed.)

partout on honore l'habit et non l'homme. Peu importe que vous soyez un fripon, si vous êtes riche ; un honnête homme, si vous êtes pauvre. Les positions relatives font dans la société l'estime, la considération, la vertu. Comme il n'y a rien d'intrinsèque dans la naissance, vous fûtes roi à Syracuse, et vous devenez particulier malheureux à Corinthe. Dans la première position, vous devez mépriser ce que vous êtes ; dans la seconde, vous enorgueillir de ce que vous avez été ; non qu'au fond vous ne sachiez à quoi vous en tenir sur ce frivole avantage, mais pour vous en servir comme d'un bouclier contre le mépris attaché à l'infortune. On se familiarise aisément avec le malheureux ; et il se trouve sans cesse dans la dure nécessité de se rappeler sa dignité d'homme, s'il ne veut que les autres l'oublient.

Enfin vient une grande question sur le sujet de ce chapitre : que faut-il faire pour soulager ses chagrins ? Voici la pierre philosophale.

D'abord la nature du malheur n'étant pas parfaitement connue, cette question reste pour ainsi dire insoluble. Lorsqu'on ne sait où gît le siége du mal, où peut-on appliquer le remède ?

Plusieurs philosophes anciens et modernes ont écrit sur ce sujet. Les uns nous proposent la lecture, les autres la vertu, le courage. C'est le médecin qui dit au patient : Portez-vous bien.

Un livre vraiment utile au misérable, parce qu'on y trouve la pitié, la tolérance, la douce indulgence, l'espérance plus douce encore, qui composent le seul baume des blessures de l'ame, ce sont les Evangiles. Leur divin auteur ne s'arrête point à prêcher vainement les infortunés, il fait plus : il bénit leurs larmes, et boit avec eux le calice jusqu'à la lie [a].

Il n'y a point de panacée universelle pour le chagrin, il en faudroit autant que d'individus. D'ailleurs la raison trop dure ne fait qu'aigrir celui qui souffre, comme la garde maladroite qui, en tournant l'agonisant dans son lit pour le mettre plus à son aise, ne fait que le torturer. Il ne faut rien moins que la main d'un ami pour panser les plaies du cœur, et pour vous aider à soulever doucement la pierre de la tombe.

Mais, si nous ignorons comment le malheur agit, nous savons du moins en quoi il consiste : en une privation. Que celle-ci varie à l'infini; que l'un regrette un trône, l'autre une fortune, un troisième une place, un quatrième un abus; n'importe, l'effet reste le même pour tous. M*** me disait : Je ne vois qu'une infortune réelle; celle de manquer de pain. Quand un homme a la vie, l'habit, une chambre et du feu, les autres maux s'évanouissent. Le manque du nécessaire absolu est une chose affreuse, parce que l'inquiétude du

---

[a] J'ai déjà cité ce passage dans ma préface comme une preuve de mon *incrédulité*. (N. ED.)

lendemain empoisonne le présent. M*** avoit raison, mais cela ne tranche pas la question[a].

Car que faudroit-il faire pour se procurer ce premier besoin ? Travailler, répondent ceux qui n'entendent rien au cœur de l'homme. Nous supportons l'adversité non d'après tel ou tel principe, mais selon notre éducation, nos goûts, notre caractère, et surtout notre génie. Celui-ci, s'il peut gagner passablement sa vie par une occupation quelconque, s'apercevra à peine qu'il a changé de condition ; tandis que celui-là, d'un ordre supérieur, regardera comme le plus grand des maux de se voir obligé de renoncer aux facultés de son ame, de faire sa compagnie de manœuvres, dont les idées sont confinées autour du bloc qu'ils scient, ou de passer ses jours, dans l'âge de la raison et de la pensée, à faire répéter des mots aux stupides enfants de son voisin. Un pareil homme aimera mieux mourir de faim que de se procurer à un tel prix les besoins de la vie. Ce n'est donc pas chose si aisée que d'associer le nécessaire et le bonheur : tout le monde n'entendra pas ceci[b].

[a] N'est-il pas étrange que je ne fasse aucune mention des peines morales, des douleurs paternelles, maternelles et filiales, de celles de l'amitié ? Le secret de cet oubli, c'est que je vivois au milieu de l'émigration, où j'étois sans cesse frappé de la vue des maux physiques et des chagrins politiques. Aussi mettois-je au nombre des infortunes l'*indigence* et les *abus*. (N. ED.)

[b] Il faut me passer cet éternel *moi* et ce ton de confidence que je prends avec les lecteurs. L'amour du raisonner que j'avois

Ainsi nous ne sommes pas juges compétents du bon et du mauvais pour les autres : il ne s'agit pas de l'apparence, mais de la réalité.

Je m'imagine que les malheureux qui lisent ce chapitre le parcourent avec cette avidité inquiète que j'ai souvent portée moi-même dans la lecture des moralistes, à l'article des misères humaines, croyant y trouver quelque soulagement. Je m'imagine encore que, trompés comme moi, ils me disent : Vous ne nous apprenez rien ; vous ne nous donnez aucun moyen d'adoucir nos peines; au contraire, vous prouvez trop qu'il n'en existe point. O mes compagnons d'infortune ! votre reproche est juste : je voudrois pouvoir sécher vos larmes, mais il vous faut implorer le secours d'une main plus puissante que celle des hommes [a]. Cependant ne vous laissez point abattre ; on trouve encore quelques douceurs parmi beaucoup de calamités. Essaierai-je de montrer le parti qu'on peut tirer de la condition la plus misérable ? Peut-être en recueillerez-vous plus de profit que de toute l'enflure d'un discours stoïque.

---

dans ma jeunesse, cette manière de faire une thèse de tout, ces argumentations en forme sur le malheur, ces aphorismes à l'usage des infortunés, s'éloignent tout à fait de la manière que j'emploierois aujourd'hui dans un pareil sujet : les traits pourroient être semblables, mais la chaîne des idées ne seroit pas la même.   (N. Ed.)

[a] Ces cris religieux, échappés tout à coup et comme involontairement du fond de l'ame, prouvent mieux mes sentiments intérieurs que tous les raisonnements de la terre.   (N. Ed.)

. Un infortuné parmi les enfants de la prospérité ressemble à un gueux qui se promène en guenilles au milieu d'une société brillante : chacun le regarde et le fuit. Il doit donc éviter les jardins publics, le fracas, le grand jour ; le plus souvent même il ne sortira que la nuit. Lorsque la brune commence à confondre les objets, notre infortuné s'aventure hors de sa retraite, et, traversant en hâte les lieux fréquentés, il gagne quelque chemin solitaire, où il puisse errer en liberté. Un jour il va s'asseoir au sommet d'une colline qui domine la ville et commande une vaste contrée ; il contemple les feux qui brillent dans l'étendue du paysage obscur, sous tous ces toits habités. Ici, il voit éclater le réverbère à la porte de cet hôtel, dont les habitants, plongés dans les plaisirs, ignorent qu'il est un misérable, occupé seul à regarder de loin la lumière de leurs fêtes, lui qui eut aussi des fêtes et des amis ! Il ramène ensuite ses regards sur quelque petit rayon tremblant dans une pauvre maison écartée du faubourg, et il se dit : Là, j'ai des frères [a].

Une autre fois, par un clair de lune, il se place en embuscade sur un grand chemin, pour jouir encore à la dérobée de la vue des hommes, sans être distingué d'eux ; de peur qu'en apercevant un malheureux, ils ne s'écrient, comme les gardes

---

[a] On retrouve quelque chose de ce passage dans *René*.
(N. Ed.)

du docteur anglois, dans la *Chaumière Indienne:*
Un Paria ! un Paria !

Mais le but favori de ses courses sera peut-être un bois de sapins, planté à quelque deux milles de la ville. Là, il a trouvé une société paisible, qui, comme lui, cherche le silence et l'obscurité. Ces Sylvains solitaires veulent bien le souffrir dans leur république, à laquelle il paie un léger tribut; tâchant ainsi de reconnoître, autant qu'il est en lui, l'hospitalité qu'on lui a donnée [a].

Lorsque les chances de la destinée nous jettent hors de la société, la surabondance de notre ame, faute d'objet réel, se répand jusque sur l'ordre muet de la création, et nous y trouvons une sorte de plaisir que nous n'aurions jamais soupçonnée. La vie est douce avec la nature. Pour moi, je me suis sauvé dans la solitude, et j'ai résolu d'y mourir, sans me rembarquer sur la mer du monde [b]. J'en contemple encore quelquefois les tempêtes, comme un homme jeté seul sur une île déserte, qui se plaît, par une secrète mélancolie, à voir les flots se briser au loin sur les côtes où il fit naufrage. Après la perte de nos amis [c], si nous ne

---

[a] Qu'est-ce que ces Sylvains ?... — Des oiseaux ? En vérité, je l'ignore, Jeannot Lapin pourroit bien être là-dedans. Qui sait ? (N. Ed.)

[b] C'étoit vrai, et je n'aurois pas eu le temps de me lasser de cette solitude, puisque je me croyois au moment d'en trouver une autre plus profonde. (N. Ed.)

[c] Voilà enfin les douleurs morales. (N. Ed.)

succombons à la douleur, le cœur se replie sur lui-même; il forme le projet de se détacher de tout autre sentiment, et de vivre uniquement avec ses souvenirs. S'il devient moins propre à la société, sa sensibilité se développe aussi davantage. Le malheur nous est utile, sans lui les facultés aimantes de notre ame resteroient inactives : il la rend un instrument tout harmonie, dont, au moindre souffle, il sort des murmures inexprimables. Que celui que le chagrin mine s'enfonce dans les forêts ; qu'il erre sous leur voûte mobile; qu'il gravisse la colline, d'où l'on découvre, d'un côté de riches campagnes, de l'autre le soleil levant sur des mers étincelantes, dont le vert changeant se glace de cramoisi et de feu ; sa douleur ne tiendra point contre un pareil spectacle : non qu'il oublie ceux qu'il aima, car alors ses maux seroient préférables; mais leur souvenir se fondra avec le calme des bois et des cieux : il gardera sa douceur et ne perdra que son amertume. Heureux ceux qui aiment la nature : ils la trouveront, et trouveront seulement elle, au jour de l'adversité.

Telle est la première sorte de plaisir qu'on peut tirer du malheur; mais on en compte plusieurs autres. Je recommanderois particulièrement l'étude de la botanique comme propre à calmer l'ame en détournant les yeux des passions des hommes, pour les porter sur le peuple innocent des fleurs. Armé de ses ciseaux, de son style, de sa lunette, on s'en va tout courbé, longeant les fossés d'un vieux chemin, s'arrêtant au massif d'une tour en ruine, aux mousses d'une antique fontaine, à l'orée septentrionale d'un bois ; ou peut-être on parcourt des grèves que les algues festonnent de leurs grands falbalas frisés et couleur d'écaille fondue. Notre botanophile se plaît à rencontrer la *tulipa silvestris* qui se retire comme lui sous les ombrages les plus solitaires ; il s'attache à ces *lis* mélancoliques, dont le front penché semble rêver sur le courant des eaux. A l'aspect attendrissant du *convolvulus*, qui entoure de ses fleurs pâles quelque aune décrépit, il croit voir une jeune fille presser de ses bras d'albâtre son vieux père mourant ; l'*ulex* épineux, couvert de ses papillons d'or, qui présente un asile assuré aux petits des oiseaux, lui montre une puissance protectrice du foible ; dans les *thyms* et le *calamens*, qui embellissent généreusement un sol ingrat de leur verdure parfumée, il reconnoît le symbole de l'amour de la patrie. Parmi les végétaux supérieurs, il s'égare volontiers sous ces arbres dont les sourds mugissements imitent la triste voix des mers lointaines ; il affecte cette famille américaine, qui laisse pendre ses branches négligées comme dans la douleur ; il aime ce saule au port languissant, qui ressemble, avec sa tête blonde et sa chevelure en désordre, à une bergère pleurant au bord d'une onde. Enfin il recherche de préférence, dans ce règne aimable, les plantes qui, par leurs accidents, leurs goûts, leurs mœurs, entretiennent des intelligences secrètes avec son âme [a] [1].

Oh! qu'avec délices, après cette course laborieuse, on rentre dans sa misérable demeure chargé de la dépouille des champs! Comme si l'on craignoit que quelqu'un ne vînt ravir ce trésor, fermant mystérieusement la porte sur soi, on se met à faire l'analyse de sa récolte, blâmant ou approuvant Tournefort, Linné, Vaillant, Jussieu, Solander, du Bourg. Cependant la nuit approche. Le bruit commence à cesser au dehors, et le cœur palpite d'avance du plaisir qu'on s'est préparé. Un livre qu'on a eu bien de la peine à se procurer, un livre qu'on tire précieusement du lieu obscur où on le tenoit caché, va remplir ces heures de silence. Auprès d'un humble feu et d'une lumière vacillante, certain de n'être point entendu, on s'attendrit sur les maux imaginaires des Clarisse, des Clémentine, des Héloïse, des Cécilia. Les romans sont les livres des malheureux : ils nous nourrissent d'illusions, il est vrai; mais en sont-ils plus remplis que la vie?

Eh bien! si vous le voulez, ce sera un grand crime, une grande vérité, dont notre solitaire s'oc-

[a] On retrouve quelques-unes de ces idées et de ces études dans le *Génie du Christianisme*.   (N. Éd.)

[1] Je suis fâché que ce ne soit pas le botaniste de la duchesse de Portland (J. J.) qui ait appelé *Portlandia* l'arbuste de la famille des Rubiacées, connu sous ce nom. La protectrice, le protégé et la plante se fussent prêté mutuellement des charmes, et la reconnoissance d'un grand homme eût vécu éternellement dans le parfum d'une fleur.

cupera : Agrippine assassinée par son fils. Il veillera au bord du lit de l'ambitieuse Romaine, maintenant retirée dans une chambre obscure à peine éclairée d'une petite lampe. Il voit l'impératrice tombée faire un reproche touchant à la seule suivante qui lui reste, et qui elle-même l'abandonne, il observe l'anxiété augmentant à chaque minute sur le visage de cette malheureuse princesse qui, dans une vaste solitude, écoute attentivement le silence. Bientôt on entend le bruit sourd des assassins qui brisent les portes extérieures; Agrippine tressaille, s'assied sur son lit, prête l'oreille. Le bruit approche, la troupe entre, entoure la couche; le centurion tire son épée et en frappe la reine aux tempes; alors: *Ventrem feri!* s'écrie la mère de Néron : mot dont la sublimité fait hocher la tête.

Peut-être aussi, lorsque tout repose, entre deux ou trois heures du matin, au murmure des vents et de la pluie qui battent contre vos fenêtres, écrivez-vous ce que vous savez des hommes. L'infortuné occupe une place avantageuse pour les bien étudier, parce qu'étant hors de leur route il les voit passer devant lui.

Mais, après tout, il faut toujours en revenir à ceci : sans les premières nécessités de la vie, point de remèdes à nos maux. Otway, en mendiant le morceau de pain qui l'étouffa; Gilbert, la tête troublée par le chagrin, avalant une clef à l'hôpital, sentirent bien amèrement à cet égard, quoique hommes de lettres, toute la vanité de la philosophie.[a].

[a] Dans un ouvrage bien composé ce chapitre seroit un véritable hors-d'œuvre; mais dans un ouvrage aussi incohérent que l'*Essai*, il importe peu que j'aie parlé des infortunés ou de toute autre chose. (N. Ed.)

CHAPITRE XIV.

Agis à Sparte [1].

La révolution des Trente Tyrans à Athènes eut des conséquences funestes pour la république imprudente qui l'avoit favorisée. Lysander, en faisant porter à Lacédémone l'or et l'argent de l'Attique, introduisit les vices de ce dernier pays dans sa patrie. Bientôt la simplicité des mœurs y passa pour grossièreté ; la frugalité pour sottise, l'honnêteté pour duperie ; et, l'éphore Épitadès ayant publié une loi par laquelle on pouvoit aliéner le patrimoine de ses pères, toutes les propriétés passèrent entre les mains des riches ; et les Spartiates, jadis si égaux en rang et en fortune, se trouvèrent divisés en un vil troupeau d'esclaves et de maîtres.

Tel étoit l'état de la république de Lycurgue, lorsqu'il s'éleva à Lacédémone un roi digne des grands siècles de la Grèce. Agis, épris des charmes de la vertu, entreprit, dans l'âge où la plupart des hommes sentent à peine leur existence, de rétablir les lois et les mœurs de l'antique Laconie. Il s'ouvrit de ses desseins à la jeunesse lacédémonienne, qu'il trouva, contre son attente,

---

[1] Voy. *Plutarque.*

plus disposée que les vieillards à favoriser son entreprise. On a remarqué la même chose en France au commencement de la révolution ; il y a dans le bel âge une chaleur généreuse qui nous porte vers le bien, tant que la société n'a point encore dissipé la douce illusion de la vertu [a]. Cependant le roi de Lacédémone parvint à gagner trois hommes d'une grande influence, Lysander, Mandroclide et Agésilas ; il réussit de même auprès de sa mère Agésistrata.

Tout sembloit favoriser l'entreprise. Lysander avoit été nommé éphore, les dettes publiquement abolies, le roi Léonidas s'étoit vu forcé à la fuite, après une vaine opposition aux projets de son collègue Agis, et l'on avoit élu son gendre Cléombrotus à sa place. Enfin, il ne restoit plus qu'à procéder au partage des terres, lorsque Agésilas, qui jusqu'alors avoit secondé la révolution, trahit la cause de son parti, et fit changer la fortune.

Ce Spartiate possédoit de grandes propriétés, et se trouvoit en même temps écrasé de dettes. Il embrassa donc avidement l'occasion de se décharger de celles-ci, mais il ne voulut plus de la réforme aussitôt qu'elle atteignit ses biens. Ayant eu l'adresse de se faire nommer éphore, et Agis se

---

[a] A présent que je suis vieux on pourroit me prendre pour un flatteur de la jeunesse, lorsque je donne à cette jeunesse les louanges qu'elle mérite ; mais on voit que je m'exprimois avec le même attachement et la même admiration pour elle lorsque j'étois dans ses rangs. (N. ED.)

trouvant absent, il exerça mille tyrannies. Les citoyens se voyant joués par Agésilas, et croyant que le jeune roi s'entendoit avec lui, se liguèrent ensemble et rappelèrent sous main Léonidas, ce roi exilé dont Cléombrotus occupoit la place.

Cependant Agis étoit de retour à Lacédémone; bientôt Léonidas y rentra lui-même en triomphe, et il ne resta plus pour Agis et Cléombrotus qu'à éviter sa vengeance et celle de la faction des riches, maintenant toute puissante. Le dernier se rendit suppliant dans le temple de Neptune; et, sauvé peu après par la vertu de son épouse, il fut seulement condamné à l'exil. Il n'en arriva pas ainsi du jeune et malheureux prince Agis, réfugié dans le temple de Minerve. Je laisse parler le bon Amyot.

CHAPITRE XV.

Condamnation et exécution d'Agis et de sa famille.

« Ainsi, Leonidas ayant chassé Cléombrotus hors de la ville, et au lieu des premiers ephores qu'il déposa, en ayant substitué d'autres, se mit incontinent à penser les moyens comment il pourroit avoir Agis: si tascha de lui persuader premièrement qu'il sortist de la franchise du temple, et qu'il s'en allast avec luy à seureté exercer sa royauté, lui donnant à entendre que ses citoyens luy avoient pardonné tout le passé, à cause qu'ils cognoissoient bien qu'il avoit esté deceu et circonvenu par Agesilaus, comme jeune homme désireux d'honneur qu'il estoit. Toutefois pour cela Agis ne bougeoit point de sa franchise, ains avoit pour suspect tout ce que l'autre lui alleguoit: au moyen de quoi Leonidas se desporta de tascher de l'attirer et l'abuser par belles paroles: mais Amphares, Demochares et Arcesilaus alloient souvent le visiter et deviser avec luy, tant quelquefois qu'ils le menoient jusques aux estuves ; puis, quand il s'y estoit estuvé et lavé, ils le ramenoient dedans la franchise du temple, car ils estoient ses familiers. Mais Amphares ayant de naguère emprunté d'Agesistrata quelques précieux meubles, comme tapisseries et vaisselle d'argent, entreprint de trahir, lui, sa mère et son ayeule, sous espérances que ses meubles qu'il avoit empruntez lui demoureroient. Et dit-on que ce fut lui qui, plus que nul autre, presta l'oreille à Léonidas, et incita et irrita les ephores, du nombre desquels il estoit, à l'encontre de lui. Comme donques Agis eust accoustumé de se tenir tousiours le reste du temps dedans le temple, excepté que quelquefois il alloit jusques aux estuves, ils proposerent de le surprendre quand il seroit hors de la franchise. Si espierent un jour qu'il s'estoit estuvé, ainsi qu'ils avoient accoustumé lui allerent au-devant, et le saluerent, faisant semblant de le vouloir renvoyer, en devisant et raillant avec lui comme avec un jeune homme duquel ils se tenoient fort familiers; mais quand ils furent à l'endroit du destours d'une rue tournante qui alloit à la prison, Amphares mettant la main sur lui pource qu'il estoit magistrat, lui dit : « Je te fais prisonnier, Agis, et te mene devant les ephores pour rendre compte et raison de ce que tu as innové en l'estat de la chose publique. Et lors, Demochares, qui estoit grand et puissant homme, luy jeta aussitost sa robe à l'entour du col et le tira par devant; les autres le poussoient par derriere comme ils avoient conspiré entre eux. Ainsi n'y ayant personne auprès d'eux qui peust secourir Agis, ils firent tant qu'ils le traisnerent en prison, et incontinent y arriva Leonidas avec bon nombre de soldats estrangers, qui environnerent la prison par le dehors. Les ephores entrerent dedans et envoyerent querir ceux du sénat, qu'ils sçavoient bien estre de mesme volonté qu'eux : puis, ils commandèrent à Agis, comme par forme de procès, de dire pour quelle cause il avoit fait ce qu'il avoit remué en l'administration de la chose publique. Le jeune homme se prit à rire de leur simulation : et adonc Amphares luy dit qu'il n'estoit pas temps de rire, et qu'il falloit qu'il payast la peine de sa folle temerité. Un autre ephore faisant semblant de luy favoriser et de luy montrer un expedient pour eschapper de cette criminelle procédure, lui demanda s'il n'avoit pas esté seduit et constraint à ce faire par Agesilas et par Lysander. Agis respondit qu'il n'avoit esté enduit ne forcé de personne : mais qu'il l'avoit fait seulement pour ensuivre l'ancien Lycurgus, ayant voulu remettre la chose publique en mesme estat que lui jadis l'avoit ordonnée. Le mesme ephore lui demanda s'il se repentoit pas de ce qu'il avoit fait. Le jeune homme respondit franchement qu'il ne se repentiroit jamais de chose si sagement et si vertueusement entreprinse, encore qu'il vist la mort toute certaine devant ses yeux. Alors ils le condamnèrent à mourir et commandèrent aux sergents de le mener dans la Décade, qui est un certain lieu de la prison, là où on étrangle ceux qui sont condamnez à mourir par justice. Et Démochares voyant que les sergents n'osoient mettre la main sur lui, et que semblablement les soldats étrangers refuyoient et avoient en horreur une telle exécution, comme chose contraire à tout droit divin et humain, de mettre la main sur la personne d'un roi, en les menaçant et leur disant injures, traisna lui-mesme Agis dedans ceste chartre : car plusieurs avoient desia entendu sa prinse, et y avoit jà grand tumulte à la porte de la prison, et force lumieres, torches, et y accoururent aussitost la mère et l'ayeule d'Agis, qui crioient et requeroient que le roi de Sparte peust avoir justice, et que son procès lui soit fait par ses citoyens. Cela fut cause de faire haster et précipiter son exécution pour que ses ennemis eurent peur qu'on ne le recourust par force la nuict d'entre leurs mains s'il arrivoit encore plus de gens. Ainsi estant Agis mené à la fourche, aperçut en allant l'un des sergents qui ploroit et se tourmentoit, auquel il dit : Mon ami, ne te tourmente point pour pitié de moi, car je suis plus homme de bien que ceux qui me font mourir si meschamment et si malheureusement; et, en disant ces paroles, il bailla volontairement son col au cordeau. Cependant Amphares sortit à la porte de la prison, là où il trouva Agesistrata, mère d'Agis, qui se jeta à ses pieds ; et lui, la relevant comme pour la familiarité et l'amitié qu'il avoit euë avec elle, lui dit qu'on ne feroit force ni violence à Agis, et qu'elle le pouvoit aller voir si bon lui sembloit; elle pria qu'on laissast entrer sa mère quand et elle. Amphares respondit que rien ne l'empeschoit, et ainsi les met dedans toutes deux, faisant refermer les portes de la prison après elles. Mais entrées qu'elles furent, il bailla au sergent Archidamia la première à exécuter, laquelle estoit fort ancienne et avoit vescu jusqu'à son extresme vieillesse en plus grand honneur et plus de dignité qu'aucune autre dame de la ville. Celle-là exécutée, il commanda à Agesistrata d'entrer après, et elle voyant le corps de son fils mort et estendu et sa mère encore pendue au gibet, aida elle-mesme aux bourreaux à la despendre, et l'estendit au long du corps de son fils ; et, après l'avoir accoustrée et couverte, se jeta par terre auprès du corps de son fils en le baisant au visage : Hélas ! dit-elle, ta trop grande bonté, douceur et clemence, mon fils, sont cause de ta mort et de la nostre. Adonc Amphares, qui regardoit de la porte ce qui se passoit au dedans, oyant ce qu'elle disoit, entra sur ce poinct et lui dit en colère : Puisque tu as esté consentante du faict de ton fils, tu souffriras aussi mesme peine que lui. Lors Agesistrata se relevant pour estre estranglée : Au moins, dit-elle, puisse ceci profiter à Sparte. Ce cas estant divulgué par la ville et les trois corps portez hors de la prison, la crainte des magistrats ne peut estre si grande que les citoyens de Sparte ne montrassent évidemment qu'ils en estoient fort déplaisants, et qu'ils ne haïssent de mort Leonidas et Amphares, estimant qu'il n'avoit oncques esté commis un si cruel, si malheureux ni si damnable forfait en Sparte, depuis que les Doriens estoient venus habiter le Peloponese : car les ennemis mesme en bataille ne mettoient pas volontiers les mains sur les rois lacédémoniens, ains s'en destournoient s'il leur estoit possible pour la crainte et reverence qu'ils portoient à leur majesté... Il est certain que cet Agis fut le premier des rois que les ephores firent mourir, pour avoir voulu faire de très belles choses et très convenables à la gloire et dignité de Sparte estant en l'aage en laquelle, quand les hommes faillent, encore leur pardonne-t-on, et ayant eu ses amis plus juste occasion de se plaindre de lui que non pas ses ennemis pour ce qu'il sauva la vie à Leonidas et se fia aux autres comme la plus douce et la plus humaine créature du monde qu'il estoit [1]. »

On a pu remarquer dans cette histoire touchante plusieurs circonstances semblables à celles qui ont accompagné la mort de Louis : l'appel au peuple refusé, l'injustice et l'incompétence des juges, etc. Je vais donner l'esquisse rapide de la condamnation de Charles Ier, roi d'Angleterre, et de celle de Louis XVI, roi de France, afin que le lecteur trouve ici rassemblés sous un seul point de vue les trois plus grands évènements de l'histoire.

---

[1] Page 529, tome II. Paris, 1649.

CHAPITRE XVI.

Jugement et condamnation de Charles 1er, roi d'Angleterre.

Le grand projet de juger Charles avoit depuis long-temps été développé dans le conseil secret de Cromwell [1]; mais soit que celui-ci ne pût faire tremper le parlement dans son crime, tandis que

---

[1] On connoît les farces religieuses que ce grand homme employa pour se faire autoriser dans son crime. J'ai entre les mains une collection de pamphlets du temps de Cromwell, en trois gros volumes large in-8°. Il est presque impossible de les parcourir, tant ils sont dégoûtants et vides de faits ; mais en même temps ils peignent d'une manière frappante l'esprit et les malheurs du siècle où ils furent écrits. Ce sont, pour la plupart, des espèces de sermons politiques, d'une absurdité et d'un ridicule qui passent toute croyance. Je rapporterai l'inscription de quelques uns de ces étranges monuments des révolutions pour amuser le lecteur : « A tender visitation » of the Father's Love to all the Elect-Children, or an Epistle unto the » righteous Congregation who in the light are gathered and are worship- » pers of the Father in spirit and truth. » Tendre visitation de l'amour du Père à tous les enfants élus, ou une Épître aux très justes congrégations qui sont assemblées dans la lumière, et sont les adorateurs du Père en esprit et en vérité. « A few words of tender counsel unto the Pope, with » all that walk that way. » Quelques tendres avis au Pape, et à tous ceux qui suivent ce chemin. « An alarm to all flesh with an invitation to the » true seeker. » Alarme à la chair, avec une invitation au vrai chercheur. En voilà bien assez. Il faut faire connoître maintenant le style de ces productions littéraires.

» An alarm to all flesh, etc.

» Howle, howle, shrieck, bawl and roar, ye lustfull, cursing, swearing, drunken, lewd, superstitious, devilish, sensual, earthly inhabitants of the whole earth ; bow, bow you most surly trees and lofty oaks ; ye tall

ce corps étoit encore intègre, soit par tout autre motif, l'exécution du dessein s'étoit trouvée suspendue. Aussitôt que les communes furent réduites à un petit nombre de scélérats dévoués aux

cedars and low shrubs, cry out aloud; hear, hear ye, proud waves, and boistrous seas, also listen, ye uncircumcised; stiff necked and mad-raging bubbles, who even hate to be reformed.

» In the name of the Lord God of gods, King of kings, hear, hear, repent, repent forthwith, repent; for be as sure as the Lord liveth you shall feel... the irresistible and the mighty hand of the All-Mighty... for behold, his invincible, glittering, invisible sword is on his thigh... then shall the Bashan oaks, Ismael and Diveses of this generation, roar and reel, yea shake and quake, look upward and downward, and curse their leaders and their God which now is their lust, bellyes, superstitions and pleasures. Horror shall lay hold on their right, and terror shall seize upon their left; and every man's hands shall be upon his loyns, and the cry shall be « who wills hew us any good? » And an unparalleled dart of amazement shall pierce quite through the liver of the Champion, etc.

» Hurlez, hurlez, criez, beuglez, rugissez, ô vous libidineux, maudits, jureurs, ivrognes, impurs, superstitieux, diaboliques, sensuels, habitants terrestres de la terre. Courbez-vous, courbez-vous, ô vous arbres très dédaigneux; et vous, chênes élevés, vous, hauts cèdres et petits buissons, criez de toutes vos forces; écoutez, écoutez, vagues orgueilleuses, et vous mers indomptables; écoutez-moi, vous, écume roide, nue, incirconcise et enragée, qui baïssez la réforme.

» Au nom du Seigneur, Dieu des dieux, et Roi des rois, écoutez, écoutez, repentez-vous, repentez-vous; oui, repentez-vous; car, soyez-en aussi sûrs que de l'existence du Seigneur, vous sentirez la main puissante et irrésistible du Tout-Puissant... Oh! voyez! son épée invincible, brillante, invisible, est sur sa cuisse... Alors les chênes de Basham, d'Ismaël et de Divesses, de cette génération, rugiront et râleront; ils trembleront même et craqueront, ils regarderont en haut et en bas, et maudiront leurs chefs et leur Dieu, qui sont maintenant leurs jouissances, leur ventre et leurs superstitions et leurs plaisirs. L'horreur saisira leur main droite, la terreur la main gauche; chaque homme mettra le poing sur sa hanche, et s'écriera : « Qui veut nous montrer le bien?... » et un incroyable dard de surprise percera d'outre en outre le foie du champion, etc. »

Le reste est de la même force. Je suis fâché que l'auteur d'un pareil écrit

ordres du tyran, il lui fut aisé de faire jouer l'étonnante tragédie.

On chargea un comité d'enquérir dans la conduite de Sa Majesté britannique, et, sur le rapport qui en fut fait, la Chambre basse nomma une haute cour de justice, composée de cent trente-trois membres, pour juger Charles Stuart, roi d'Angleterre, comme coupable de trahison envers la nation. Cromwell et Ireton étoient du

ait eu la modestie de cacher son nom ; car il n'est pas d'un certain George Fox, qui joue un grand rôle dans mon recueil.

Je finirai cette note par quelques vers d'un jeune quaker qui se trouvent dans cette même collection : les beaux arts y figurent auprès de la saine logique.

> Dear friend J. C., with true unfeigned love
> I the salute. . . . .
> . . . .
> Feel me, dear friend; a member joyntly knit
> To all, in Christ, in heavenly places sit;
> And there, to friends no stranger would I be,
> Though they my face, as outward, ne'er did see.
> For truly, friend, I dearly love and own
> All travelling souls, who truly sigh and groan
> For the adoption which sets free from sin, etc.

« Mon cher ami Jésus-Christ, je te baise avec un amour sans réserve... Touche-moi, cher ami, moi membre conjointement uni à tous en Christ, qui est assis aux lieux célestes. Là, je ne serois point étranger parmi les amis; j'aime tendrement, et je l'avoue, les ames voyageuses qui soupirent et gémissent véritablement pour l'adoption qui rachète les péchés. »

Ce sont de tels hommes que Butler a peints si admirablement, surtout dans le second chant de la deuxième partie d'*Hudibras*, où il trace de main de maître le tableau raccourci de la révolution de Cromwell. Les amateurs ne doivent pas négliger ce morceau friand, trop long pour être cité.

nombre des juges, Cook accusateur pour le peuple, Bradshaw président.

Le bill fut rejeté par les pairs, mais les communes passèrent outre; et le colonel Harrison, fils d'un boucher, et le plus furieux démagogue d'Angleterre, reçut ordre d'amener son souverain à Londres.

La cour étoit séante à Westminster. Charles parut dans cet antre de mort au milieu de ses assassins avec les cheveux blancs de l'infortune et la sérénité de l'innocence[1]. Depuis dix-huit mois

[1] Charles n'étoit pas innocent sans doute, mais il l'étoit de ce dont on l'accusoit; il l'étoit par l'incompétence des juges qui osoient le condamner, de l'aveu même de l'auteur de la *Detection of the Court*, de celui de l'histoire *of Independency*. Les lecteurs qui se sont arrêtés aux citations de cet *Essai* auront pu remarquer que j'ai poussé l'impartialité jusqu'à citer toujours ensemble, autant que cela étoit possible, deux auteurs d'un parti contraire*.

* On ne peut nier cependant que le parlement d'Angleterre, ou une commission nommée par ce parlement, pouvoit faire valoir, en essayant d'excuser son crime, des *précédents* que la Convention nationale n'avoit pas. Les limites qui ont séparé de tout temps dans la Grande-Bretagne l'aristocratie de la monarchie sont extrêmement confuses. L'omnipotence parlementaire est aujourd'hui un dogme politique chez nos voisins : le parlement s'est cru plus d'une fois le droit de déposer et de juger ses rois, témoin l'histoire de Richard II. Que le parlement ait été l'instrument de l'ambition du duc de Lancastre en 1399, ou de Cromwell en 1640, ou de Guillaume en 1688, peu importe; il partoit toujours du principe que lui parlement avoit le droit de faire ce qu'il faisoit.

Mais dans la monarchie françoise il n'y avoit rien d'équivoque : si le Parlement de Paris commença en 1589 le procès d'Henri III, ce ne fut qu'une monstrueuse usurpation, laquelle ne pouvoit

accoutumé à contempler les scènes trompeuses de la vie du fond d'une prison solitaire, il n'espéroit plus rien des hommes, et il parut devant ses juges dans toute la splendeur du malheur. Il seroit difficile d'imaginer une conduite plus noble et plus touchante. De prince ordinaire devenu monarque magnanime, il refusa avec dignité de reconnoître l'autorité de la cour. Trois fois il fut conduit devant ses bourreaux, et trois fois il déploya les talents d'un homme supérieur, la majesté d'un roi et le calme d'un héros. Il eut à y souffrir des peines de plusieurs espèces. Des soldats demandoient sa mort à grands cris et lui crachoient au visage, tandis que le peuple fondoit en larmes et l'accabloit de bénédictions. Charles étoit trop grand pour être ému de ces injures atroces, mais trop tendre pour n'être pas touché de ces témoignages d'amour : ce ne sont pas les outrages, ce sont les marques de bienveillance qui brisent le cœur des infortunés[1].

pas créer un droit. Le parlement sous Cromwell pouvoit se dire héritier du parlement sous Richard II; mais quand la Convention auroit eu la prétention de descendre des états-généraux, elle n'auroit pu en faire dériver son autorité régicide, car les états-généraux ne s'étoient jamais arrogé le droit de juger leur souverain.   (N. ED.)

[1] O Lord, let the voice of his blood (Christ) be heard for my murderers, louder than the cry of mine against them.

O deal not with them as blood-thirsty and deceitful men; but overcome their cruelty with thy compassion and my charity. *Icon Basilike*, p. 289. Tels étoient les souhaits du malheureux Charles pour ses cruels ennemis.

A la quatrième confrontation, les juges condamnèrent à mort Charles Stuart, roi d'Angleterre, comme traître, assassin, tyran et ennemi de la république. Trois jours lui furent accordés pour se préparer.

De toute la famille royale il ne restoit en Angleterre que la princesse Elisabeth et le duc de Glocester. Charles obtint la permission de dire un dernier adieu à cet aimable enfant, qui, sous les traits naïfs de l'innocence, sembloit déjà porter le cœur sympathique d'un homme. Durant les trois jours de grace, l'intrépide monarque dormit d'un profond sommeil au bruit des ouvriers qui dressoient l'appareil de son supplice.

Le trente de janvier 1649 le roi d'Angleterre fut conduit à l'échafaud élevé à la vue de son palais, raffinement de barbarie qui n'a pas été oublié par les régicides de France. On avoit eu soin d'entourer le lieu du sacrifice d'une foule de soldats, de peur que la voix de la victime ne parvînt jusqu'au peuple, rangé au loin dans une morne épouvante. Charles, voyant qu'il ne pouvoit se

---

L'*Icon* et le *Testament* de Louis ont fait plus de royalistes que n'auroient pu faire les édits de ces princes dans toute leur prospérité. Les écrits posthumes nous intéressent ; il semble que ce soit une voix qui s'élève du fond de la tombe : l'effet surtout en est prodigieux, s'ils nous découvrent les vertus cachées d'un homme que nous avons persécuté, et nous font sentir le poids de notre ingratitude. Malgré les plaisanteries de Milton et le silence de Burnet, quoique les preuves externes soient contre l'authenticité de l'*Icon*, les preuves internes sont si fortes, que je suis persuadé, comme Hume, qu'il est écrit de la main de Charles.

faire entendre, voulut du moins laisser en mourant une grande leçon à la postérité : il reconnut que le sang de l'innocent, qu'il avoit autrefois permis de répandre, rejaillissoit justement sur lui. Après cet aveu, il présenta hardiment la tête au bourreau, qui la fit voler d'un seul coup [1].

[1] Les temps dans lesquels nous vivons et la nature de mes études m'ont fait désirer de voir l'endroit où Charles Ier fut exécuté. Je demeurois alors dans le Strand. J'arrivai, après bien des passages déserts, par des derrières de maisons et des allées obscures, jusqu'au lieu où l'on a érigé très impolitiquement la statue de Charles II, montrant du doigt le pavé arrosé du sang de son père. A la vue des fenêtres murées de Whitehall, de cet emplacement qui n'est plus une rue, mais qui forme avec les bâtiments environnants une espèce de cour, je me sentis le cœur serré et oppressé de mille sentiments. Je me figurois un échafaud occupant le terrain de la statue, les gardes angloises formant un bataillon carré, et la foule se pressant au loin derrière. Il me sembloit voir tous ces visages, les uns agités par une joie féroce, les autres par le sourire de l'ambition, le plus grand nombre par la terreur et la pitié ; et maintenant ce lieu si calme, si solitaire, où il n'y avoit que moi et quelques manœuvres qui équarrissoient des pierres en sifflant avec insouciance. Que sont devenus ces hommes célèbres, ces hommes qui remplirent la terre du bruit de leur nom et de leurs crimes, qui se tourmentoient comme s'ils eussent dû exister toujours ? J'étois sur le lieu même où s'étoit passée une des scènes les plus mémorables de l'histoire : quelles traces en restoit-il* ? C'est ainsi que l'étranger, dans quelques années, demandera le lieu où périt Louis XVI, et à peine des générations indifférentes pourront le lui dire**. Je regagnai mon appartement plein de philosophie et de tristesse, et plus que jamais convaincu par mon pèlerinage de la vanité de la vie, et du peu, du très peu d'importance de ses plus grands évènements.

* Quelque chose de ces sentiments a passé dans le récit de *René*. Voyez cet épisode. (N. Ed.)

** Non pas, car le lieu où a péri Louis XVI est consacré aux fêtes publiques : la joie perpétuera la mémoire de la douleur, et quand on ira danser aux Champs-Elysées, quand on tirera des pétards sur la place arrosée du sang du Juste, il faudra bien se souvenir de l'échafaud du roi-martyr. (N. Ed.)

CHAPITRE XVII.

M. de Malesherbes. Exécution de Louis XVI.

La monarchie françoise n'existoit plus. Le descendant d'Henri IV attendoit à chaque instant que les régicides consommassent le crime, et le crime fut résolu.

De tous les serviteurs de Louis XVI un seul étoit resté à Paris. Ce digne vieillard, le plus honnête homme de la France, de l'aveu même des révolutionnaires, s'étoit tenu éloigné de la cour durant la prospérité du monarque. Ce fut sans doute un beau spectacle que de voir M. de Malesherbes, honoré de soixante-douze années de probité, se rendre, non au palais de Versailles, mais dans les prisons du Temple pour défendre seul son souverain infortuné, lorsque les flatteurs et les gardes avoient disparu. De quel front les prétendus républicains osoient-ils regarder à leur barre l'ami de Jean-Jacques? celui qui, dans tout le cours d'une longue vie, s'étoit fait un devoir de prendre la défense de l'opprimé contre l'oppresseur, et qui, de même qu'il avoit protégé le dernier individu du peuple contre la tyrannie des grands, venoit à présent plaider la cause d'un roi innocent contre les despotes plébéiens du faubourg Saint-

Antoine? Ah! il étoit donné à notre siècle de contempler le vénérable magistrat revêtu de la chemise rouge, monté sur un tombereau sanglant, et mené à la guillotine entre sa fille, sa petite-fille et son petit-fils, aux acclamations d'un peuple ingrat, dont il avoit tant de fois pleuré la misère. Qu'on me pardonne ce moment de foiblesse : Vertueux Malesherbes! s'il est vrai qu'il existe quelque part une demeure préparée pour les bienfaiteurs des hommes, vos mânes illustres, réunis à ceux de l'auteur de l'*Emile* [a], habitent maintenant ce séjour de paix. D'autres [b], plus heureux que moi, ont mêlé leur sang au vôtre [1] :

---

[a] Je ne veux point déshériter Rousseau du ciel que je lui ai donné dans ma jeunesse; mais je dois dire que l'ame de M. de Malesherbes ne ressembloit en rien à celle du citoyen de Genève. Le doute misérable exprimé dans cette phrase n'est qu'une contradiction de plus dans cet amas de contradictions que j'ai appelé *Essai historique*. (N. ED.)

[b] Mon frère. (N. ED.)

[1] Ce que l'on sent trop n'est pas toujours ce qu'on exprime le mieux, et je ne puis parler aussi dignement que je l'aurois désiré du défenseur de Louis XVI. L'alliance qui unissoit ma famille à la sienne me procuroit souvent le bonheur d'approcher de lui. Il me sembloit que je devenois plus fort et plus libre en présence de cet homme vertueux qui, au milieu de la corruption des cours, avoit su conserver dans un rang élevé l'intégrité du cœur et le courage du patriote. Je me rappellerai long-temps la dernière entrevue que j'eus avec lui. C'étoit un matin; je le trouvai par hasard seul chez sa petite-fille. Il se mit à me parler de Rousseau avec une émotion que je ne partageois que trop. Je n'oublierai jamais le vénérable vieillard voulant bien condescendre à me donner des conseils, et me disant : « J'ai tort de vous entretenir de ces choses-là; je devrois plutôt vous engager à modérer cette chaleur d'ame qui a fait tant de mal à votre

c'étoit ma destinée de traîner après vous sur la terre une vie désormais sans illusions et pleine de regrets.

Mais pourquoi parlerois-je du jugement de Louis XVI, qui en ignore les circonstances? Qui

ami (J. J.). J'ai été comme vous; l'injustice me révoltoit ; j'ai fait autant de bien que j'ai pu, sans compter sur la reconnoissance des hommes. Vous êtes jeune, vous verrez bien des choses ; moi j'ai bien peu de temps à vivre. » Je supprime ce que l'épanchement d'une conversation intime et l'indulgence de son caractère lui faisoient alors ajouter. De toutes ses prédictions, une seule s'est acccomplie : je ne suis rien, et il n'est plus. Le déchirement de cœur que j'éprouvai en le quittant me sembla dès lors un pressentiment que je ne le reverrois jamais.

M. de Malesherbes auroit été grand, si sa taille épaisse ne l'avoit empêché de le paroître. Ce qu'il y avoit de très étonnant en lui, c'étoit l'énergie avec laquelle il s'exprimoit dans une vieillesse avancée. Si vous le voyiez assis sans parler, avec ses yeux un peu enfoncés, ses gros sourcils grisonnants et son air de bonté, vous l'eussiez pris pour un de ces augustes personnages peints de la main de Le Sueur. Mais si on venoit à toucher la corde sensible, il se levoit comme l'éclair, ses yeux à l'instant s'ouvroient et s'agrandissoient : aux paroles chaudes qui sortoient de sa bouche, à son air expressif et animé, il vous auroit semblé voir un jeune homme dans toute l'effervescence de l'âge ; mais à sa tête chenue, à ses mots un peu confus, faute de dents pour les prononcer, vous reconnoissiez le septuagénaire. Ce contraste redoubloit les charmes que l'on trouvoit dans sa conversation, comme on aime ces feux qui brûlent au milieu des neiges et des glaces de l'hiver.

M. de Malesherbes a rempli l'Europe du bruit de son nom ; mais le défenseur de Louis XVI n'a pas été moins admirable aux autres époques de sa vie que dans les derniers instants qui l'ont si glorieusement couronnée. Patron des gens de lettres, le monde lui doit l'*Émile*, et l'on sait que c'est le seul homme de cour, le maréchal de Luxembourg excepté, que Jean-Jacques ait sincèrement aimé. Plus d'une fois il brisa les portes des bastilles ; lui seul refusa de plier son caractère aux vices des grands, et sortit pur des places où tant d'autres avoient laissé leur vertu. Quelques uns lui ont reproché de donner dans ce qu'on appelle *les principes du jour*. Si par principes du jour on entend haine des abus, M. de Malesherbes fut

ne sait que tout fut inutile contre un torrent de crimes et de factions? Agis, Charles et Louis périrent avec tout l'appareil et toute la moquerie de la justice. Laissons d'Orléans observer son roi et son parent, la lorgnette à la main, et prononçant *la mort* à l'effroi même des scélérats. Fions-nous-en à la postérité, dont la voix tonnante gronde déjà dans l'avenir; à la postérité qui, juge incorruptible des âges écoulés, s'apprête à traîner au supplice la mémoire pâlissante des hommes de mon siècle [a].

Le fatal 21 de janvier 1793 se leva pour le deuil éternel de la France. Le monarque, averti qu'il fallait mourir, se prépara avec sérénité à ce grand acte de la vie : sa conscience étoit pure et la religion lui ouvroit les cieux. Mais que de liens

---

certainement coupable. Quant à moi, j'avouerai que s'il n'eût été qu'un bon et franc gentilhomme, prêt à se sacrifier pour le roi son maître, et à en appeler à son épée plutôt qu'à sa raison, je l'eusse sincèrement estimé, mais j'aurois laissé à d'autres le soin de faire son éloge.

Je me propose d'écrire la vie de M. de Malesherbes, pour laquelle je rassemble depuis long-temps des matériaux. Cet ouvrage embrassera ce qu'il y a de plus intéressant dans le règne de Louis XV et de Louis XVI. Je montrerai l'illustre magistrat mêlé dans toutes les affaires des temps. On le verra patriote à la cour, naturaliste à Malesherbes, philosophe à Paris. On le suivra au conseil des rois et dans la retraite du sage. On le verra écrivant d'un côté aux ministres sur des matières d'État, de l'autre entretenant une correspondance de cœur avec Rousseau sur la botanique. Enfin je le ferai voir disgracié par la cour pour son intégrité, et voulant porter sa tête sur l'échafaud avec son souverain.

[a] Qu'en disent les accusateurs de l'*Essai?* est-ce là le *révolutionnaire?* (N. ED.)

il avoit eu auparavant à rompre sur la terre! Louis avoit vu son épouse, il avoit vu aussi sa fille et son jeune fils qui couroit parmi les gardes en demandant la grace de son père : tant d'angoisses ne déchirèrent jamais le cœur d'un homme.

L'heure étoit venue. Le carrosse attendoit à la porte. Louis descendit avec son confesseur. Il ne put s'empêcher, dans la cour, de jeter un regard vers les fenêtres de la reine où il ne vit personne : ce regard-là dut peindre bien de la douleur. Cependant le roi étoit monté dans la voiture qui rouloit lentement au milieu d'un morne silence; Louis, répétant avec son confesseur les prières des agonisants, savouroit à longs traits la mort. Il arrive enfin à la place où l'instrument de destruction étoit élevé à la vue du palais de Henri IV. Louis, descendu de la voiture, voulut au moins protester de son innocence : « Vous n'êtes pas ici pour parler, mais pour mourir, » lui dit un barbare. Ce fut alors que l'on vit un des meilleurs rois qui aient jamais régné sur la France, lié sur une planche ensanglantée, comme le plus vil des scélérats, la tête passée de force dans un croissant de fer et attendant le coup qui devoit le délivrer de la vie : et comme s'il ne fût pas resté un seul François attaché à son souverain, ce fut un étranger qui assista le monarque à sa dernière heure, au milieu de tout son peuple. Il se fait un grand silence : « Fils de saint Louis! vous montez aux cieux, » s'écrie le pieux ecclésiastique en se penchant à l'oreille du monarque. On entend le bruit du coutelas qui se précipite [a].

[a] Ceux qui aiment les libertés publiques en sont-ils moins attachés à leurs princes et moins fidèles au malheur ?

Il reste un étrange monument du courage de Louis XVI ; monument, pour ainsi dire, aussi infernal que le testament de ce monarque est divin : le ciel et l'enfer se sont entendus pour louer la victime. Je veux parler de la lettre de Sanson, bourreau de Paris. L'original même de cette lettre m'a été confié par mon digne et honorable ami, M. le baron Hyde de Neuville, l'homme des sacrifices à la royauté, si bien traité par les ministres du roi. J'ai tenu, je tiens encore dans ce moment même ce papier sur lequel s'est traînée la main sanglante de Sanson, cette main qui a osé toucher à la tête de mon roi, qui a fait tomber cette tête sacrée et l'a présentée au peuple épouvanté.

La lettre de Sanson a été donnée par celui qui en étoit propriétaire à M. Tastu, imprimeur, qui a très noblement refusé de la vendre à des étrangers, quelque prix qu'ils en aient offert. C'est un monument de remords, de douleur, de gloire et de vertu, qui appartient à la France : c'est un papier de famille qui doit rester au trésor des chartes dans les archives de la maison de Bourbon. Peu de jours avant la clôture de la dernière session, M. Aimé Martin, secrétaire-rédacteur de la Chambre des députés, homme aussi connu par ses talents comme écrivain que par ses sentiments comme royaliste, parla de la lettre de M. Sanson à M. le baron Hyde de Neuville. Celui-ci fut d'abord saisi d'horreur ; mais bientôt, en lisant la lettre, il n'y vit plus que le dernier rayon mis à la couronne du roi-martyr.

M. Hyde de Neuville avoit plus qu'un autre des droits à devenir l'un des instruments de la Providence pour la plus grande manifestation de cette lettre. On sait à quels dangers il fut exposé pendant le procès du roi. Ce fut appuyé sur le bras de ce fidèle sujet que M. de Malesherbes quitta la barre de la Convention, après être venu pour la dernière fois implorer les bourreaux de Louis XVI. Vingt années de péril ont succédé à cet acte de courage. Et où étoient ceux qui frappent aujourd'hui mon honorable ami ?

Aucun doute ne peut s'élever sur l'authenticité de la lettre de Sanson : l'écriture et la signature de cet homme sont trop connus; il a certifié *conforme* la plupart de nos crimes et de nos malheurs. D'ailleurs cette lettre a été imprimée dans un journal révolutionnaire du temps, appelé *le Thermomètre du jour;* et, autant qu'il m'en souvient, elle fut répétée dans le journal de Peltier à Londres.

Voici l'article du *Thermomètre;* il est du 13 février 1793, n° 410, page 356. Cette dernière partie de l'historique de la lettre de Sanson a été fournie par M. Aimé Martin.

L'article du *Thermomètre* a pour titre : *Anecdote très exacte sur l'exécution de Louis Capet*, et on lit ce qui suit :

« Au moment où le *condamné* monta sur l'échafaüd » (c'est Sanson l'exécuteur des hautes œuvres criminelles qui a raconté cette circonstance, et qui s'est servi du mot *condamné*), » je fus surpris de son assurance et de sa fermeté; mais au rou-
» lement des tambours qui interrompit sa harangue, et au
» mouvement simultané que firent mes garçons pour saisir le
» condamné, sur-le-champ sa figure se décomposa; il s'écria
» trois fois de suite très précipitamment : *Je suis perdu*. Cette
» circonstance, réunie à une autre que Sanson a également
» racontée, savoir, que le condamné avoit copieusement soupé
» la veille et fortement déjeuné le matin, nous apprend que
» Louis Capet avoit été dans l'illusion jusqu'à l'instant précis
» de sa mort; et qu'il avoit compté sur sa grace. Ceux qui
» l'avoient maintenu dans cette illusion avoient eu sans doute
» pour objet de lui donner une contenance assurée qui pour-
» roit en imposer aux spectateurs et à la postérité; mais le rou-
» lement des tambours a dissipé le charme de cette fausse fer-
» meté, et les contemporains, ainsi que la postérité, sauront
» actuellement à quoi s'en tenir sur les derniers moments du
» tyran condamné. »

« Le bourreau ayant lu cette note (c'est M. Aimé Martin qui parle), crut devoir réclamer contre tous les faits qu'elle renferme; et le lundi 18 février 1793, *le Thermomètre du jour* contenoit un article ainsi conçu :

« Le citoyen Sanson, exécuteur des jugements criminels,
» m'a écrit (disoit le rédacteur du *Thermomètre*) pour récla-
» mer contre un article inséré dans le n° 410 du *Thermomètre*,
» dans lequel on lui fait raconter les dernières paroles de Louis
» Capet. *Il déclare que ce récit est de toute fausseté.* »

« Je ne suis pas l'auteur de cet article (continue le rédacteur),
» il a été tiré des *Annales patriotiques* par Carra, qui en
» annonce le contenu comme certain. Je l'invite à se rétracter.
» J'invite aussi le citoyen Sanson à me faire parvenir, comme
» il me le promet, le récit exact de ce qu'il sait sur un évène-
» ment qui doit occuper une grande place dans l'histoire. Il
» est intéressant pour le philosophe d'apprendre comment les
» rois savent mourir. »

« Cette leçon terrible (c'est encore M. Aimé Martin qui parle),
» que des assassins osoient demander au nom de la philosophie,
» ne leur fut point refusée. Au milieu de la multitude frappée
» d'épouvante, un seul témoignage étoit possible, un seul étoit
» irrécusable ! La Providence permit que celui qui avoit versé
» le sang devînt l'historien de la victime ; et la main du bour-
». reau, puisqu'il faut le nommer, traça cette page sanglante,
» qui pénètre à la fois d'horreur et de respect*. » Le jeudi 21
février 1793, un mois juste après la mort de la victime, *le Thermomètre* publia la lettre suivante. On la donne avec toutes ses
fautes d'orthographe : c'est un *original* auquel il n'est pas permis de toucher.

CITOYEN,

« Un voyage d'un instant a été la cause que je n'ais pas eu
» l'honneur de répondre à l'invitation que vous me faite dans
» votre Journal au sujet de Louis Capet. Voici suivant ma pro-
» messe l'exacte véritée de ce qui c'est passé. Descendant de la
» voiture pour l'exécution, on lui a dit qu'il faloit ôter son ha-
» bit. Il fit quelques difficultés en disant qu'on pouvoit l'exé-
» cuter comme il étoit. Sur la représentation que la chose étoit
» impossible, il a lui même aidé à ôter son habit. Il fit encore

* Ici finit le récit de M. Aimé Martin.

» la même difficultée lorsqu'il cest agit de lui lier les mains,
» qu'il donna lui même lorsque la personne qui lacompagnoit
» lui eût dit (que c'etoit un dernier sacrifice. Alors ? il s'informa
» sy les tembours batteroit toujour. Il lui fut répondu que l'on
» n'en savoit rien, et c'étoit la véritée. Il monta l'echaffaud et
» voulut foncer sur le devant comme voulant parler. Mais ? on
» lui representa que la chose étoit impossible encore, il se
» l'aissa alors conduire a l'endroit où on l'attachat et où il s'est
» écrié trés-haut : Peuple je meurs innocent. Ensuitte se re-
» tournant vers nous, il nous dit : Messieurs, je suis innocent
» de tout ce dont on m'inculpe. Je souhaite que mon sang puisse
» cimenter le bonheur des François. Voilà citoyen ses dernières
» et ses véritables paroles.

» L'espèce de petit débat qui se fit au pied de l'echaffaud
» roulloit sur ce qu'il ne croyoit pas nécessaire qu'il otat son
» habit et qu'on lui liat les mains. Il fit aussi la proposition de
» se couper lui même les cheveux.

» Et pour rendre hommage à la véritée, il a soutenu tout cela
» avec un sang froid et une fermeté qui nous a tous étonnés.
» Je reste très-convaincu qu'il avoit puisé cette fermetée dans
» les principes de la religion dont personne plus que lui ne
» paroissoit pénétrée ny persuadé.

» Vous pouvez être assuré, citoyen, que voilà la véritée dans
» son plus grand jour.

» J'ay l'honneur destre, citoyen,

» Votre concitoyen,

» *Signé* SANSON.

» Paris, ce 20 février 1793, l'an 2ᵉ de
la république françoise. »

On est presque généralement étonné, en lisant cette lettre, de l'angélique douceur de la victime et de la naïveté de cet homme de sang, qui parle de ce qui s'est passé comme un ouvrier parleroit de son ouvrage.

Louis XVI déclare *qu'on pouvoit l'exécuter comme il étoit.* Sur la représentation que la chose étoit impossible, *il aide lui-même à ôter son habit.* Même difficulté quand il s'agit de lier les mains à cet autre Christ, qui donne ensuite lui-même ses mains royales, *lorsque la personne* (le confesseur que le bourreau n'ose nommer) *qui l'accompagnoit lui eut dit que c'étoit un dernier sacrifice.* Louis XVI déclare qu'il meurt innocent, et souhaite que *son sang puisse cimenter le bonheur des François.* C'est le bourreau qui a entendu ces paroles testamentaires, et qui les redit à la France! *Voilà, citoyen,* dit-il, *ses dernières et ses véritables paroles !*

Le bourreau rend compte *du petit débat qui se fit au pied de l'échafaud* entre lui et la victime : il ne s'agissoit que d'ôter l'habit au roi, de lui lier les mains et de lui couper les cheveux! Tel étoit *le petit débat* entre Sanson et le fils de saint Louis!

Mais que dire des dernières paroles du bourreau lui-même, paroles qui diffèrent tellement du reste de la lettre, qu'on hésiteroit à croire qu'elles sont de l'auteur de cette lettre, s'il ne s'y trouvoit la faute de langue la plus grossière, et si ce document n'étoit tout entier de la main de Sanson. *Je reste très convaincu qu'il avoit puisé cette fermeté* (Louis XVI) *dans les principes de la religion, dont personne plus que lui ne paroissoit pénétré ni persuadé.*

Ne croit-on pas entendre le centenier chargé de garder Jésus glorifier Dieu malgré lui au moment où le Juste expire, en disant : *Certe hic homo justus est!* Cet aveu de Sanson est peut-être un des plus grands triomphes que jamais la religion ait obtenus.

S'il étoit permis de mêler des réflexions étrangères à un sujet aussi sacré, je ferois remarquer qu'à l'époque de la mort de Louis XVI la presse étoit libre : on massacroit, il est vrai, les écrivains royalistes, mais cela ne les dégoûtoit pas ; et ils auroient enfin ramené le roi légitime, si Robespierre et ensuite le Directoire n'avoient eu recours à la censure des geôliers et des bourreaux. C'est donc à la liberté de la presse, le 21 janvier 1793, que nous devons le Testament de Louis XVI et la lettre de Sanson. Il y a pourtant aujourd'hui des prétendus hommes d'Etat qui pensent, comme le pensoit Robespierre, qu'on ne peut gouverner sans la censure. (N. Ed.)

CHAPITRE XVIII.

Triple parallèle : Agis, Charles et Louis.

Ainsi les Grecs virent tomber Agis, roi de Sparte ; ainsi nos aïeux furent témoins de la catastrophe de Charles Stuart, roi d'Angleterre ; ainsi a péri sous nos yeux Louis de Bourbon, roi de France. Je n'ai rapporté en détail l'exécution du second que pour montrer jusqu'à quel point les Jacobins ont porté l'imitation dans l'assassinat du dernier. J'ose dire plus : si Charles n'avoit pas été décapité à Londres, Louis n'eût vraisemblablement pas été guillotiné à Paris [a].

Si nous comparons ces trois princes, la balance, quant à l'innocence, penche évidemment en faveur d'Agis et de Louis. L'un et l'autre furent pleins d'amour pour leurs peuples ; l'un et l'autre succombèrent en voulant ramener leurs sujets à la liberté et à la vertu ; tous les deux méconnurent les mœurs de leur siècle. Le premier dit aux Spartiates corrompus : Redevenez les citoyens de Lycurgue ; et les Spartiates le sacrifièrent. Le second donna aux François à goûter le fruit défendu : « Tout ou rien, » fut le cri.

[a] Je le crois encore aujourd'hui. (N. Ed.)

Charles, dans une monarchie limitée, avoit envahi les droits d'une nation libre : Louis, dans une monarchie absolue, s'étoit continuellement dépouillé des siens en faveur de son peuple.

Les trois monarques, bons, compatissants, moraux, religieux, eurent toutes les vertus sociales. Le premier étoit plus philosophe, le second plus roi, le troisième plus homme privé : la destinée se servit de défauts diamétralement opposés dans leurs caractères, pour leur faire commettre les mêmes erreurs et les conduire à la même catastrophe : l'esprit de système dans Agis, l'obstination dans Charles, et le manque de vouloir dans Louis. Tous les trois, modérés et sincères, se firent accuser tous les trois de despotisme et de duplicité; le roi de Lacédémone en s'attachant avec trop d'ardeur à ses notions exaltées; le roi d'Angleterre en n'écoutant que sa volonté; le roi de France en ne suivant que celle des autres [a].

Quant aux souffrances, Louis, au premier coup d'œil, semble avoir laissé loin derrière lui Agis et Charles [1]. Mais qui nous transportera à Lacé-

---

[a] Cela me semble écrit avec impartialité. (N. ÉD.)

[1] Il ne faut pas oublier qu'Agis, Charles et Louis furent tous les trois condamnés, au mépris des lois de la plus commune justice, et d'après une manifeste violation de toutes les formes légales [*]. En sorte que s'il étoit possible d'admettre le principe que le peuple a le droit de juger ses chefs, principe qui détruiroit toute société humaine, il n'en resteroit pas moins certain encore qu'Agis, Charles et Louis furent assassinés. Néron, tout

[*] Très juste. (N. ÉD.)

démone ? Qui nous fera voir le digne imitateur de Lycurgue obligé de se tenir caché dans un temple pour prix de sa vertu, et, en attendant la mort, méditant au pied des autels sur l'ingratitude des hommes ? Qui nous introduira auprès du malheureux Charles, abandonné de l'univers entier ? Qui nous le montrera à Carisbrook avec sa barbe négligée, sa tête vénérable blanchie par les chagrins, aidant le matin au pauvre vieillard, sa seule compagnie, à allumer son feu ; le reste du jour livré à une vaste solitude, et veillant dans les longues nuits sur sa triste couche, pour entendre retentir les pas des assassins dans les corridors de la prison[1] ? Enfin qui nous ouvrira les portes du Temple ? Qui nous introduira auprès du roi de France, à peine vêtu, livré à des barbares qui l'obsédoient sans cesse, et le cœur fendu de douleur au spectacle des misères de son épouse et de ses enfants incessamment sous ses yeux ! Voyons Agis trahi par ses amis, traîné à travers les rues de Sparte au tribunal du crime; le tendre Charles dans Whitehall, tenant son fils sur ses genoux, et donnant à l'enfant attentif un dernier conseil et un dernier baiser ; Louis, dans le

---

justement condamné qu'on puisse le penser, ne le fut cependant que par contumace. Conrad fut indignement massacré à Naples. Élisabeth n'avoit pas plus de droit sur Marie Stuart que Charles d'Anjou sur Conrad. La reine de France ne fut pas même écoutée. Ces observations sont de la plus haute importance, et prouvent beaucoup dans l'histoire des peuples et des hommes.

[1] Charles s'attendoit à être secrètement assassiné.

Temple, disant le fatal adieu à sa famille : le roi de Lacédémone étranglé ignominieusement dans le cachot des scélérats, et bientôt suivi au tombeau par sa mère et son aïeule auguste; le roi d'Angleterre sur l'échafaud, se dépouillant à la vue de son peuple, et se préparant à la mort; le roi de France au pied de la guillotine, les cheveux coupés, la chemise ouverte, et les mains liées derrière le dos. Terminons ce parallèle affligeant pour l'humanité. Monarque ou esclave, guerrier ou philosophe, riche ou pauvre, souffrir et mourir, c'est toute la vie. Entre les malheurs du roi et ceux du sujet, il n'y a, pour la postérité, que cette différence qui se trouve entre deux tombeaux, dont l'un, chargé d'un marbre douloureux, se fait voir durant quelques années, tandis que l'autre, couvert d'un peu d'herbe, ne forme qu'un petit sillon que les enfants du voisinage, en se jouant, ont bientôt effacé sous leurs pas [a] [1].

[a] Voici de la philosophie fort mal à propos. Certainement pour l'homme *qui meurt*, qu'il soit roi ou sujet, la mort est absolument la même chose ; mais pour les hommes qui vivent, la mort d'un roi puissant est d'une toute autre importance que la mort d'un sujet obscur. La tête de Louis XVI en tombant a fait tomber la tête de plusieurs millions d'hommes. Et qu'importe à la France que la tête de mon frère ait roulé sur l'échafaud, ou que celle de mon cousin, Armand de Chateaubriand, ait été percée d'une balle à la plaine de Grenelle ? (N. Éd.)

[1] Je n'aime point à écrire l'histoire de mon temps. On a beau tâcher de faire justice, on doit toujours craindre que quelque passion cachée ne conduise votre plume. Lorsque je me trouve donc obligé de parler d'un homme de mon siècle, je me fais ces questions : L'ai-je connu ? M'a-t-il fait du bien ?

M'a-t-il fait du mal? Ne m'a-t-on point prévenu pour ou contre lui? Ai-je entendu discuter les deux côtés de la question? Quelle est ma passion favorite? Ne suis-je point sujet à l'enthousiasme, à la trop grande pitié, à la haine, etc.? Et malgré tout cela, j'écris encore en tremblant. J'avouerai donc que j'ai approché de Louis XVI, qu'il avoit accordé des graces à ma famille et à moi-même, quoique leur objet n'ait jamais été rempli. Cependant mon caractère étoit si antipathique avec la cour; j'avois un tel mépris pour certaines gens, et je le cachois si peu; je me souciois si peu encore de ce qu'on appeloit *parvenir*, que j'étois comme les confidents dans les tragédies, qui entrent, sortent, regardent et se taisent*. Aussi S. M. ne m'a-t-elle jamais parlé que deux fois dans ma vie, la première, lorsque j'eus l'honneur de lui être présenté, la seconde à la chasse. Il me semble donc que je n'ai eu aucun motif d'intérêt secret dans ce que j'ai dit plus haut du roi de France, et je crois que c'est avec candeur et impartialité que j'ai rendu justice à ses vertus. Quant à son innocence, elle est même avouée des Jacobins.

Louis étoit d'une taille avantageuse; il avoit les épaules larges, le ventre prédominant; il marchoit en roulant d'une jambe sur l'autre. Sa vue étoit courte, ses yeux à demi fermés, sa bouche grande, sa voix creuse et vulgaire. Il rioit volontiers aux éclats; son air annonçoit la gaîté, non peut-être cette gaîté qui vient d'un esprit supérieur, mais cette joie cordiale de l'honnête homme qui naît d'une conscience sans reproche. Il n'étoit pas sans connoissances, surtout en géographie; au reste, il avoit ses foibles comme les autres hommes. Il aimoit, par exemple, à jouer des tours à ses pages; à guetter, à cinq heures du matin, au travers des fenêtres du palais, les seigneurs de sa cour qui sortoient des appartements. Si, à la chasse, vous passiez entre le cerf et lui, il étoit sujet à des emportements, comme je l'ai éprouvé moi-même. Un jour qu'il faisoit une chaleur étouffante, un vieux gentilhomme de ses écuries qui l'avoit suivi à la chasse, se trouvant fatigué, descendit de cheval, et, se couchant sur le dos, s'endormit à l'ombre. Louis vint à passer par-là, et, apercevant le bonhomme, trouva plaisant de le réveiller. Il descend donc lui-même de cheval, et, sans avoir intention de blesser cet ancien serviteur, lui laisse tomber une pierre assez lourde sur sa poitrine. Celui-ci se réveille, et, dans le premier mouvement de la douleur et de la colère, s'écrie : « Ah! je vous reconnois bien là! voilà comme vous étiez dans votre enfance; vous êtes un tyran, un homme cruel, une bête féroce. » Et il se met à accabler le roi d'injures. S. M. re-

---

* Je me peignois il y a trente ans comme je me suis peint dans la préface générale de cette édition. On trouvera peut-être qu'il y a de l'ingénuité dans ces aveux.   (N. Ed.)

gagne vite son cheval, moitié riant, moitié fâché d'avoir fait mal à cet homme qu'il aimoit beaucoup, et disant en s'en allant : « Oh ! il se fâche, il se fâche ! il se fâche ! »

Ces petits traits, tout misérables qu'ils puissent paroître, peignent le caractère mieux que les grandes actions, qui ne sont, pour la plupart du temps, que des vertus de parade, et d'ailleurs n'ôtent rien du respect que l'on doit avoir pour Louis. L'innocence de ses mœurs, sa haine de la tyrannie, son amour pour son peuple, en feront toujours, aux yeux d'un homme impartial, un monarque estimable et digne d'éloges. Louis n'a que trop prouvé que parmi les hommes il vaut mieux, pour notre intérêt, être méchant que foible.

CHAPITRE XIX.

Quelques pensées.

Je ne ferai que quelques courtes réflexions sur ces évènements fameux. Les grands crimes comme les grandes vertus nous étonnent. Tout ce qui fait évènement plaît à la multitude. On aime à être remué, à s'empresser à faire foule ; et tel honnête homme qui plaint son souverain légitime massacré par une faction, seroit cependant bien fâché de manquer sa part du spectacle, peut-être même trompé, s'il n'alloit pas avoir lieu[a]. Voilà la raison pour laquelle les révolutions où il a péri des rois éblouissent tant les hommes, et pour laquelle les générations suivantes sont si fort tentées de les imiter : lorsqu'on mène des enfants à une tragédie, ils ne peuvent dormir à leur retour, si l'on ne couche auprès d'eux l'épée ou le poignard des conspirateurs qu'ils ont vus. D'ailleurs il y a toujours quelque chose de bon dans une révolution, et ce quelque chose survit à la révolution même. Ceux qui sont placés près d'un évènement tragique sont beaucoup plus frappés des maux que des

---

[a] C'est abominable. (N. ED.)

avantages qui en résultent : mais pour ceux qui s'en trouvent à une grande distance, l'effet est précisément inverse; pour les premiers, le dénoûment est en action, pour les seconds en récit. Voilà pourquoi la révolution de Cromwell n'eut presque point d'influence sur son siècle, et pourquoi aussi elle a été copiée avec tant d'ardeur de nos jours. Il en sera de même de la révolution françoise, qui, quoi qu'on en dise, n'aura pas un effet très considérable sur les générations contemporaines, et peut-être bouleversera l'Europe future [a].

Mais la grande différence qui se fait sentir entre les troubles de Sparte sous Agis, ceux de l'Angleterre sous Charles I, et ceux de la France sous Louis, vient surtout des hommes. A qui peut-on comparer parmi nous un Lysander, patriote ferme, intègre et modèle des vertus antiques? un Cromwell, cachant sous une apparence vulgaire tout ce qu'il y a de grand dans la nature humaine; profond, vaste et secret comme un abîme, roulant une ambition de César dans une ame im-

---

[a] Oserois-je dire que tout ce paragraphe étoit digne d'un meilleur ouvrage que l'*Essai?* Quand je l'écrivois ce paragraphe, la France élevoit partout des républiques; je prévoyois que ces républiques ne seroient pas de longue durée; mais je prévoyois aussi les conséquences éloignées de la révolution, et j'avois raison de les prévoir; j'avois le courage d'écrire *qu'il y a toujours quelque chose de bon dans une révolution.*

(N. Éd.)

mense, trop supérieur pour être connu de ses collègues, hors du seul Hampden, qui l'avoit su pénétrer?

Lui opposerons-nous le sombre Robespierre, méditant des crimes dans la cavernosité de son cœur, et grand de cela même qu'il n'avoit pas une vertu?

Rapprocherons-nous du vertueux Hampden, qui l'eût été même dans la Rome du premier Brutus, ce Mirabeau, à la fois législateur, chef de parti, orateur, nouvelliste, historien, d'une politique incommensurable, savant dans la connoissance des hommes, à la fois le plus grand génie et le cœur le plus corrompu de la révolution [a]?

Lorsqu'il se trouve de telles disproportions entre les hommes, il doit en exister de très grandes entre les temps où ces hommes ont vécu. Mais nous verrons ceci ailleurs; et il faut maintenant revenir sur nos pas au siècle d'Alexandre.

---

[a] J'ai déjà fait remarquer que le nom de *Buonaparte* ne se rencontre dans l'*Essai* qu'une seule fois, et dans une note où ce nom fameux est jeté comme par hasard avec quelques autres noms. Mirabeau avoit *du génie*, mais ce n'étoit pas un *grand génie* : il y a exagération.   (N. Éd.)

CHAPITRE XX.

Philippe et Alexandre.

Tandis que Denys tomboit à Syracuse, qu'Athènes était en proie aux factions, un tyran s'étoit élevé en Macédoine. Le caractère de Philippe est trop connu, et n'entre pas assez dans le plan de cet *Essai* pour que je m'y arrête. Il me suffira de remarquer que Philippe est le père de cette politique moderne, qui consiste à troubler pour recueillir, à corrompre pour régner. En vain Démosthènes le foudroya de son éloquence, le roi de Macédoine, avançant dans l'ombre tant qu'il se sentit foible, leva le masque aussitôt qu'il se trouva fort. Les Grecs alors se réveillèrent, mais trop tard, et leur bel édifice à la liberté, élevé avec tant de périls au milieu de mille tempêtes, s'écroula dans les plaines de Chéronée, devant le génie de deux hommes qui vinrent encore changer la face de l'univers.

CHAPITRE XXI.

Siècle d'Alexandre.

Si l'âge d'Alexandre diffère du nôtre par la partie historique, il s'en rapproche du côté moral. Ce fut alors que s'éleva, comme de nos jours, une foule de philosophes, qui se mirent à douter de Dieu, de l'univers et d'eux-mêmes. Jamais on ne poussa plus loin l'esprit de recherches. On écrivoit sur tout, on analysoit tout, on disséquoit tout. Point de petit sentier de politique, point de subtilité métaphysique qu'on n'eût soigneusement examinés. Les peuples, instruits de leurs droits, connoissant toutes les espèces de gouvernement, possédoient bien plus que des livres qui leur apprenoient à être libres; ils avoient les traditions de leurs ancêtres, et leurs tombeaux aux champs de Marathon. Ils jouissoient même des formes républicaines, vains jouets que les tyrans leur laissèrent, comme on permet aux enfants de toucher des armes dont ils n'ont pas la force de faire usage : grand exemple qui renverse nos systèmes sur l'effet des lumières [a]. Il prouve qu'il ne suffit

---

[a] Pas du tout. Dans l'antiquité l'esprit humain étoit jeune, bien que les peuples fussent déjà vieux ; c'est faute d'avoir fait

pas de raisonner sciemment sur la vertu pour parvenir à l'indépendance; qu'il faut l'aimer cette vertu, et que tous les moralistes de l'univers ne sauroient en donner le goût lorsqu'on l'a une fois perdu. Les siècles de lumières, dans tous les temps, ont été ceux de la servitude ; par quel enchantement le nôtre sortiroit-il de la règle commune ? Les rapprochements des philosophes anciens et modernes qui vont suivre mettront le lecteur à même de juger jusqu'à quel point l'âge d'Alexandre ressembla au nôtre. On verra que, loin d'avoir rien imaginé de nouveau, nous sommes demeurés, excepté en histoire naturelle, fort au dessous de la Grèce. On remarquera qu'à l'instant où les sophistes commencèrent à attaquer la religion et les idées reçues du peuple, celui-ci se trouva lié des chaînes de Philippe.

D'après les données de l'histoire, je ne puis m'empêcher de trembler sur la destinée future de la France [a].

cette distinction que l'on a voulu mal à propos juger les nations modernes d'après l'histoire des nations anciennes ; que l'on a confondu deux sociétés essentiellement différentes. J'ai déjà dit cela dans ma Préface, et montré vingt fois dans ces *Notes critiques* d'où provenoit mon erreur. (N. ÉD.)

[a] Le despotisme a suivi la république en France, et j'avois raison de trembler : mais je me trompe dans le reste de ce passage, et toujours par la préoccupation où je suis de cette liberté des anciens fondée sur les mœurs. On verra bientôt une note de l'*Essai* où je combats moi-même le système qui me domine ici. (N. ÉD.)

CHAPITRE XXII.

Philosophes grecs.

Deux beaux génies, vivant à peu près dans le même temps, devinrent les fondateurs des diverses classes philosophiques de la Grèce.

Thalès fut le père de l'école Ionique, Pythagore celui de l'école Italique ; j'ai parlé ailleurs de leurs systèmes [1]. Traçons rapidement la philosophie des fondateurs des principales sectes de ces deux écoles, nous bornant à Platon, Aristote, Zénon, Épicure et Pyrrhon.

---

[1] Thalès : l'eau, principe de création. Pythagore : système des harmonies. J'ajouterai que Thalès trouva en mathématiques les théorèmes suivants : les angles opposés aux sommets sont égaux ; les angles faits à la base du triangle isocèle sont égaux. Si deux angles et un côté d'un triangle sont égaux à deux angles et un côté d'un autre triangle, les deux triangles sont égaux. Pythagore découvrit ces belles vérités : dans un triangle rectangle le carré de l'hypothénuse est égal à la somme des carrés faits sur les deux autres côtés ; les seuls polygones qui puissent remplir un espace autour d'un point donné sont le triangle équilatéral, le quadrilatère et l'hexagone : le premier pris six fois, le second quatre, le troisième trois. De toutes les manières de démontrer le carré de l'hypothénuse, celle de Bezout me semble la plus claire *.

* J'ai parlé ailleurs de mon premier penchant pour les mathématiques ; il faut pardonner cette note à un jeune homme élevé d'abord pour le service de la marine.   (N. Éd.)

ARBRE IONIQUE.

THALÈS.

SES DISCIPLES SUCCESSIFS :

ANAXIMÈNE, ANAXAGORE, ARCHÉLAÜS, SOCRATE.

De l'école de Socrate sortiront cinq principaux rameaux, subdivisés en d'autres branches, telles qu'on les voit tracées ci-dessous.

SOCRATE.

SECTE MÉGARIQ. ÉLIQUE. EUCLIDE, PHOEDON.	Système de Dialectique, ou l'art de tout prouver, et de ne prouver rien. *(Bientôt éteinte.)*
	Pure doctrine de Socrate : la Raison et la Morale pratique. *(Bientôt éteinte.)*
SECTE ACADÉMIQUE. SYRÉNAÏQUE. PLATON.	*Speusippe, Polémo, Cratès, Moyenne Académie, Archélaüs, N. Ac. Carnéades.* *(Entre la page 120 et la page 121.)*
	Académiques. Système de spiritualité, Moyenne Académie, le Doute, Nouv. Académie, un doute moins fort.
	Système de la chaîne des êtres : Dialectique.
	Aristote, Secte innommée des Péripatéticiens. (Branches des Académiques.)
SECTE ARISTIPPE.	Système du Plaisir des Sens. *(Bientôt éteinte.)*
SECTE CYNIQUE. ANTISTHÈNES.	Toute action naturelle est bonne de soi. Mépris des Sciences.
	Fortitude d'âme. Fatalité. *Cynique.*
	Zénon, Grande secte des Stoïques, (Branche des Cyniques.)

ARBRE ITALIQUE.

PYTHAGORE.

Ses disciples sont peu connus jusqu'à Empédocle : sous celui-ci, l'école se divise en trois sectes.

EMPÉDOCLE.

SECTE ÉLÉATIQUE. LEUCIPPE, DÉMOCRITE, ET QUELQUES AUTRES.	**SECTE ÉPICURIENNE.** ÉPICURE.	**SECTE PYRRHONIENNE.** PYRRHON.
Système des Atomes. Athéisme.	Système des Atomes perfectionné. Doctrine du bonheur. *Ses Disciples.*	Système du Doute universel. *Ses Disciples.*

(S'ouvrant de droite à gauche.)

Platon [1]. La sagesse, prise dans toute l'étendue platonique du mot, est la connoissance de ce qui est [2].

Philosophie, selon Platon, veut dire désir de science divine [3]. Elle se divise en trois classes : philosophie de dialectique, philosophie de théorie, philosophie de pratique [4]. Je passe la première.

Philosophie de théorie. Rien ne se fait de rien. De là deux principes de toute éternité : Dieu et la matière. Le premier imprima le mouvement et l'ordre à la seconde. Dieu ne peut rien créer, il a tout arrangé.

Dieu, le principe opposé à la matière, est un Être entièrement spirituel, bon par excellence, intelligent dans le degré le plus supérieur [6], mais non omnipuissant, car il ne peut subjuguer la propension au mal de la matière [7].

Dieu a arrangé le monde d'après le modèle existant de toute éternité en lui-même [8], d'après cette raison de la Divinité, qui contient les moules incréés de choses passées, présentes et à venir. Les idées de l'Essence spirituelle vivent

---

[1] Platon, né avant J.-C. 429, ol. 87, 3ᵉ année; mort avant J.-C. 347, ol. 108.

[2] *In Phædro*, pag. 278.   [3] *Protag.*, pag. 313.

[4] *Resp.*, lib. VI, pag. 495.

[5] Tim., pag. 28; Diog. Laer., lib. 3; Plut., *de Gen. Anim.*, pag. 78.

[6] *De leg.*, pag. 886; *Tim.*, pag. 30.

[7] *Polit.*, pag. 174.   [8] *Tim.*, par. 249.

d'elles-mêmes, comme êtres distincts et réels¹. Les objets visibles de cet univers ne sont que les ombres des idées de Dieu, qui forment seules les vraies substances².

Enfin, outre ces idées préexistantes, la Divinité fit couler un souffle de sa vie dans l'univers, et en composa un troisième principe mixte, à la fois esprit et matière, appelé l'ame du monde³.

Tel est le système théologique de Platon, d'où l'on prétend que les chrétiens ont emprunté leur mystère de la Trinité.

Au reste, Platon admettoit l'immortalité de l'ame⁴ qui devoit retourner, après la mort du corps, à Dieu, dont elle étoit émanée⁵. Quant à la politique, j'en parlerai ailleurs; j'observe seulement ici que Platon admettoit la monarchie comme le meilleur gouvernement.

*Aristote*⁶ divisoit la philosophie en trois sortes, de même que Platon; sans parler de sa malheureuse dialectique, qui a si long-temps servi de retraite à l'ignorance, je ne m'arrête qu'à sa métaphysique.

La doctrine des péripatéticiens est le système

---

¹ *Tim.*, pag. 249.
² *Respub.*, lib. vii, pag. 515.   ³ *Tim.* pag. 34.
⁴ Tout singulier que cela puisse paroître, il y a eu des auteurs qui ont prétendu que Platon ne croyoit point à l'immortalité de l'ame, et ce n'est pas sans raison.
⁵ *Tim.*, pag. 298.
⁶ Aristote, né avant J.-C. 384, ol. 99, 1ʳᵉ année; mort avant J.-C. 332, ol. 114, 2ᵉ année.

célèbre de la chaîne des êtres. Aristote remonte d'action en action, et prouve qu'il faut qu'il existe quelque part un premier agent du mouvement. Or ce premier mobile de toute chose incréée et mue est la seule substance en repos. Elle n'a de nécessité ni quantité ni matière. Quant au problème insoluble, savoir : comment l'ame agit sur le corps, le Stagirite croyoit avoir répondu en attribuant le phénomène à un acte immédiat de la volonté du Moteur universel [1].

Il n'en savoit pas davantage sur la nature de l'ame, qu'il appeloit une parfaite énergie; non le premier mouvement, mais un principe de mouvement, etc. [2] : il la tenoit immortelle.

Zénon [3], *père de la secte stoïcienne.* La philosophie est un effort de l'ame vers la sagesse, et dans cet effort consiste la vertu [4].

Le monde s'arrangea par sa propre énergie. La nature est ce tout, qui comprend tout, et dont tout ne peut être que membre ou partie. Ce tout se compose de deux principes, l'un actif, l'autre passif, non existant séparés, mais unis ensemble. Le premier s'appelle *Dieu*, le second *matière*. Dieu est un pur éther, un feu qui enveloppe la

---

[1] *De Gen. An.,* lib. II, cap. III; *Met.*, lib. II, cap. VI, etc.: *De Cœlo*, lib. XI, cap. III, etc.

[2] *De Gen. Anim.*, lib. II, cap. IV; lib. III, cap. XI.

[3] Zénon, né avant J.-C. 359, ol. 195, 2ᵉ année; mort avant J.-C. 264, ol. 129, 1ʳᵉ année.

[4] PLUT., *de Plac. Phil.*, lib. IV; SEN., *Ep.* LXIX.

surface extérieure et convexe du ciel : la matière est une masse inerte et à repos [1].

Outre les deux principes, il en existe un troisième, auquel Dieu et la matière sont également soumis. Ce principe est la chaîne nécessaire des choses; c'est cet effet qui résulte des évènements, et est en même temps la cause inévitable : c'est la fatalité [2].

Dieu, la matière, la fatalité, ne font qu'un. Ils composent à la fois les roues, le mouvement, les lois de la machine, et obéissent, comme parties, aux lois qu'ils dictent comme tout [3].

Les stoïciens affirmoient encore que le monde périra alternativement par l'eau et le feu, pour renaître ensuite sous la même forme [4]; que l'homme a une ame immortelle, et ils admettoient, comme l'église romaine, les trois états de récompense, de purification et de punition dans une autre vie, ainsi que la résurrection des corps après l'embrasement général du monde [5].

Epicure [6]. La philosophie est la recherche du bonheur. Le bonheur consiste dans la santé et la paix de l'ame. Deux espèces d'études y condui-

---

[1] Laert., lib. v; Stob., *Eccl. Phys.*, cap. xiv; Sen., *Consol.*, cap. xxix.

[2] Cic., *de Nat. Deor.*, lib. i; Anton., lib. vii.   [3] Loc. cit.

[4] Cic. *de Nat Deor.*, lib. iii, cap. xlvi; Laert., lib. vii; Senec., *Ep.* ix, xxxvi, etc.

[5] Senec., *Ep.* xc; Plut. *Resign. Stoic.*, pag. 31; Laert., lib. vii; Sen., *ad Marc.*; Plut., *de Fac. lun.*, pag. 383.

[6] Épicure, né avant J.-C. 343, ol. 109, 3e année; mort avant J.-C. 270, ol. 127, 2e année.

sent : celle de la physique et celle de la morale.

L'univers subsiste de toute éternité. Il n'y a que deux choses dans la nature : les corps et le vide [1].

Les corps se composent de l'agrégation de parties de matière infiniment petites, ou d'atomes.

Les atomes ont un mouvement interne : la gravité. Leur motion se feroit dans le plan vertical [2], si, par une loi particulière, ils ne décrivoient une ellipse dans le vide [3].

La terre, le ciel, les planètes, les étoiles, les animaux, l'homme compris, naquirent du concours fortuit de ces atomes; et, lorsque la vertu séminale du globe se fut évaporée, les races vivantes se perpétuèrent par la génération [4].

Les membres des animaux, formés au hasard, n'avoient aucune destination particulière. L'oreille concave n'étoit point creusée pour entendre, l'œil convexe poli pour voir; mais, ces organes se trouvant propres à ces différens usages, les animaux s'en servirent machinalement, et de préférence à un autre sens [5].

---

[1] Lucret., lib. ii; Laert., lib. x.

[2] Épicure imagina ce mouvement de déclinaison pour éviter de tomber dans le système des fatalistes qui exclut de droit toute recherche du bonheur. Mais l'hypothèse est absurde; car si ce mouvement est une loi, il est de nécessité : et comment une cause obligée produira-t-elle un effet libre?

[3] Lucret., lib. ii; Laert., lib. x.

[4] Lucret., lib. v-x; Cic., de Nat. Deor., lib. i, cap. viii-ix.

[5] Lucret., lib. iv-v.

Il y a des dieux, non que la raison nous les montre, l'instinct seul nous le dit. Mais ces dieux, extrêmement heureux, ne se mêlent ni ne peuvent se mêler des choses humaines. Ils résident au séjour inconnu de la pureté des délices et de la paix [1].

Morale. Deux espèces de plaisirs : le premier consiste en un parfait repos d'esprit et de corps ; l'autre en une douce émotion des sens qui se communique à l'ame. Par plaisir il ne faut pas entendre cette ivresse de passions qui nous subjugue, mais une tranquille absence de maux. Cet état de calme à son tour ne doit pas être une profonde apathie, un marasme de l'ame, mais cette position où l'on se sent lorsque toutes les fonctions mentales et corporelles s'accomplissent avec une paisible harmonie. Une vie heureuse n'est ni un torrent rapide, ni une eau léthargique, mais un ruisseau qui passe lentement et en silence, répétant dans son onde limpide les fleurs et la verdure de ses rivages [2].

Tel étoit le système charmant d'Epicure, si long-temps calomnié. Quant à Pyrrhon, le vrai scepticisme antique n'étoit pas tant une négative universelle qu'une indifférence de tout. Le Pyrrhonien ne rejetoit pas l'existence des corps, les

---

[1] Lucret., lib. x; Cic., *de Nat. Deor.*
[2] Laert., lib. x; Cic., *Tuscul.*, lib. iii, cap. xvii; *de F.*, lib. i, cap. ii-xvii.

accidents du chaud et du froid, etc. ; mais il disoit qu'il croyoit apercevoir et sentir telle ou telle chose, savoir si cette chose étoit réellement, et sans qu'il importât qu'elle fût ou qu'elle ne fût pas. Dieu est ou n'est pas ; tel corps paroît rond, carré, ovale; il semble qu'il neige, que le soleil brille : voilà le langage du sceptique[a][1].

Nous devons moins considérer ce qu'il y a de vrai ou de faux dans ces systèmes, que l'influence qu'ils ont eue sur le bonheur des peuples où ils

---

[a] L'explication de ces systèmes a paru aux critiques du temps prouver quelque lecture. J'aimois passionnément la métaphysique ; mais que n'aimois-je pas ? Je me plaisois à l'algèbre comme à la poésie, et j'avois pour l'érudition historique le goût d'un véritable Bénédictin. (N. ÉD.)

[1] Il reste toujours contre le pyrrhonisme une objection insurmontable dans les vérités mathématiques. Que les corps ne soient que la modification de mes sens, à la bonne heure ; mais les choses géométriques existent d'elles-mêmes. Les propriétés du cylindre, du polygone, de la tangente, de la sécante, etc., me sont démontrées à l'évidence, soit que je me considère comme corps ou comme esprit. Il y a donc quelque chose qui ne m'appartient pas, qui ne sauroit être une combinaison de mes pensées, parce que toute vérité qui peut se démontrer (il n'y a que les vérités mathématiques de cette espèce) est d'elle-même. D'ailleurs, si je suis esprit, ou partie du tout, Dieu ou matière, comment la quantité mesurée de la ligne deviendroit-elle l'effet d'une cause incommensurable ? Dès lors qu'il se trouve quelque chose hors de moi, le système des scepticiens s'écroule ; car, quoique je ne puisse prouver la réalité de tel objet, j'ai lieu de croire à son identité, à moins qu'on n'admit les vérités mathématiques comme les *Nombres de Pythagore* ou le *Monde d'idées de Platon*. Dans ce cas, elles seroient le vrai Dieu tant cherché des philosophes [*].

[*] On voit par cette note même, où je combats de si bonne foi le pyrrhonisme, combien j'étois loin au fond de l'athéisme et du matérialisme. (N. ÉD.)

furent enseignés. Nous examinerons ailleurs cette influence. Nous remarquerons seulement ici que, par leur teneur, ils s'élevoient directement contre les institutions morales, religieuses et politiques de la Grèce. Aussi les prêtres et les magistrats de la patrie s'y opposèrent-ils avec vigueur ; ils sentoient qu'ils attaquoient l'édifice jusqu'à la base ; que des livres qui prêchoient monarchie dans une république, athéisme ou déisme chez des nations pleines de foi, devoient amener tôt ou tard la destruction de l'ordre social. Ainsi les philosophes grecs, de même que les nôtres, se trouvoient en guerre ouverte avec leur siècle. Mais ils disoient la vérité? Et qu'importe? La vérité simple et abstraite ne fait pas toujours la vérité complexe et relative. Ne précipitons point le cours des choses par nos opinions. Un gouvernement est-il mauvais, une religion superstitieuse, laissons agir le temps, il y remédiera mieux que nous. Les corps politiques, quand on les abandonne à eux-mêmes, ont leurs métamorphoses naturelles, comme les chrysalides. Long-temps l'animal, entouré de chaînes qu'il s'est lui-même forgées, languit dans le sommeil de l'abjection, sous l'apparence la plus vile, lorsqu'un matin, aux regards surpris, il perce les murs de sa prison, et, déployant deux ailes brillantes, s'envole dans les champs de la liberté ; mais si, par une chaleur factice, vous cherchez à hâter le phénomène, souvent le ver meurt dans l'opération délicate ; et, au lieu de reproduire la vie et la beauté, il ne vous reste qu'un cadavre et des formes hideuses [a].

Avant de passer à ce grand sujet, de l'influence des opinions sur les mœurs et les gouvernements des peuples [b], rapprochons nos philosophes de ceux de la Grèce.

[a] L'image est peut-être trop prolongée ; mais elle renferme une grande vérité : il n'y a de révolution durable que celle que le temps amène graduellement et sans efforts. (N. ÉD.)
[b] Ici mon système devient raisonnable ; il est impossible de nier l'influence de l'opinion sur les mœurs. (N. ÉD.)

CHAPITRE XXIII.

Philosophes modernes. Depuis l'invasion des Barbares jusqu'à la renaissance des lettres.

L'Italie, la France, la Grande-Bretagne, étant tombées sous le joug des peuples du Nord, une philosophie barbare s'étendit sur l'Occident en même temps que la haine des sciences régnoit dans ceux qui auroient pu les protéger. C'étoit alors que des empereurs faisoient des lois pour bannir les *mathématiciens* et les *sorciers*[1] ; que les papes incendioient les bibliothèques de Rome[2][a]. On étudioit avec ardeur dans les cloîtres le *Trivium*

---

[1] *Cod. Just.*, lib. x, tit. xviii, *Cod. Theod. de Pagan.*, pag. 37.

[2] Sarisbériens. POLICRAT., lib. ii-viii, cap. ii-vi.

Grégoire fit brûler la belle bibliothèque du temple d'Apollon formée par les empereurs romains.

[a] C'est fort bien de ne pas vouloir qu'on brûle les livres ; mais pourquoi vouloir mettre au nombre des *calamités* du temps le nom donné aux notes de musique par Guido Arétin ? Quelle est la transition entre l'étude du *Trivium* et les premières syllabes d'une strophe de l'*Ut queant laxis* ? Et comment les ouvrages d'Aristote ont-ils comblé les maux commencés par *ut, re, mi, fa, sol, la* ? Je savois tout cela il y a trente ans.

(N. ED.)

et le *Quadrivium*¹. Un moine² inventoit les notes de musique sur l'*Ut queant laxis*³; et pour comble de maux, vers le douzième siècle reparurent les ouvrages d'Aristote. Alors on vit se former cette malheureuse philosophie scolastique, qui se composoit des subtilités de la dialectique péripatéticienne et du jargon mystique de Platon.

Bientôt la nouvelle secte se divisa en *Nominalistes*, *Albertistes*, *Occamistes*, *Réalistes*. Souvent les champions en vinrent aux mains, et les papes et les rois prenoient parti pour et contre. Entre les nouveaux philosophes brillèrent Thomas d'Aquin, Albert, Roger Bacon; et avant eux, Abailard, qu'il ne faut pas oublier. Il y a des morts dont le simple nom nous dit plus qu'on ne sauroit exprimer ᵃ ⁴.

¹ Alcuin., *Op. Fab. Bibl. Lat. Med.*, tom. I, pag. 134.
La science du Trivium et du Quadrivium étoit toute renfermée dans ces deux vers fameux:

Gramm. loquitur, *Dia.* vera docet, *Rhet.* verba colorat.
Mus. canit, *Ar.* numerat, *Geo.* ponderat, *Ast.* colit astra.

² Guido Aretin. Il trouva l'expression des six notes sur l'hymne de Paul Diacon:

Ut queant laxis.   *Re* sonare fibris.
Mi ra gestorum.   *Fa* muli tuorum.
Sol ve pollutis.   *La* biis reatum.
              Sancte Joannes.

³ Weizius, *in Heortologio*, pag. 263.

ᵃ Il faut convenir que c'est accrocher subtilement une note un mot. Voici, à propos d'Abailard, un assez long morceau de

⁴ J'ai bien éprouvé une fois dans ma vie cet effet d'un nom. C'étoit en Amérique. Je partois alors pour le pays des Sauvages, et je me trouvois

Cependant Constantinople venoit de passer sous
le joug des Turcs, et le reste des philosophes grecs

> mes *Voyages en Amérique*. On y retrouve la description de
> la cataracte de Niagara, description que j'ai transportée dans
> *Atala*. J'entre dans un récit assez circonstancié sur mes projets
> de découverte dans l'Amérique septentrionale. Ce ne sont donc
> ni les voyages de Mackensie ni les dernières expéditions des
> Anglois qui m'ont fait dire que j'avois voulu autrefois tenter la
> découverte du passage dans les mers polaires, au nord-ouest
> du Canada, découverte que poursuit dans ce moment même le
> capitaine Franklin. Mon projet avoit précédé toutes ces entre-
> prises ; en voilà la preuve consignée dans l'*Essai* publié à Lon-
> dres en 1797, il y a vingt-neuf ans. C'est ainsi que la Provi-
> dence m'a placé plusieurs fois à l'entrée de diverses carrières où
> j'ai toujours eu en perspective le but le plus difficile et le plus
> éloigné ; elle m'a mis mis tour à tour à la main le bâton du
> voyageur, l'épée du soldat, la plume de l'écrivain et le porte-
> feuille du ministre. (N. Éd.)

embarqué sur le paquebot qui remonte de New-York à Albany, par la rivière d'Hudson. La société des passagers étoit nombreuse et aimable, consistant en plusieurs femmes et quelques officiers américains. Un vent frais
nous conduisoit mollement à notre destination. Vers le soir de la première
journée, nous nous assemblâmes sur le pont pour prendre une collation
de fruits et de lait. Les femmes s'assirent sur les bancs du gaillard, et les
hommes se mirent à leurs pieds. La conversation ne fut pas long-temps
bruyante : j'ai toujours remarqué qu'à l'aspect d'un beau tableau de la
nature on tombe involontairement dans le silence. Tout à coup je ne sais
qui de la compagnie s'écria : « C'est auprès de ce lieu que le major André
fut exécuté. » Aussitôt voilà mes idées bouleversées ; on pria une Américaine très jolie de chanter la romance de l'infortuné jeune homme ; elle
céda à nos instances, et commença à faire entendre une voix timide, pleine
de volupté et d'émotion. Le soleil se couchoit ; nous étions alors entre de
hautes montagnes. On apercevoit çà et là, suspendues sur des abimes, des
cabanes rares qui disparoissoient et reparoissoient tour à tour entre des
nuages, mi-partis blancs et roses, qui filoient horizontalement à la hauteur
de ces habitations. Lorsque au dessus de ces mêmes nuages on découvroit
la cime des rochers et les sommets chevelus des sapins, on eût cru voir de
petites îles flottantes dans les airs. La rivière majestueuse, tantôt coulant

fugitifs trouvèrent un asile en Italie. Les lettres
commencèrent à revivre de toutes parts. Dante et

nord et sud, s'étendoit en ligne droite devant nous, encaissée entre deux
rives parallèles comme une table de plomb; puis tout à coup, tournant à
l'aspect du couchant, elle courboit ses flots d'or autour de quelque mont
qui, s'avançant dans le fleuve avec toutes ses plantes, ressembloit à un
gros bouquet de verdure noué au pied d'une zone bleue et aurore. Nous
gardions un profond silence ; pour moi, j'osois à peine respirer. Rien
n'interrompoit le chant plaintif de la jeune passagère, hors le bruit insensible que le vaisseau, poussé par une légère brise, faisoit en glissant sur
l'onde. Quelquefois la voix se renfloit un peu davantage lorsque nous rasions
de plus près la rive ; dans deux ou trois endroits elle fut répétée par un
foible écho : les anciens se seroient imaginé que l'ame d'André, attirée par
cette mélodie touchante, se plaisoit à en murmurer les derniers sons dans
les montagnes. L'idée de ce jeune homme, amant, poète, brave et infortuné, qui, regretté de ses concitoyens et honoré des larmes de Washington, mourut dans la fleur de l'âge pour son pays, répandoit sur cette
scène romantique une teinte encore plus attendrissante. Les officiers américains et moi nous avions les larmes aux yeux ; moi, par l'effet du recueillement délicieux où j'étois plongé ; eux, sans doute, par le souvenir
des troubles passés de la patrie, qui redoubloit le calme du moment présent. Ils ne pouvoient contempler, sans une sorte d'extase de cœur, ces
lieux naguère chargés de bataillons étincelants et retentissants du bruit des
armes, maintenant ensevelis dans une paix profonde, éclairés des derniers
feux du jour, décorés de la pompe de la nature, animés du doux sifflement
des cardinaux et du roucoulement des ramiers sauvages, et dont les simples
habitants, assis sur la pointe d'un roc, à quelque distance de leurs chau-
mières, regardoient tranquillement notre vaisseau passer sur le fleuve
au dessous d'eux.

Au reste, ce voyage que j'entreprenois alors n'étoit que le prélude d'un
autre bien plus important, dont à mon tour j'avois communiqué les plans
à M. de Malesherbes, qui devoit les présenter au gouvernement. Je ne me
proposois rien moins que de déterminer par terre la grande question du
passage de la mer du Sud dans l'Atlantique par le nord. On sait que,
malgré les efforts du capitaine Cook et des navigateurs subséquents, il est
toujours resté un doute. Un vaisseau marchand, en 1786, prétendit avoir
entré, par le 48° lat. N., dans une mer intérieure de l'Amérique septentrionale, et que tout ce qu'on avoit pris pour la côte, au nord de la Californie, n'étoit qu'une longue chaîne d'îles extrêmement serrées. D'une

Pétrarque avoient paru. Celui-ci est plus connu par ses *Canzone* que par ses traités *De contemptu*

autre part, un voyageur, parti de la baie d'Hudson, a vu la mer par les 72° de lat. N. à l'embouchure de la rivière du *Cuivre*. On dit qu'il est arrivé l'été dernier une frégate, que l'amirauté d'Angleterre avoit chargée de vérifier la découverte du vaisseau marchand dont j'ai parlé, et que cette frégate confirme la vérité des rapports de Cook. Quoi qu'il en soit, voici sommairement le plan que je m'étois tracé :

Si le gouvernement avoit favorisé mon projet, je me serois embarqué pour New-York. Là, j'eusse fait construire deux immenses chariots couverts, traînés par quatre couples de bœufs. Je me serois procuré en outre six petits chevaux, pareils à ceux dont je me suis servi dans mon premier voyage. Trois domestiques européens et trois sauvages des Cinq-Nations m'eussent accompagné. Quelques raisons m'empêchent de m'étendre davantage sur les plans que je comptois suivre : le tout forme un petit volume en ma possession, qui ne seroit pas inutile à ceux qui explorent des régions inconnues. Il me suffira de dire que j'eusse renoncé à parcourir les déserts de l'Amérique, s'il en eût dû coûter une larme à leurs simples habitants. J'aurois désiré que, parmi ces nations sauvages, *l'homme à longue barbe*, long-temps après mon départ, eût voulu dire l'ami, le bienfaiteur des hommes.

Enfin tout étant préparé, je me serois mis en route, marchant directement à l'ouest, en longeant les lacs du Canada jusqu'à la source du Mississipi, que j'aurois reconnue. De là, descendant par les plaines de la haute Louisiane, jusqu'au 40ᵉ degré de latitude nord, j'eusse repris ma route à l'ouest, de manière à attaquer la côte de la mer du Sud, un peu au dessus de la tête du golfe de Californie. Suivant ici le contour des côtes, toujours en vue de la mer, j'aurois remonté droit au nord, tournant le dos au Nouveau-Mexique. Si aucune découverte n'eût arrêté ma marche, je me fusse avancé jusqu'à l'embouchure de la grande rivière de *Cook*, et de là jusqu'à celle de la rivière du *Cuivre*, par les 72 degrés de latitude septentrionale. Enfin, si nulle part je n'eusse trouvé un passage, et que je n'eusse pu doubler le cap le plus nord de l'Amérique, je serois rentré dans les États-Unis par la baie d'Hudson, le Labrador et le Canada.

Tel étoit l'immense et périlleux voyage que je me proposois d'entreprendre pour le service de ma patrie et de l'Europe. Je calculois qu'il m'eût retenu (tout accident à part) de cinq à six ans. On ne sauroit mettre en doute son utilité. J'aurois donné l'histoire des trois règnes de la nature, celle des peuples et de leurs mœurs, dessiné les principales vues, etc., etc.,

mundi ; De sua ipsius et aliorum ignorantia, quoique ce dernier ouvrage vaille mieux que la plupart de

Quant à ce qui est des risques du voyage, ils sont grands sans doute ; mais je suppose que ceux qui calculent tous les dangers ne vont guère voyager chez les Sauvages. Cependant on s'effraie trop sur cet article. Lorsque je me suis vu exposé en Amérique, le péril venoit toujours du local et de ma propre imprudence, mais presque jamais des hommes. Par exemple, à la cataracte de Niagara, l'échelle indienne qui s'y trouvoit jadis étant rompue, je voulus, en dépit des représentations de mon guide, me rendre au bas de la chute par un rocher à pic d'environ deux cents pieds de hauteur. Je m'aventurai dans la descente. Malgré les rugissements de la cataracte et l'abîme effrayant qui bouillonnoit au dessous de moi, je conservai ma tête, et parvins à une quarantaine de pieds du fond. Mais ici le rocher lisse et vertical n'offroit plus ni racines ni fentes où pouvoir reposer mes pieds. Je demeurai suspendu par la main à toute ma longueur, ne pouvant ni remonter ni descendre, sentant mes doigts s'ouvrir peu à peu de lassitude sous le poids de mon corps, et voyant la mort inévitable : il y a peu d'hommes qui aient passé deux minutes dans leur vie comme je les comptai alors, suspendu sur le gouffre de Niagara. Enfin mes mains s'ouvrirent, et je tombai. Par le bonheur le plus inouï je me trouvai sur le roc vif, où j'aurois dû me briser cent fois, et cependant je ne me sentois pas grand mal ; j'étois à un demi-pouce de l'abîme, et je n'y avois pas roulé : mais lorsque le froid de l'eau commença à me pénétrer, je m'aperçus que je n'en étois pas quitte à aussi bon marché que je l'avois cru d'abord. Je sentis une douleur insupportable au bras gauche ; je l'avois cassé au-dessus du coude. Mon guide, qui me regardoit d'en haut, et auquel je fis signe, courut chercher quelques Sauvages qui, avec beaucoup de peine, me remontèrent avec des cordes de bouleau, et me transportèrent chez eux.

Ce ne fut pas le seul risque que je courus à Niagara : en arrivant, je m'étois rendu à la chute, tenant la bride de mon cheval entortillée à mon bras. Tandis que je me penchois pour regarder en bas, un serpent à sonnettes remua dans les buissons voisins ; le cheval s'effraie, recule en se cabrant et en approchant du gouffre ; je ne puis désengager mon bras des rênes, et le cheval, toujours plus effarouché, m'entraîne après lui. Déjà ses pieds de devant quittoient la terre, et accroupi sur le bord de l'abîme, il ne s'y tenoit plus que par la force des reins. C'en étoit fait de moi, lorsque l'animal, étonné lui-même du nouveau péril, fait un dernier effort, s'abat en dedans par une pirouette, et s'élance à dix pieds loin du bord.

Lorsque j'ai commencé cette note, je ne comptois la faire que de quel-

ses sonnets. Mais Laure, Vaucluse, sont de doux noms, et les hommes se prennent plus aisément par le cœur que par la tête. Pic de la Mirandole, Politien, Ficinus et mille autres furent des pro-

qués lignes; le sujet m'a entraîné : puisque la faute est commise, une demi-page de plus ne m'exposera pas davantage à la critique, et le lecteur sera peut-être bien aise qu'on lui dise un mot de cette fameuse cataracte du Canada, la plus belle du monde connu.

Elle est formée par la rivière Niagara, qui sort du lac Érié et se jette dans l'Ontario. A environ neuf milles de ce dernier lac se trouve la chute : sa hauteur perpendiculaire peut être d'environ deux cents pieds. Mais ce qui contribue à la rendre si violente, c'est que, depuis le lac Érié jusqu'à la cataracte, le fleuve arrive toujours en déclinant par une pente rapide, dans un cours de près de six lieues; en sorte qu'au moment même du saut, c'est moins une rivière qu'une mer impétueuse, dont les cent mille torrents se pressent à la bouche béante d'un gouffre. La cataracte se divise en deux branches, et se courbe en un fer à cheval d'environ un demi-mille de circuit. Entre les deux chutes s'avance un énorme rocher creusé en dessous, qui pend avec tous ses sapins sur le chaos des ondes. La masse du fleuve qui se précipite au midi se bombe et s'arrondit comme un vaste cylindre au moment qu'elle quitte le bord, puis se déroule en nappe de neige, et brille au soleil de toutes les couleurs du prisme : celle qui tombe au nord descend dans une ombre effrayante comme une colonne d'eau du déluge. Des arcs-en-ciel sans nombre se courbent et se croisent sur l'abîme, dont les terribles mugissements se font entendre à soixante milles à la ronde. L'onde, frappant le roc ébranlé, rejaillit en tourbillons d'écume qui, s'élevant au dessus des forêts, ressemblent aux fumées épaisses d'un vaste embrasement. Des rochers démesurés et gigantesques, taillés en forme de fantômes, décorent la scène sublime ; des noyers sauvages, d'un aubier rougeâtre et écailleux, croissent chétivement sur ces squelettes fossiles. On ne voit auprès aucun animal vivant, hors des aigles qui, en planant au dessus de la cataracte où ils viennent chercher leur proie, sont entraînés par le courant d'air, et forcés de descendre en tournoyant au fond de l'abîme. Quelque *carcajou* tigré, se suspendant par sa longue queue à l'extrémité d'une branche abaissée, essaie d'attraper les débris des corps noyés des élans et des ours que le remole jette à bord ; et les serpents à sonnettes font entendre de toutes parts leurs bruits sinistres.

diges d'érudition [1]. Erasme suivit : ses *Lettres* et son *Eloge de la Folie* sont pleins d'esprit et d'élégance. Bientôt les réformateurs de l'église romaine attaquèrent plus vigoureusement encore la secte scolastique [2]. On commença à faire revivre les autres philosophies de la Grèce. Gassendi renouvela peu après la secte d'Épicure [3], et se rendit célèbre par son génie astronomique. Trois hommes enfin, Jordan Bruno, Jérôme Cardan et François Bacon s'élevèrent en Europe, et, dédaignant de marcher sur les pas des Grecs, se frayèrent une route nouvelle : en eux commence la *philosophie moderne*.

---

[1] Fabr., *Bibl. Gr.*, v. 10, p. 278 ; Shelborn, *Amœnitat. Leter.*, tom. 1, pag. 18 ; *Vita à J. Fr. Pico in Bates Vet. Select.*

[2] *Declarationes ad Hoildelbergentes*, apud Werensdorf.

[3] Sorbière, *de Vit. Gass. Præf. Synt. Phil. Epic.*; Bayle.

CHAPITRE XXIV.

Suite.

Depuis Bacon jusqu'aux encyclopédistes.

Le chancelier lord Bacon [1], un de ces hommes dont le genre humain s'honore, a laissé plusieurs ouvrages. C'est à son Traité *On the advancement of learning* et à celui du *Novum Organum Scientiarum*, qu'il doit particulièrement son immortalité.

Dans le premier, il examine en son entier le cercle des sciences, classant chaque chose sous sa faculté, facultés dont il reconnoît quatre : l'ame, la mémoire, l'imagination, l'entendement. Les sciences s'y trouvent réduites à trois : la poésie, l'histoire, la philosophie. Dans le second ouvrage, il rejette la méthode de raisonner par syllogismes ; il propose seulement la physique expérimentale pour seul guide dans la nature. C'est ainsi que ce grand homme ouvrit à ceux qui l'ont suivi le vrai chemin de la philosophie ; et que chacun, écoutant son génie, sut désormais où se placer [2].

Tandis que Bacon brilloit en Angleterre, Campanella [3] florissoit en Italie. Cet homme extraordi-

---

[1] Né en 1560, mort en 1626.
[2] Voyez les ouvrages cités.
[3] Né en 1568, mort en 1639.

naire attaqua vigoureusement les préjugés de son siècle, et tomba lui-même dans le vague des systèmes. Plongé vingt-sept ans dans les cachots[1], il y vécut, comme une salamandre, au milieu du feu de son génie, n'ayant ni plume ni papier pour lui ouvrir une issue au dehors. Ses écrits étincellent[2], mais on y remarque une tête déréglée. Au reste, il admettoit l'ame du monde de Platon, etc.

Hobbes[3], contemporain de Bacon, publia plusieurs ouvrages : son livre *de la Nature humaine*, son Traité *de Corpore Politico*, son *Leviathan* et sa *Dissertation sur l'Homme*, sont les plus considérables. En politique, il trouva à peu près les principes du *Contrat Social* de J. J. Rousseau; mais il soutient les opinions les plus destructives de la société. Il avance que l'autorité, non la vérité, doit faire le principe de la loi; que le magistrat suprême, qui punit l'innocent, pèche contre Dieu, mais non contre la justice; qu'il n'y a point de propriétés, etc. En morale, il dit que l'état de nature est un état de guerre, que la félicité consiste en un continuel passage de désir en désir[4].

Descartes[5] fit revivre le pyrrhonisme, et ouvrit

---

[1] Pour une prétendue conspiration contre le roi d'Espagne.

[2] Entre autres les ouvrages intitulés : *Philosophia rationalis; de Libris, Propriis; Civitas Solis.*

[3] Né en 1588, mort en 1679.

[4] Voyez les ouvrages cités, particulièrement *le Leviathan*.

[5] Né en 1596, mort en 1650.

les sources du déluge de la philosophie moderne. La seule vérité, selon lui, consistoit en son fameux argument, *je pense, donc j'existe*. Il admettoit les idées innées, l'existence de la matière. Il expliquoit l'action de l'ame sur le corps d'après les principes de Platon [1]. On connoit ses tourbillons en physique.

Leibnitz publia son système des *Monades*, par lesquelles il entendoit une simple substance sans parties. Mais cette substance varie en propriétés et relations, et c'est de ces diverses modifications apparentes que résultent plusieurs dans l'unité. Cela rentre dans les *Nombres* de Pythagore et les *Idées* de Platon. Leibnitz [2] est l'auteur du *Calcul différentiel* [3].

Spinosa [4] rappelle l'athée par excellence. Il admettoit une substance universelle, laquelle substance a en elle-même tous les principes de modification : elle est Dieu. Tout vient ainsi de Dieu : le mort et le mourant, le riche et le pauvre, l'homme qui sourit et celui qui pleure, la terre, les astres, tout cela se passe et est en Dieu [5].

[1] Vid. *Princip. Phil.*, *Medit. Phil.*, *de Prima Phil.*
[2] Né en 1646, mort en 1704.
[3] Vid. THEODICEA, *Calculus differentialis*, etc.
Un monument littéraire, bien plus précieux que la correspondance des encyclopédistes, est celle de Newton, Clarke et Leibnitz; par exemple, Leibnitz faisant part à Newton de sa découverte de son *Calcul différentiel*, et Newton lui demandant son avis sur sa *Théorie des marées*.
[4] Né en 1632, mort en 1677.
[5] *Tractat. Theolog. Politic.*, *Or. pro Chr.*, BAYL. SPIN.

Locke ¹ a laissé dans son Traité *On human understanding* un des plus beaux monuments du génie de l'homme. On sait qu'il y détruit la doctrine des idées innées ; qu'il explique la nature de ces idées, les dérivant de deux sources : la sensation et la réflexion ².

Grotius ³ après Machiavel, Mariana, Bodin ⁴, fut un des premiers à faire revivre en Europe la politique. Son livre *de Jure Belli et Pacis* manque de méthode, et s'étend au delà de son titre. Il part d'ailleurs d'une majeure douteuse : la sociabilité de l'homme ᵃ. Au reste, on y trouve du génie et de l'érudition.

Puffendorf ⁵ a déployé moins de génie que Grotius dans son Traité *de Jure Naturæ et Gentium;* mais on y apprend davantage, par l'excellent plan de l'ouvrage. Il y part de la morale pour remonter à la politique (le seul chemin par où on puisse arriver à la vérité), considérant l'homme dans ses rapports avec Dieu lui-même et ses semblables ᵇ.

---

¹ Né en 1632, mort en 1704.
² *Essay on hum. underst.*
³ Né en 1583, mort en 1645.
⁴ Sidney écrivit quelque temps après. Il ne faut pas confondre ce Sidney, écrivain d'un excellent *Traité sur le gouvernement*, avec le Sidney, auteur de l'*Arcadie*.
ᵃ Eh bien ! vais-je nier aussi la sociabilité de l'homme ?
(N. Ed.)
⁵ Né en 1631, mort en 1694.
ᵇ J'avois du moins étudié quelque chose de mon métier avant d'être ambassadeur. (N. Ed.)

L'universel scepticisme de Bayle[1], se fait apercevoir dans ses écrits. Il y détruit tous les systèmes des autres, sans en élever un lui-même[2]. Il passe avec raison pour le plus grand dialecticien qui ait existé.

Malebranche[3] a laissé un nom célèbre. Les deux opinions les plus extraordinaires qui aient peut-être été jamais avancées par aucun philosophe, se trouvent dans sa *Recherche de la Vérité*. Il y affirme que la pensée ne se produit pas de l'entendement, mais découle immédiatement de Dieu, et que l'esprit humain communique directement avec la Divinité, et voit tout en elle[4].

Rappeler ces grands hommes qui travailloient en même temps à l'*Histoire naturelle* seroit trop long et hors du sujet de cet ouvrage. Copernic, qui rendit à l'univers son vrai système[5], perdu depuis Pythagore; Galilée, qui inventa le télescope, découvrit les satellites de Jupiter, l'anneau de Saturne, etc.[6]; enfin l'immortel Newton, qui traça le chemin aux comètes, vit se mouvoir tous les mondes, pénétra dans le principe des couleurs, et vola pour ainsi dire à Dieu le secret de

---

[1] Né en 1647, mort en 1706.
[2] *Dict. Resp. ad Provincial. Quend.*
[3] Né en 1638, mort en 1715.
[4] *Recherches de la Vérité.*
[5] *De Orbium Cœlest. Revol.*
[6] Viviani, *Vit. Gal.*; *Act. Phil.*; *Systema Cosmicum.*

la nature ¹ ; tous ces hommes illustres précédèrent les encyclopédistes dont il me reste à parler.

¹ *Philosophiæ naturalis Principia mathematica.*

On ne sait lequel admirer le plus des trois grands hommes que je viens de nommer, lorsqu'on les voit s'élever les uns après les autres de merveilles en merveilles. Je ne puis m'empêcher d'observer qu'on doit à Galilée les vérités importantes : que l'espace parcouru dans la chute des corps est en raison du carré des temps : que le mouvement des projectiles se fait dans la courbe parabolique *.

* Toujours mes chères mathématiques : cela prouve du moins que je n'avois pas la mauvaise habitude d'écrire avant d'avoir lu ; habitude trop commune dans ce siècle.   (N. Éd.)

CHAPITRE XXV.

Les encyclopédistes[1].

Il seroit impossible d'entrer dans le détail de la philosophie des encyclopédistes; la plupart sont déjà oubliés, et il ne reste d'eux que la révolution françoise[2]. Traiter de leurs livres n'est pas plus facile ; ils n'y ont point exposé de systèmes complets. Nous voyons seulement par plusieurs ouvrages de Diderot qu'il admettoit le pur athéisme, sans en apporter que de mauvaises raisons[3]*. Voltaire n'entendoit rien en métaphysique : il rit, fait de beaux vers, et distille

---

[1] Je comprends sous ce nom, non seulement les vrais encyclopédistes, mais encore les philosophes qui les ont suivis jusqu'à notre temps.

[2] Qu'il soit bien entendu qu'ils n'en sont pas la seule cause, mais une grande cause. La révolution françoise ne vient point de tel ou tel homme, de tel ou tel livre : elle vient des choses. Elle étoit inévitable ; c'est ce que mille gens ne veulent pas se persuader. Elle provient surtout du progrès de la société à la fois vers les lumières et vers la corruption ; c'est pourquoi on remarque dans la révolution françoise tant d'excellents principes et de conséquences funestes. Les premiers dérivent d'une théorie éclairée ; les secondes de la corruption des mœurs. Voilà le véritable motif de ce mélange incompréhensible des crimes entés sur un tronc philosophique ; voilà ce que j'ai cherché à démontrer dans tout le cours de cet *Essai**.

* Si j'ai écrit quelque chose de bon dans ma vie, il faut y comprendre cette note. (N. Ed.)

[3] Cela n'est pas vrai de tous ses ouvrages, mais résulte de leur ensemble : il est même déiste en plusieurs endroits de ses écrits : il est difficile d'être conséquent.

* *Sans en apporter que de mauvaises raisons.* Comme j'arrangeois la langue ! Quel barbare ! (N. Ed.)

l'immoralité. Ceux qui se rapprochent encore plus de nous ne sont guère plus forts en raisonnement. Helvétius a écrit des livres d'enfants, remplis de sophismes que le moindre grimaud de collége pourroit réfuter. J'évite de parler de Condillac et de Mably, je ne dis pas de Jean-Jacques et de Montesquieu, deux hommes d'une trempe supérieure aux encyclopédistes.

Quel fut donc l'esprit de cette secte? La destruction. Détruire, voilà leur but; détruire, leur argument. Que vouloient-ils mettre à la place des choses présentes? Rien. C'étoit une rage contre les institutions de leur pays, qui, à la vérité, n'étoient pas excellentes; mais enfin quiconque renverse doit rétablir [a], et c'est la chose difficile, la chose qui doit nous mettre en garde contre les innovations. C'est un effet de notre foiblesse que les vérités négatives sont à la portée de tout le monde, tandis que les raisons positives ne se découvrent qu'aux grands hommes. Un sot vous dira aisément une bonne raison contre, presque jamais une bonne raison pour.

Ayant à parler ailleurs des encyclopédistes [1], je finirai ici leur article, après avoir remarqué que, si l'on trouve que je parle trop durement de ces savants, estimables à beaucoup d'autres égards, et moi aussi je leur rends justice de ce côté-là [b].

[a] C'est du bon sens.   (N. Éd.)
[1] A l'article Christianisme.
[b] De quel côté?   (N. Éd.)

Mais j'en appelle à tout homme impartial: qu'ont-ils produit? Dois-je me passionner pour leur athéisme? Newton, Locke, Bacon, Grotius, étoient-ils des esprits foibles, inférieurs à l'auteur de *Jacques le Fataliste*, à celui des *Contes de mon Cousin Vadé?* N'entendoient-ils rien en morale, en physique, en métaphysique, en politique? J. J. Rousseau étoit-il une petite ame? Eh bien! tous croyoient au Dieu de leur patrie; tous prêchoient religion et vertu. D'ailleurs, il y a une réflexion désolante : étoit-ce bien l'opinion intime de leur conscience que les encyclopédistes publioient? Les hommes sont si vains, si foibles, que souvent l'envie de faire du bruit les fait avancer des choses dont ils ne possèdent pas la conviction [a], et après tout, je ne sais si un homme est jamais parfaitement sûr de ce qu'il pense réellement [b].

Avant de parler de l'influence que les beaux esprits du siècle d'Alexandre et ceux du nôtre eurent sur leur âge respectif, nous allons les présenter au lecteur rassemblés. Nous choisirons les plus aimables, pour donner une idée de leurs ouvrages et de leur style : de là nous passerons au tableau de leurs mœurs; et nous aurons ainsi une petite histoire complète de la philosophie et des philosophes.

---

[a] Suis-je un athée? Réflexion très juste; on a un million d'exemples de cette déplorable vanité. (N. Éd.)

[b] Naïveté comique. (N. Éd.)

CHAPITRE XXVI.

Platon, Fénelon, J. J. Rousseau. La république de Platon, le Télémaque, l'Émile.

Si les graces de la diction, la chaleur de l'imagination, un je ne sais quoi dans l'expression de mystique et d'intellectuel, qui ressemble au langage des anges, font le grand, le sublime écrivain, Platon en mérite le titre. Peut-être sa manière ressemble-t-elle plus à celle du vertueux archevêque de Cambrai qu'au style de Jean-Jacques; mais celui-ci, d'une autre part, s'en est rapproché davantage par son sujet. Nous allons offrir le beau groupe de ces trois génies, qui renferme tout ce qu'il y a d'aimable dans la vertu, de grand dans les talents, de sensible dans le caractère des hommes..

Platon, dans sa *République*, Fénelon, dans son *Télémaque*, Jean-Jacques dans son *Émile*, ont cherché l'homme moral et politique.

Le premier divise sa *République* en trois classes [1] : Le peuple, ou les mécaniques; les guerriers qui défendent la patrie, et les magistrats qui la dirigent. L'éducation du citoyen

---

[1] PLAT., *de Rep.*, lib. II, pag. 273, etc.

commence à sa naissance. Sans doute de tendres parents s'empressent autour de son berceau ? Non. Porté dans un lieu commun [1], il attend qu'un lait inconnu vienne satisfaire à ses besoins; et sa propre mère, qui ne le reconnoît plus, nourrit auprès de lui le fils de l'étrangère.

Lorsque le citoyen commence à entrer dans l'âge de l'adolescence, le gymnase occupe ses instants.

La première chose qui y frappe sa vue, c'est la pudeur sans voile, et les formes [a] de la jeune fille souillées, comme une rose dans la poussière de l'arène [2]. Son œil s'accoutume à parcourir les graces nues, et son imagination perd les traits du beau idéal. Privé d'une famille, il ne pourra avoir une amante; et, lorsque la patrie aura choisi pour lui une compagne [3], il sera peu après obligé de rompre ses premiers liens, pour recevoir dans la couche nuptiale, non une vierge timide et rougissante, mais une épouse banale [4], pour qui les baisers n'ont plus de chasteté, ni l'amour de mystères.

Si, parmi ces enfants communs de la patrie, il s'en trouve un qui, par la beauté de ses traits, les indices de son génie, décèle le grand homme

---

[1] Plat., *de Rep.*, lib. v, page 460.

[a] *Les formes.* Mauvais jargon du temps, emprunté des arts.
(N. Ed.)

[2] Plat. *de Rep.*, lib. v, pag. 452, etc.
[3] *Id., ib.*, lib. v, pag. 459.   [4] *Id., ib.*, lib. v, pag. 447.

futur, on l'enlève à la foule [1], on l'instruit dans les sciences; il va ensuite combattre avec les autres à la défense de la patrie. A mesure qu'il avance en âge, on lui confie les plus importants emplois, et bientôt on lui découvre les causes secrètes de la nature. Un philosophe lui dévoile le grand être. Il apprend à se détacher des choses humaines : voyageur dans le monde intellectuel, il se dépouille pour ainsi dire de son corps, il s'associe à la sagesse divine, dont la nôtre n'est que l'ombre; et lorsque cinquante années d'étude et de méditations l'ont rendu d'une nature supérieure à ses semblables, alors il redescend sur la terre, et devient un des magistrats de la patrie [2].

Tel est l'homme politique de Platon. Le divin disciple de Socrate, dans le délire de sa vertu, vouloit spiritualiser les hommes terrestres; et, pour les rendre pareils à Dieu, il commençoit par opprimer le peuple, en établissant un corps de janissaires, par faire des législateurs métaphysiciens, et par enlever à tous la piété maternelle, l'amour conjugal, que la nature donne aux tigres mêmes dans leurs déserts. Des enfants communs! O blasphème philosophique! Plus heureuse cent fois la femme indigente de nos cités, qui mendie ses premiers besoins en portant son fils dans ses

---

[1] PLAT., de Rep., lib. VI, pag. 486.
[2] Id., ib., lib. VI, pag. 503-505; lib. VII, pag. 517.

bras! La société l'abandonne, mais la nature lui reste; elle ne sentira point l'inclémence des hivers, si, dans ses haillons, elle peut trouver un coin de manteau pour envelopper son tendre fruit. La faim même qui la dévore, elle l'oublie, si sa mamelle donne encore la nourriture accoutumée au cher enfant qui sourit à ses larmes et presse son sein maternel de ses petites mains [a].

Fénelon vit mieux que Platon l'état de la société. Son jeune homme moral quitte le lieu de sa naissance pour aller chercher son père. La Sagesse, sous la figure de Mentor, l'accompagne. Le premier pas qu'il fait dans la carrière est, comme dans la vie, vers le malheur. La mort le menace en Sicile; échappé à ce danger, l'esclavage et la pauvreté l'attendent en Egypte : les dieux et les lettres viennent à son secours. Prêt à retourner dans sa patrie, la main du Sort le saisit de nouveau et le replonge dans les cachots. Là, du haut d'une tour, il passe ses jours à contempler les flots qui se brisent au loin sur les rivages, et les mortels agités par la tempête. Tout à coup un grand combat attire ses regards; il voit tomber un roi despotique, dont la tête sanglante, secouée par les cheveux, est montrée en spectacle au peuple qu'il opprimoit.

[a] J'ai transporté quelque chose de ceci dans le *Génie du Christianisme*, mais le morceau entier est mieux dans l'*Essai*.
(N. Ed.)

Télémaque quitte l'Egypte, et la tyrannie la plus affreuse se montre à lui en Phénicie. Il abandonne cette terre d'esclavage et arrive à celle des plaisirs. Le jeune homme va succomber : tout à coup la Sagesse se présente à lui ; il fuit avec elle cette île empoisonnée, et, durant une navigation tranquille, il écoute les discours divins sur Dieu et la vertu, qui rouvrent son cœur aux voluptés morales.

Bientôt à l'horizon on découvre des montagnes, dont le sommet se colore des premières réfractions de la lumière. Peu à peu la Crète s'avance au devant du vaisseau. Des moissons verdoyantes, des champs d'oliviers, des villages champêtres, des cabanes riantes entrecoupées de bouquets de bois, toute l'île enfin se déploie en amphithéâtre sur l'azur calme et brillant de la mer.

Quelle baguette magique a créé cette terre enchantée ? Un bon gouvernement. Ici le spectacle d'un peuple heureux développe au jeune homme le secret des lois et de la politique. Il y apprend que le gouverné n'est pas fait pour le gouvernant, mais celui-ci pour le premier. Toujours croissant en sagesse, Télémaque refuse, par amour de la patrie, la royauté qu'on lui offre. Il s'embarque, après avoir mis un philosophe à la tête des Crétois ; et Vénus, irritée de ses mépris, l'attend avec l'Amour à l'île de Calypso.

Ici il ne sent point cette volupté grossière qui subjuguoit son corps à Cypre. Ce qu'il éprouve tient d'une nature céleste, et règne à la fois dans son ame et dans ses sens. Ce ne sont plus des beautés hardies, dont les graces faciles n'offrent rien à deviner au désir; ce sont les tresses flottantes d'Eucharis qui voilent des charmes inconnus; c'est la modestie, c'est la pudeur de la vierge qui aime, et n'ose avouer son amour, mais l'exhale comme un parfum autour d'elle.

D'une autre part, une passion dévorante consume la malheureuse Calypso. La jalousie, plus dévorante encore, marbre ses yeux de taches livides. Ses joues se creusent; elle rugit comme une lionne. Télémaque effrayé ne trouve d'abri qu'auprès d'Eucharis, que la déesse est prête à déchirer, tandis que l'enfant Cupidon, au milieu de cette troupe de nymphes, s'applaudit en riant des maux qu'il a faits.

C'en est fait; le jeune homme succombe, il va périr : la Sagesse se présente à lui, l'entraîne vers le rivage. Insensible à la vertu, Télémaque ne voit qu'Eucharis, il voudroit baiser la trace de ses pas, et il demande à lui dire au moins un dernier adieu. Mais des flammes frappent soudain sa vue; elles s'élèvent du vaisseau que Minerve avoit bâti, et que l'Amour vient de consumer. Une secrète joie pénètre dans le cœur du fils d'Ulysse, la Sagesse prévoit le retour de sa foiblesse, saisit l'instant favorable, et, poussant son élève du haut d'un roc dans les flots, s'y précipite avec lui.

Télémaque aborde à la nage un vaisseau arrêté à la vue de l'île. Là il retrouve un ancien ami. Celui-ci lui raconte la mort d'un tyran, et lui fait la peinture d'un peuple heureux selon la nature. Le jeune homme, au milieu de ces doux entretiens, croyant arriver dans sa patrie, touche à des rives étrangères. Des tours à moitié élevées, des colonnes entourées d'échafauds, des temples sans combles, annoncent une ville qui s'élève. Là règne Idoménée, chassé de Crète par ses sujets.

Ici Télémaque reçoit les dernières leçons. Le tableau des cours et de leurs vices passe devant ses yeux; l'homme vertueux banni, le fripon en place, les ambitions, les préjugés, les passions des rois, les guerres injustes, les plans faux de législation, enfin, non l'excès de la tyrannie, mais ce mal général peut-être pis encore, qui règne dans les gouvernements corrompus, est développé aux yeux de l'élève de Minerve. Après être descendu aux enfers, après y avoir vu les tourments réservés aux despotes et les récompenses accordées aux bons rois; après avoir supporté les fatigues de la guerre, et chéri une flamme licite pour l'épouse qu'il se choisit, Télémaque retourne dans sa patrie, instruit par la sagesse et l'adversité; également fait désormais pour commander ou obéir aux hommes, puisqu'il a vaincu ses passions.

Le défaut de cet immortel ouvrage vient de la

hauteur de ses leçons, qui ne sont pas calculées pour tous les hommes. On y trouve des longueurs, surtout dans les derniers livres. Mais ceux qui aiment la vertu et chérissent en même temps le beau antique ne doivent jamais s'endormir sans avoir lu le second livre de *Télémaque.* L'influence de cet ouvrage de Fénelon a été considérable ; il renferme tous les principes du jour : il respire la liberté, et la révolution même s'y trouve prédite. Que l'on considère l'âge où il a paru, et l'on verra qu'il est un des premiers écrits qui ont changé le cours des idées nationales en France [a].

« Tout est bien sortant des mains de l'Auteur des choses, tout dégénère entre les mains de l'homme. » C'est ainsi que commence l'*Émile*, et cette phrase explique tout l'ouvrage. Jean-Jacques prend, comme Platon, l'homme dans ses premiers langes ; il recommande le sein maternel. Il veut qu'aussitôt que l'enfant ouvre ses yeux à la lumière il soit soumis sur le champ à la nécessité, la seule loi de la vie : s'il pleure, on ne l'apaise point ; s'il demande un objet, on l'y porte. La louange, le blâme, la frayeur, le courage, sont des ressorts de l'ame, dont il ignore même le nom. Dieu demande toute la force de la raison pour le comprendre, on n'en parle donc point à l'*Émile* de Jean-Jacques.

---

[a] Il me semble par ces pages que j'avois appris à écrire.
(N. Éd.)

Aussitôt qu'il sort des mains des femmes, on le remet entre les mains de son ami, non de son maître, il n'en a point. L'étude difficile de celui-ci est de ne rien lui apprendre. Émile ne sait ni lire ni écrire, mais il connoît sa foiblesse; et tous les jours, dans ses jeux, quelques accidents lui font désirer de s'instruire des lettres, des mathématiques et des autres arts. Il en est ainsi pour lui des idées morales et civiles. On a bien pris garde de lui enseigner ce que c'est que la justice, la propriété[a]; mais un joueur de gobelets, un jardinier, et mille autres hasards, développent graduellement dans son cerveau le système des choses relatives.

Emile ne sait point rester où il s'ennuie, veiller lorsqu'il veut dormir. S'il a faim, il mange; s'il ne peut satisfaire ses besoins ou ses désirs, il ne murmure point : ne connoît-il pas la nécessité?

Courageux, il ne l'est point parce qu'il faut l'être, mais parce qu'il ignore le danger. La mort, il ne sait ce que c'est. Il a vu mourir, et cela lui semble bon, parce que c'est une chose naturelle, et surtout une nécessité.

Cependant Emile a appris une question. A quoi cela est-il bon? demande-t-il lorsqu'il voit faire quelque chose qu'il ne connoît pas. Souvent

---

[a] Phrase inintelligible qui veut dire : *On ne lui a pas enseigné.* (N. Éd.)

on ne répond point à cette question; et Emile, par hasard, ne manque pas de trouver tôt ou tard lui-même la raison dont il s'enquéroit.

Mais l'âge des passions s'avance, et l'on commence à entendre gronder l'orage. L'élève de Jean-Jacques a appris dans ses jeux, non seulement les principes des sciences abstraites, mais ceux des arts mécaniques, tels que la menuiserie; car, quoique Emile soit riche, il peut être exposé aux révolutions des Etats. « Vous vous fiez, dit Jean-Jacques, à l'ordre actuel de la société, sans songer que cet ordre est sujet à des révolutions inévitables, et qu'il vous est impossible de prévoir ni de prévenir celle qui peut regarder vos enfants. Le grand devient petit, le riche devient pauvre, le monarque devient sujet. Les coups du sort sont-ils si rares que vous puissiez compter d'en être exempt? Nous approchons de l'état de crise et du siècle des révolutions. *Je tiens pour impossible que les grandes monarchies de l'Europe aient encore long-temps à durer; toutes ont brillé, et tout état qui brille est sur son déclin. J'ai de mon opinion des raisons plus particulières que cette maxime; mais il n'est pas à propos de les dire, et chacun ne le voit que trop* a [1]. »

* Je n'ai rien à rétracter des éloges que je donne ici à Rousseau, dans le *texte* et dans la *note*. Quant à mon jugement général sur ses ouvrages, je renvoie le lecteur à la note * pages 120 à 123. (N. Éd.)

[1] Tom. xi, pag. 85. de Londres, 1781.

Voilà le fameux passage de l'*Émile*. Il y a plusieurs choses à remarquer

Enfin Émile parvient à l'âge de la raison,
et Dieu va lui être dévoilé. Un philosophe sensible

ici. La première est la clarté avec laquelle Jean-Jacques a prédit la révolution présente. La seconde a rapport à sa célèbre idée de faire apprendre un métier à chaque enfant. Comme on s'en moqua à l'époque de la publication de l'*Émile !* Comme on trouvoit le philosophe ridicule ! Je n'ai pas besoin de demander si nous en sentons maintenant la vérité. Il y a beaucoup de nos seigneurs françois qui seroient trop heureux maintenant de savoir faire le métier d'Émile. Ils recevroient par jour leur demi-couronne, ou leurs quatre shillings, et seroient citoyens utiles du pays où le sort les auroit jetés.

La troisième remarque, et la plus importante, tient à la nature du passage même. Il est clair que non seulement Jean-Jacques avoit prévu la révolution, mais encore les horreurs dont elle seroit accompagnée. Il annonce que le dessein d'Émile est d'émigrer. Comment le républicain Jean-Jacques auroit-il pu avoir une telle pensée, s'il n'avoit entrevu l'espèce de gens qui feroient une révolution en France, s'il n'avoit jugé par l'état des mœurs du peuple qu'une révolution vertueuse étoit impossible ? Sans doute le sensible philosophe, qui disoit qu'une révolution qui coûte la vie à un homme est une mauvaise révolution, n'auroit pas célébré celle de la France. J'ai entendu une discussion très intéressante, au sujet de Voltaire et de Rousseau, dans une société de gens de lettres qui les avoient connus, par ailleurs grands partisans de la révolution. On examinoit quelle auroit été vraisemblablement la conduite du poète et du philosophe, s'ils avoient vécu jusqu'à la révolution. Il fut conclu à l'unanimité qu'ils auroient été des aristocrates. Voltaire, disoit-on, n'auroit jamais pu oublier sa qualité de gentilhomme du roi, ni pardonner l'apothéose de Jean-Jacques. Quant à celui-ci, l'horreur du sang répandu en auroit fait un antirévolutionnaire décidé. Ces remarques sont très justes, et peignent les deux hommes; mais quelle force de génie, dans Rousseau, d'avoir à la fois prédit la révolution et ses crimes ! et quelle incroyable circonstance que ses écrits mêmes aient servi à les amener !

Il paroît encore que Rousseau prévoyoit plusieurs autres catastrophes. Je ne sais, mais s'il m'étoit permis de m'expliquer, j'aurois peut-être quelque chose d'intéressant à dire à ce sujet. Si l'Angleterre doit éprouver une révolution, elle sera totalement différente de celle de France*, parce que,

* Sans doute, parce qu'il y a une aristocratie puissante dans la Grande-Bretagne, et que l'aristocratie n'étoit plus rien en

se rend un matin au sommet d'une haute colline, au bas de laquelle coule le Pô, tandis que le soleil levant projette l'ombre des arbres dans la vallée. Après quelques instants de silence et de recueillement, inspirés par ce beau spectacle et par les idées qu'il fait naître de la Divinité, le vicaire savoyard prouve l'existence du grand Être, non d'après des raisonnements métaphysiques, mais sur le sentiment qu'il en trouve dans son cœur. Un Dieu juste, bienfaisant et aimant les humains, est le seul que

d'après mille raisons, trop longues à détailler, les partis en viendroient à une guerre civile ouverte et non à un carnage sourd, comme dans ma patrie. Si l'Angleterre évite le sort dont elle est menacée, ce ne sera que par beaucoup de prudence et de justice dans le gouvernement. Au reste, l'idée de Jean-Jacques, de faire apprendre un métier à Émile, n'est que ce que disoit Néron, lorsqu'on lui reprochoit l'ardeur avec laquelle il se livroit à l'étude de la musique ; il répondoit par une fameuse phrase grecque. « Un artiste vit partout. » Il est singulier que la pensée d'un philosophe ne soit que le mot d'un tyran.

France. Non seulement les hautes classes de la société en Angleterre se sauveront avec la prudence et la justice que je leur recommande, mais elles se sauveront encore mieux en dirigeant les idées nouvelles, et se mettant, comme elles l'ont fait toujours, à la tête des siècles à mesure qu'ils se succèdent. Ainsi ces hautes classes, n'étant jamais dépassées par les classes qui les suivent, conservent tous leurs droits à une supériorité naturelle. Il faut aussi se souvenir qu'il n'y a point de peuple proprement dit en Angleterre, excepté dans les grandes villes ; tout est client et patron comme dans l'ancienne Rome. Cela rend une révolution populaire presque impossible. Quand les prolétaires ou les ouvriers se soulèvent, les propriétaires s'arment ; on tue quelques uns des plus mutins, et tout est fini.

(N. Éd.)

reconnoisse Emile. Il confesse dans les Evangiles une morale tendre et sublime; mais il n'y voit qu'un homme ᵃ.

L'amour a ses droits sur le cœur de l'élève de Jean-Jacques, mais il veut une femme telle que son imagination éprise de la vertu se plaît à la lui peindre. Il la rencontre enfin dans une retraite. La modestie, la grace, la beauté, régnent sur le front de Sophie. Émile brûle, et ne peut l'obtenir. Son ami l'arrache à son ivresse pour le mener parcourir l'Europe. La passion du jeune homme amoureux survit au temps et à l'absence; il revient, épouse sa maîtresse, et trouve le bonheur ᵇ.

Quoi! c'est à cela que se réduit l'Émile! Sans doute; et Emile est autant au dessus des hommes de son siècle qu'il y a de différence entre nous et les premiers Romains. Que dis-je! Emile est l'homme par excellence; car il est l'homme de la nature. Son cœur ne connoît point les préjugés. Libre, courageux, bienfaisant, ayant toutes les vertus sans y prétendre, s'il a un défaut, c'est d'être isolé dans le monde, et de vivre comme un géant dans nos petites sociétés.

ᵃ Voilà ce que j'ai appelé dans mon jugement général un sermon socinien. (N. Éd.)

ᵇ Rousseau a peint avec moins de charme l'épouse dans Sophie que l'amante dans Julie : le caractère de son talent s'arrangeoit mieux de l'ardeur d'une couche illégitime que de la chasteté du lit conjugal. (N. Éd.)

Tel est le fameux ouvrage qui a précipité notre révolution. Son principal défaut est de n'être écrit que pour peu de lecteurs. Je l'ai quelquefois vu entre les mains de certaines femmes qui y cherchoient des règles pour l'éducation de leurs enfants; et j'ai souri. Ce livre n'est point un livre pratique ; il seroit de toute impossibilité d'élever un jeune homme sur un système qui demande un concours d'êtres environnants qu'on ne sauroit trouver; mais le sage doit regarder cet écrit de Jean-Jacques comme son trésor. Peut-être n'y a-t-il dans le monde entier que cinq ouvrages à lire : l'*Émile* en est un [a].

Je commettrois un péché d'omission impardonnable, si je finissois cet article sans parler de l'influence que l'*Émile* a eue sur ce siècle. J'avance hardiment qu'il a opéré une révolution complète dans l'Europe moderne, et qu'il forme époque dans l'histoire des peuples. L'éducation, depuis la publication de cet ouvrage, s'altéra totalement en France ; et qui change l'éducation change les hommes. Quel dut être l'étonnement des nations, lorsque Rousseau, sortant du cercle obscur des opinions reçues, aperçut au delà la lumière de la vérité ; que, brisant l'édifice de nos idées sociales, il montra que

---

[a] Cela est risible à force d'être exagéré. Qu'il me soit permis de renvoyer encore le lecteur à la note de la page 120.

(N. Ed.)

nos principes, nos sentiments même, tenoient à des habitudes conventionnelles sucées avec le lait de nos mères ; que par conséquent nos meilleurs livres, nos plus justes institutions, n'avoient point encore montré la créature de Dieu ; que nous existons comme dans une espèce de monde factice ! l'étonnement, dis-je, dut être grand, lorsque Rousseau vint à jeter parmi ses contemporains abâtardis l'homme vierge de la nature [a].

Je ne fais point ces réflexions sur l'immortel *Émile* sans un sentiment douloureux. La Profession de foi du Vicaire Savoyard, les principes politiques et moraux de cet ouvrage, sont devenus les machines qui ont battu l'édifice des gouvernements actuels de l'Europe, et surtout celui de la France [b], maintenant en ruine. Il s'ensuit que la vérité n'est pas bonne aux hommes méchants ; qu'elle doit demeurer ensevelie dans

---

[a] Il ne jeta point parmi ses contemporains un homme *vierge*, mais un homme factice qui n'étoit en rapport avec rien de ce qui existoit ; son Émile n'est que le songe d'un système, la création d'un sophiste, l'être imaginaire qui n'a de réel que le rabot dont il est armé. (N. ED.)

[b] Je n'ai pu m'empêcher de faire, dans ce passage, la part aux faits ; mais je suis si épris de Rousseau, que je ne puis me résoudre à le trouver coupable ; j'aime mieux soutenir qu'on a abusé de ses principes, que je m'obstine à trouver bons, même en avouant qu'ils ont fait un mal affreux ; j'aime mieux condamner le genre humain tout entier que le citoyen de Genève. Quelle infatuation ! (N. ED.)

ESSAI HISTOR. T. II.

le sein du sage, comme l'espérance au fond de la boîte de Pandore. Si j'eusse vécu du temps de Jean-Jacques, j'aurois voulu devenir son disciple; mais j'eusse conseillé le secret à mon maître. Il y a plus de philosophie qu'on ne pense au système de mystère adopté par Pythagore et par les anciens prêtres de l'Orient.

CHAPITRE XXVII.

Mœurs comparées des philosophes anciens et des philosophes modernes.

Si les philosophes anciens et modernes ont eu, par leurs opinions, la même influence sur leur siècle, ils n'eurent cependant ni les mêmes passions ni les mêmes mœurs.

Tout le monde a entendu parler du tonneau de Diogène. Ménédus de Lampsaque paroissoit en public revêtu d'une robe noire, un chapeau d'écorce sur la tête, où l'on voyoit gravés les douze signes du zodiaque; une longue barbe descendoit à sa ceinture; et, monté sur le cothurne tragique, il tenoit un bâton de frêne à la main. Il se prétendoit un esprit revenu des enfers pour prêcher la sagesse aux hommes [1].

Anaxarque, maître de Pyrrhon, étant tombé dans une ravine, celui-ci refusa gravement de l'en retirer, parce que toute chose est indifférente de soi; et qu'autant valoit demeurer dans un trou que sur la terre [2].

Lorsque Zénon marchait dans les villes, ses amis l'accompagnoient, dans la crainte qu'il ne

---

[1] Suid.; Athæn., lib. 4, page 162.
[2] Laert., *lib. in Pyrrhon.*

fût écrasé par les voitures : il ne se donnoit pas la peine d'échapper à la fatalité ¹.

Démocrite s'enfermoit, pour étudier, dans les tombeaux ²; et Héraclite broutoit l'herbe de la montagne ³.

Empédocle, voulant passer pour une divinité, se précipita dans l'Etna; mais le volcan ayant rejeté les sandales d'airain de cet impie, sa fourbe fut découverte ⁴. Cette fable des Grecs est ingénieuse. Ne veut-elle pas dire que les dieux savent punir l'orgueil du philosophe superbe, en le dénonçant à l'humanité par quelques parties viles et honteuses de son caractère ᵃ ?

Nos philosophes modernes gardèrent au moins plus de mesure. Spinosa, il est vrai, vivoit avec ses chiens, ses oiseaux, ses chats; et J.-J. Rousseau portoit l'habit arménien ⁵; mais aucun ne s'en est allé dans les faubourgs prêchant la sagesse à la canaille assemblée, et je doute que celui qui auroit voulu se loger dans un tonneau eût été laissé tranquille par la populace de nos villes : tant nos mœurs diffèrent de celles des anciens !

---

¹ Laert., lib. vii.

² *Id.*, lib. ix, *in Dem.*   ³ *Id., ib., in Heracl.*

⁴ *Id.*, lib. viii; Lucian.; Strab., lib. vi; Hor., *Ars poet.*

ᵃ Décidément j'aime beaucoup la liberté dans l'*Essai*, et fort peu les philosophes, dont je ne me moque ici peut-être pas trop mal.   (N. Ed.)

ᵇ Rousseau portoit cet habit par nécessité. Il me semble pourtant qu'il auroit pu en choisir un un peu moins remarquable.

Mais si les sophistes de la Grèce affectèrent l'originalité de conduite, ils ne se distinguèrent pas moins par la chasteté et la pureté de leurs mœurs [a]. Ils s'occupoient tous des autres exercices des citoyens, et supportoient comme eux les travaux de la patrie. Solon, Socrate, Charondas, et mille autres, furent non seulement de grands philosophes, mais de grands guerriers. La frugalité, le mépris des plaisirs, toutes les vertus morales brilloient dans leur caractère.

Nos philosophes, bien différents, enfermés dans leur cabinet, brochoient le matin des livres sur la guerre où ils n'avoient jamais été; sur le gouvernement où ils n'avoient jamais eu de part; sur l'homme naturel qu'ils n'avoient jamais étudié que dans les sociétés de la capitale ; et, après avoir écrit un chapitre rigide contre le luxe, la corruption du siècle, le despotisme des grands, ils s'en alloient le soir flatter ceux-ci dans nos cercles, corrompre la femme de leur voisin, et partager tous les vices du monde.

« Vieux fou, vieux gueux! » se disoit Diderot, âgé de soixante-deux ans, et amoureux de toutes les femmes, « quand cesseras-tu donc de t'exposer à l'affront d'un refus ou d'un ridicule[1]? »

« Voici de quoi composer votre paradis, » disoit madame de Rochefort à Duclos, « du pain,

---

[a] Pas Diogène au moins. (N. Ed.)

[1] Champf., *Pens, Max.*

du vin, du fromage et la première venue¹. ».

Helvétius, par ailleurs honnête homme et bon homme (mot dont on a trop mésusé, et qu'il faut faire revenir à sa première valeur), Helvétius marié se faisoit amener chaque nuit une nouvelle maîtresse par son valet de chambre, qui les cherchoit, autant qu'il pouvoit, dans la classe honnête du peuple. Madame de... n'a pas, dit-on, été à l'abri des caresses du vieillard de Ferney, dont l'immoralité est d'ailleurs bien connue² ª.

J'ai entendu Chamfort conter une anecdote curieuse sur Jean-Jacques. Il avoit vu (Chamfort) des lettres du philosophe genevois à une femme, dans lesquelles celui-ci employoit toute la séduction de son éloquence pour prouver à

---

¹ Champ., *Pens.*, *Max.*

² Je ne parle pas des sales romans sortis de la plume de la plupart de nos philosophes.

ª Puisque j'ai eu le courage d'écrire une pareille page, je suis obligé d'avouer que les faits qu'elle contient sont encore au dessous de la vérité. Tous les mémoires publiés depuis l'apparition de l'*Essai* nous montrent des philosophes du dix-huitième siècle bien misérables par les mœurs. On peut voir ces détails scandaleux dans les écrits de Grimm, de madame d'Epinay, des secrétaires de Voltaire, etc., etc. Les mœurs de nos réformateurs littéraires ne valoient pas mieux que les mœurs de la cour contre lesquelles ils jetoient de si hauts cris; et les Mémoires de M. de Besenval et de Lauzun n'offrent rien de plus immoral que ceux que je viens de citer. La société tout entière étoit en décomposition; les philosophes, qui appeloient de leurs vœux la révolution, comme les courtisans qui la redoutoient, ne valoient pas mieux les uns que les autres. (N. Éd.)

cette même femme que l'adultère n'est pas un crime. Voulez-vous savoir le secret de ces lettres ? ajoutoit Chamfort, « l'ami des mœurs étoit amoureux. »

Enfin personne n'ignore que les mains du grand chancelier Bacon n'étoient pas pures ; que Hobbes, ce philosophe si hardi dans ses écrits, ne put se résoudre à mourir [1] ; et qu'excepté Fénelon et Catinat, les mœurs des philosophes [a] de notre âge diffèrent totalement de celles des anciens sages de la Grèce.

A Dieu ne plaise que je révèle la turpitude de ces grands hommes [b], par une malignité que je ne trouve point dans mon cœur ! Malgré leurs foiblesses, je les crois des plus honnêtes gens de notre siècle ; et il n'y a pas un de nous qui les blâmons qui les valions au fond du cœur : mais j'ai été contraint, contre mon goût, de faire apercevoir ces différences, parce qu'elles mènent à des vérités essentielles au but de cet *Essai*.

Il doit résulter de ce tableau que nos philosophes modernes, vivant plus dans le monde et

---

[1] Hume's, *Hist. of England*, vol. VII, pag. 346 ; Bayle, *Art. Hob.*

[a] Par quelle étrange aberration d'esprit remonté-je jusqu'à Bacon, Fénelon et Catinat, en parlant des philosophes de notre âge ? (N. Ed.)

[b] *Ces grands hommes !* Je ne veux pas parler sans doute de Diderot et de d'Alembert ? Je réclame ici contre mon humilité, et je crois valoir tout autant *que les plus honnêtes gens de notre siècle.* (N. Ed.)

selon le monde que les anciens, ont dû mieux peindre la société, et connoître davantage les passions et leurs ressorts. De là il résulte que les ouvrages, plus calculés pour leur siècle, ont dû avoir une influence plus rapide sur leurs contemporains que les livres des Platon et des Aristote. Aussi voyons-nous qu'il s'est écoulé moins d'années entre la subversion des principes en France et le règne des encyclopédistes [a], qu'entre la même subversion des principes en Grèce et le triomphe des sophistes. Cependant, et les premiers et les seconds parvinrent à renverser les lois et les opinions de leurs pays. La recherche de l'influence des philosophes de l'âge d'Alexandre sur leur siècle, et de celle des philosophes modernes sur notre propre temps, demande à présent toute l'attention du lecteur.

[a] Je ne me suis point réconcilié avec les philosophes du dix-huitième siècle ; j'ai très bien fait de les traiter comme je l'ai fait dans l'*Essai*. Je ne puis souffrir des hommes qui croyoient qu'on peut rendre un peuple libre *en étranglant le dernier roi avec le boyau du dernier prêtre*, et qui vouloient substituer, pour le triomphe des lumières, la lecture d'un roman obscène à celle de l'Evangile. Je vois avec joie qu'ils tombent tous les jours en discrédit parmi notre raisonnable jeunesse, et j'en augure bien pour l'avenir. L'incrédulité n'est pas plus une preuve de la force de l'esprit, qu'une marque de l'indépendance du caractère. La superstition déplaît aujourd'hui, l'hypocrisie est en horreur, mais le siècle rejette également les turpitudes irréligieuses et le fanatisme philosophique. On traite gravement la liberté, et l'on a cessé de vouloir en faire une impie ou une prostituée. (N. Ed.)

CHAPITRE XXVIII.

De l'influence des philosophes grecs de l'âge d'Alexandre sur leur siècle et de l'influence des philosophes modernes sur le nôtre.

C'est une grande question que celle-là : savoir comment la philosophie agit sur les hommes ; si elle produit plus de bien que de mal, plus de mal que de bien ; comment elle détermine les révolutions, et dans quel sens elle les détermine, et jusqu'à quel point un peuple qui ne se conduiroit que d'après des systèmes philosophiques seroit heureux ?

Nous n'embrasserons pas cette question générale, qui nous mèneroit trop loin, et nous considérerons seulement la philosophie, par l'influence qu'elle a eue sur la Grèce et sur la France, en nous bornant à la politique et à la religion. Un essai est un livre pour faire des livres ; il ne peut passer pour bon qu'en raison du nombre de fétus d'ouvrages qu'il renferme. D'ailleurs, le sujet que je traite s'étend si loin, et mes talents sont si foibles, que je tâche de me circonscrire ; d'une autre part, le temps se précipite, et je me fatigue.

CHAPITRE XXIX.

Influence politique.

On aperçoit une différence considérable entre l'âge philosophique d'Alexandre et le nôtre, considérés du côté de leur influence politique. Les divers écrits sur le gouvernement, qui parurent en Grèce à cette époque, devinrent le signal d'une révolution générale dans les constitutions des peuples. L'Orient commua ses institutions despotiques en des monarchies plus modérées, tandis que les républiques grecques rentrèrent sous le joug des tyrans.

Les livres de nos publicistes modernes ont développé au contraire une révolution totalement opposée. Des États populaires se sont érigés sur les débris des trônes; ceci naît d'une position relative différente dans les siècles.

Lorsque les Platon, les Aristote, publièrent leurs *Républiques*, la Grèce possédoit encore les formes de ce gouvernement. Le disciple de Socrate et le Stagyrite n'apprenoient donc rien de nouveau aux peuples; et n'avoient-ils pas les lois des Solon et des Lycurgue? nous pénétrons ici dans les replis du cœur de l'homme. Quel gouvernement les philosophes légistes d'Athènes exaltèrent-ils dans leurs écrits comme le meilleur? Le monarchique¹. Pourquoi? parce qu'ils avoient senti les inconvénients du populaire; mais non, disons plutôt parce qu'ils ne possédoient pas le monarchique. L'état où nous vivons nous semble toujours le pire de tous; et mille petites passions honteuses, que nous n'osons nous avouer, nous font continuellement haïr et blâmer les institutions de notre patrie. Si nous descendions plus souvent dans notre conscience pour examiner les grandes passions du patriotisme et de la liberté qui nous éblouissent, peut-être découvririons-nous la fourbe. En les touchant avec l'anneau de la vérité, nous verrions ces magiciennes, comme celle de l'Arioste, perdre tout à coup leurs charmes empruntés, et reparoître sous les formes naturelles et dégoûtantes de l'intérêt, de l'orgueil et de l'envie[a]. Voilà le secret des révolutions.

Du moins les philosophes grecs, en vantant la monarchie, suivoient-ils en cela les mœurs du peuple, désormais trop corrompues pour admettre la constitution démocratique [b]. Les livres de ces hommes célèbres durent avoir une très grande influence sur les opinions de ceux qui, se

---

¹ Je ne cite point; j'ai cité en mille endroits.

[a] Cela est vrai pour les individus, cela n'est pas vrai pour les nations. (N. Éd.)

[b] L'observation est très vraie en ce qui regarde les anciens, elle est fausse pour nous. (N. Éd.)

trouvant à la tête de l'Etat, pouvoient beaucoup pour en altérer les formes. Démosthènes eut beau crier contre Philippe, plusieurs pensoient à Athènes que son gouvernement n'étoit pourtant pas si mauvais. Leurs préjugés contre les rois s'étoient adoucis par la lecture des ouvrages politiques, et bientôt la Grèce passa sans murmurer sous l'autorité royale.

Jean-Jacques, Mably, Raynal, en embouchant la trompette républicaine, trouvèrent l'Europe endormie dans la monarchie. Le peuple réveillé ouvrit les yeux sur des livres qui ne prêchoient qu'innovations et changements ; un torrent de nouvelles idées se précipita dans les têtes. Le relâchement des mœurs, l'enthousiasme des choses nouvelles, l'envie des petits et la corruption des grands, le souvenir des oppressions monarchiques, et plus que cela la fureur des systèmes qui s'étoit glissée parmi les courtisans mêmes ; tout seconda l'influence de l'esprit philosophique, et jeta la France dans une révolution républicaine. Car, par la même raison que les publicistes grecs vantèrent le gouvernement royal, les publicistes françois célébrèrent la constitution populaire [a].

Ainsi l'influence politique des philosophes de

[a] C'est chercher une trop petite cause à de trop grands effets ; c'est attribuer des révolutions qui ont changé la face du monde à un mouvement d'humeur et à un esprit de contradiction, tandis que les causes réelles de ces révolutions venoient du changement graduellement opéré dans les croyances religieuses et politiques. (N. Ed.)

l'âge d'Alexandre et de ceux de notre siècle agit dans le sens le plus contraire. En Grèce elle produisit la monarchie, en France la république ; mais il ne faut pas admettre trop promptement ces vérités. La France affecte maintenant des formes qu'on appelle démocratiques; les conservera-t-elle? voilà la question [a]. Si nous partons des mœurs, nous trouvons que celles des peuples de la Grèce, au moment de la révolution d'Alexandre, étoient à peu près au même degré de corruption que les mœurs des François à l'instant de l'institution de leur république : or, ces mœurs produisirent l'esclavage à Athènes; sera-ce un livre de plus ou de moins qui les rendra mères de la liberté à Paris [b] ?

Passons à l'influence religieuse des philosophes. Je n'ai pas besoin de faire remarquer que religion et politique se tiennent de si près, que beaucoup de choses, que j'ai supprimées dans ce chapitre et qu'on trouvera dans les suivants, auroient pu tomber également sous l'article que je viens de traiter.

---

[a] Cette question a été promptement résolue ; le despotisme militaire est sorti de la démocratie françoise, et de ce despotisme est née à son tour la monarchie constitutionnelle, sorte de monarchie qui est l'heureuse alliance de l'ordre qu'apporte le pouvoir royal et de la liberté que donne le pouvoir populaire.
(N. ED.)

[b] Raisonnement dont le vice est toujours dans la comparaison insoutenable entre l'ordre politique et moral des peuples anciens, et l'ordre politique et moral des peuples modernes.
(N. ED.)

CHAPITRE XXX.

Influence religieuse.

C'est ici que les philosophes de la Grèce et ceux de la France ont eu, par leurs écrits, une influence absolument la même sur leur âge respectif. Ils renversèrent le culte de leur pays, et, en introduisant le doute et l'athéisme, amenèrent les deux plus grandes révolutions dont il soit resté des traces dans l'histoire. Ce fut l'altération des opinions religieuses qui produisit en partie la chute du colosse romain; altération commencée par les sectes dogmatiques d'Athènes : et c'est le même changement d'idées religieuses dans le peuple qui a causé de nos jours le bouleversement de la France et renouvellera dans peu la face de l'Europe. Je vais essayer de rappeler toutes mes forces pour terminer ce volume par ce grand sujet. Il faut, pour bien l'entendre, donner l'histoire du polythéisme et du christianisme. Loin d'ici celui qui chérit ses préjugés. Que nul qui n'a un cœur vrai et simple ne lise ces pages. Nous allons toucher au voile qui couvre le Saint des saints, et nos recherches demandent à la fois le recueillement de la religion, l'élévation de la philosophie et la pureté de la vertu [a].

[a] N'ai-je pas l'air d'un homme qui se sent au moment de commettre une grande faute, et qui cherche à la justifier d'avance, en voulant la faire passer pour une action méritoire? Quel droit avois-je d'invoquer la religion, la philosophie, la vertu, lorsque j'allois, de la main la plus téméraire, essayer d'ébranler les bases de l'ordre social? Et pourtant il est vrai que, dans ces mêmes pages, je repousse avec horreur l'athéisme, et que, dans mes raisonnements, non sans vue s'ils sont sans prudence, j'annonce le renouvellement de la *face de l'Europe*. (N. ED.)

CHAPITRE XXXI.

Histoire du polythéisme, depuis son origine jusqu'à son plus haut point de grandeur.

Il est un Dieu. Les herbes de la vallée et les cèdres du Liban le bénissent, l'insecte bruit ses louanges, et l'éléphant le salue au lever du soleil; les oiseaux le chantent dans le feuillage, le vent le murmure dans les forêts, la foudre tonne sa puissance, et l'Océan déclare son immensité; l'homme seul a dit : Il n'y a point de Dieu.

Il n'a donc jamais, celui-là, dans ses infortunes, levé les yeux vers le ciel? Ses regards n'ont donc jamais erré dans ces régions étoilées, où les mondes furent semés comme des sables? Pour moi, j'ai vu, et c'en est assez, j'ai vu le soleil suspendu aux portes du couchant dans des draperies de pourpre et d'or. La lune, à l'horizon opposé, montoit comme une lampe d'argent dans l'orient d'azur. Les deux astres mêloient au zénith leurs teintes de céruse et de carmin. La mer multiplioit la scène orientale en girandoles de diamants, et rouloit la pompe de l'Occident en vagues de roses. Les flots calmés, mollement enchaînés l'un à l'autre, expiroient tour à tour à mes pieds sur la rive, et les premiers silences de la nuit et les derniers murmures du jour luttoient sur les coteaux, au bord des fleuves, dans les bois et dans les vallées ª.

O toi que je ne connois point! toi, dont j'ignore et le nom et la demeure; invisible architecte de cet univers, qui m'as donné un instinct pour te sentir, et refusé une raison pour te comprendre, ne serois-tu qu'un être imaginaire, que le songe doré de l'infortune? Mon ame se dissoudra-t-elle avec le reste de ma poussière? Le tombeau est-il un abime sans issue, ou le portique d'un autre monde? N'est-ce que par une cruelle pitié que la nature a placé dans le cœur de l'homme l'espérance d'une meilleure vie à côté des misères humaines? Pardonne à ma foiblesse, Père des miséricordes! non, je ne doute point de ton existence; et soit que tu m'aies destiné une carrière immortelle, soit que je doive seulement passer et mourir, j'adore tes décrets en silence, et ton insecte confesse ta Divinité ᵇ.

Lorsque l'homme sauvage, errant au milieu des déserts, eut satisfait aux premiers besoins de la vie, il sentit je ne sais quel autre besoin dans

---

ª J'ai repris ces images et ces descriptions pour le *Génie du Christianisme*, où on les retrouve plus pures et plus correctes.

(N. ED.)

ᵇ Au commencement de ce paragraphe, je doute de l'existence de Dieu; quelques lignes plus bas je n'en doute plus, et j'arrive enfin à m'arranger d'avoir une ame ou de n'en point avoir, tout cela par soumission aux décrets de la Divinité. Mon

son cœur. La chute d'une onde, la susurration du vent solitaire, toute cette musique qui s'exhale de la nature, et qui fait qu'on s'imagine entendre les germes sourdre dans la terre, et les feuilles croître et se développer, lui parut tenir à cette cause cachée. Le hasard lia ces effets locaux à quelques circonstances heureuses ou malheureuses de ses chasses; des positions relatives d'un objet ou d'une couleur le frappèrent aussi en même temps : de là le Manitou du Canadien, et la Fétiche du Nègre, la première de toutes les religions.

Cet élément du culte, une fois développé, ouvrit la vaste carrière des superstitions humaines. Les affections du cœur se changèrent bientôt dans les plus aimables des dieux; et le Sauvage en élevant le *mont* du tombeau à son ami, la mère en rendant à la terre son petit enfant, vinrent, chaque année à la chute des feuilles de l'automne, le premier répandre des larmes, la seconde épancher son lait sur le gazon sacré. Tous les deux crurent que ce qu'ils avoient tant aimé ne pouvoit être insensible à leur souvenir; ils ne purent concevoir que ces absents si regrettés, toujours

---

respect pour Dieu est si grand, que je consens à me faire matérialiste : quel excellent déiste! et comme tout est logique et concluant dans cette philosophie de collège!

Ici ma besogne s'abrége, et ma réfutation est faite par moi-même depuis long-temps : c'est surtout contre cette dernière partie de l'*Essai* que j'ai écrit le *Génie du Christianisme*.

(N. Ed.)

vivants dans leurs pensées, eussent entièrement cessé d'être; qu'ils ne se réuniroient jamais à cette autre moitié d'eux-mêmes. Ce fut sans doute l'Amitié en pleurs sur un monument qui imagina le dogme de l'immortalité de l'ame et la religion des tombeaux [a].

Cependant l'homme, sorti de ses forêts, s'étoit associé à ses semblables. Des citoyens laborieux, secondés par des chances particulières, trouvèrent les premiers rudiments des arts, et la reconnoissance des peuples les plaça au rang des divinités. Leurs noms, prononcés par différentes nations, s'altérèrent dans des idiomes étrangers. De là le Thoth des Phœniciens, l'Hermès des Egyptiens, et le Mercure des Grecs [1]. Des législateurs fameux par leur sagesse, des guerriers redoutés par leur valeur, Jupiter, Minos, Mars, montèrent dans l'Olympe. Les passions des hommes se multipliant avec les arts sociaux, chacun déifia sa foiblesse, ses vertus ou ses vices : le voluptueux sacrifia à Vénus, le philosophe à Minerve, le tyran aux déités infernales [2]. D'une

---

[a] Voici à peu près le même texte purgé du philosophisme : « Les derniers devoirs qu'on rend aux hommes seroient bien » tristes, s'ils étoient dépouillés des signes de la religion. La » religion a pris naissance aux tombeaux, et les tombeaux ne » peuvent se passer d'elle : il est beau que le cri de l'espérance » s'élève du fond du cercueil, et que le prêtre du Dieu vivant » escorte au monument la cendre de l'homme : c'est en quel- » que sorte l'immortalité qui marche à la tête de la mort. » (*Génie du Chr.*, 4ᵉ part., liv. III, chap. 1ᵉʳ.)   (N. ÉD.)

[1] SANCHON., *apud* EUSEB.   [2] APPOLL., etc.

autre part, quelques génies favorisés du ciel, quelques ames sensibles aux attraits de la nature, un Orphée, un Homère, augmentèrent les habitants de l'immortel séjour. Sous leurs pinceaux, les accidents de la nature se transformèrent en esprits célestes : la Dryade se joua dans le cristal des fontaines; les Heures, au vol rapide, ouvrirent les portes du jour ; l'Aurore rougit ses doigts, et cueillit ses pleurs sur les feuilles de roses humectées de la fraîcheur du matin ; Apollon monta sur son char de flammes; Zéphyr, à son aspect, se réfugia dans les bois; Téthys rentra dans ses palais humides [1]; et Vénus, qui cherche l'ombre et le mystère, enlaçant de sa ceinture le beau chasseur Adonis [2], se retira, avec lui et les Graces, dans l'épaisseur des forêts.

Des hommes adroits, s'apercevant de ce penchant de la nature humaine à la superstition, en profitèrent. Il s'éleva des sectes sacerdotales, dont l'intérêt fut d'épaissir le voile de l'erreur. Les philosophes se servirent de ces idées des peuples pour sanctifier de bonnes lois par le sceau de la religion [3]; et le polythéisme, rendu sacré par le temps, embelli du charme de la poésie et de la pompe des fêtes, favorisé par les passions du cœur et l'adresse des prêtres, atteignit, vers le siècle de Thémistocle et d'Aristide, à son plus haut point d'influence et de solidité.

---

[1] Hom., *Iliad.*; Hesiod., *Theog. Poes.*; Orph., etc.
[2] Bion, *apud Poet. Minor. Græc.*
[3] Thucid., Plut., Herod., etc.

CHAPITRE XXXII.

Décadence du polythéisme chez les Grecs, occasionée par les sectes philosophiques et plusieurs autres causes.

Mais tandis que le polythéisme voyoit se multiplier ses temples, une cause de destruction avoit germé dans son sein. Les écoles de Thalès et de Pythagore voyoient chaque jour s'augmenter leurs disciples. Les ravages de la peste, les malheurs de la guerre du Péloponèse, la corruption des mœurs toujours croissante, avoient relâché graduellement les liens sociaux. Bientôt la philosophie, qui s'étoit long-temps traînée dans l'ombre, se montra à découvert. Platon, Aristote, Zénon, Épicure, et mille autres, levèrent l'étendard contre la religion de leur pays, et érigèrent l'autel du matérialisme, du théisme, de l'athéisme. Le lecteur se rappelle leurs systèmes. Qu'y avoit-il de plus opposé aux opinions reçues sur la nature des dieux? N'ébranloient-ils pas les idées religieuses de la Grèce jusqu'à la base? Et pourquoi ce déchaînement contre le culte national? Des atomes, des mondes d'idées, des chaînes d'êtres, valoient mieux qu'un Jupiter vengeur du crime et protecteur de l'innocence? Il y avoit bien peu de philosophie dans cette philosophie-là.

Les poètes, imitant les sophistes de leur âge, osèrent mettre sur le théâtre des principes métaphysiques [1]. Les prêtres et les magistrats firent quelques efforts pour arrêter le torrent : on obligea les dramatistes à se rétracter; plusieurs philosophes furent condamnés à l'exil, d'autres même à la mort [2]. Mais ils trouvèrent le moyen d'échapper, et bientôt ils devinrent trop nombreux pour avoir rien à craindre. La même chose est exactement arrivée parmi nous, et dans les deux cas une grande révolution a eu lieu : toutes les fois que la religion d'un Etat change, la constitution politique s'altère de nécessité [a]. Nous voyons, par l'exemple de la Grèce, à quel point l'esprit systématique peut nuire aux hommes : les sectaires ne pouvoient pas, comme les nôtres, avoir le prétexte des mauvaises institutions de leur pays, puisqu'ils vivoient sous les lois des Solon et des Lycurgue, et cependant ils ne purent s'empêcher

---

[1] Euripid., Aristoph.

[2] Xenoph., *Hist. Græc.*; Plut., *Mor.*; Plat., *in Phæd.*; Laert.; Plut., etc.

[a] Cela est vrai, et j'énonçois cela, comme on le voit, longtemps avant les écrivains qui ont cherché à faire de la liaison de la religion et de la politique un argument pour attaquer ce que nous avons. Ces écrivains ont interverti l'axiome, et ils ont dit : Lorsque la constitution d'un Etat change, la religion de cet Etat change nécessairement; ainsi nous deviendrons protestants, parce que nous avons une monarchie constitutionnelle : principe aussi absurde en logique que faux en histoire.

(N. Ed.)

d'en saper les fondements. C'est qu'il faut que les hommes fassent du bruit, à quelque prix que ce soit. Peu importe le danger d'une opinion, si elle rend son auteur célèbre ; et l'on aime mieux passer pour un fripon que pour un sot[a].

Les changements moraux et politiques des Etats vinrent à leur tour attaquer les principes du polythéisme. Les peuples, désormais soumis à des maîtres, n'avoient plus les grands intérêts de la patrie à consulter à Delphes. Que leur faisoit d'apprendre de l'oracle si ce seroit Alexandre, Antipater, Démétrius ou d'autres tyrans qui les gouverneroient? Ceux-ci, de leur côté, sûrs de leur puissance, en voyant la corruption des nations, s'embarrassoient peu d'envoyer de riches présents à la Pythie; et, la superstition ne leur étant plus nécessaire, ils se firent eux-mêmes philosophes. Ainsi l'ancien culte tomboit de jour en jour : il ne se soutenoit désormais que par la machine extérieure des fêtes. Plus on devenoit tiède en

---

[a] Rien n'est plus étrange que la disposition de mon esprit dans tout cela. Je partage en partie les opinions de ces mêmes philosophes contre lesquels je m'élève ; j'adopte intérieurement leurs principes, et je repousse extérieurement l'application qu'ils en ont faite. Que voulois-je donc ? Que les philosophes joignissent l'hypocrisie à l'impiété? Non, sans doute, et pourtant telle seroit la conclusion qu'il faudroit nécessairement tirer de mon amour pour leurs doctrines et de ma haine pour leurs personnes. Le fait est que je n'étois qu'un blanc-bec de sophiste, dont les idées et les sentiments en opposition produisoient ces misérables incohérences. (N. Éd.)

matière de religion, plus on en apercevoit l'absurdité. Le double sens de l'oracle n'étoit plus la majesté d'un dieu, mais la fourberie d'un prêtre ; on s'amusoit à le surprendre en défaut ; les phénomènes de la nature, expliqués par la physique, perdirent leur divinité, et les lumières arrachèrent du Panthéon les dieux que l'ignorance y avoit placés. Telle étoit la décadence du polythéisme en Grèce lorsque les Romains soumirent la terre à leur joug. Les religions naissent de nos craintes et de nos foiblesses, s'agrandissent dans le fanatisme et meurent dans l'indifférence [a].

---

[a] Toute cette page est bonne, appliquée au polythéisme.
(N. Ed.)

CHAPITRE XXXIII.

Le polythéisme à Rome jusqu'au christianisme.

La réduction de la Grèce en province romaine fut l'époque de la décadence de la religion en Italie. L'esprit philosophique émigra à la capitale du monde. Bientôt tout ce qu'il y eut de grand à Rome en fut attaqué [1]. Les Caton, les Brutus, en pratiquèrent les vertus; les Lucrèce, les Cicéron, en développèrent les principes; et les Tibère et les Néron, les vices.

Une autre cause, particulière aux Romains, contribua à la chute du polythéisme; l'admission des dieux étrangers au Panthéon national. En répandant la confusion dans les objets de foi, on affoiblit la religion dans les cœurs. Bientôt les Romains, encore républicains, mais corrompus, tombèrent dans l'apathie du culte. Il n'y a que les peuples très libres ou très esclaves qui soient essentiellement religieux. Les premiers, par leurs vertus, se rapprochent de la Divinité; les seconds

---

[1] Dès avant cette époque la philosophie avoit été connue à Rome, comme le montre Cicéron au commencement du quatrième livre des *Tusculanes*. Il y parle d'un Amafanius qui écrivit de la philosophie, et forma une secte nombreuse. Mais je ne sais où on a pris que cet Amafanius enseignoit la doctrine d'Épicure. Cicéron garde là-dessus un profond silence.

se réfugient au pied de son trône, par l'instinct de leurs malheurs. L'honnête homme et l'infortuné sont rarement incrédules : le vice l'est presque toujours [a].

Mais un homme extraordinaire [b] avoit paru dans l'Orient. Le commencement du christianisme étant la fin du polythéisme, l'histoire de celui-ci va désormais se trouver réunie à celle du premier.

[a] Voilà mon bon génie revenu au milieu de toutes mes folies. (N. Éd.)
[b] Ce bon génie ne m'a pas conduit bien loin. (N. Éd.)

CHAPITRE XXXIV.

Histoire du christianisme, depuis la naissance du Christ jusqu'à sa résurrection [1].

Il existoit un peuple haï des autres peuples; nation esclave et cruelle, qui, hors un législateur, un roi et quelques poètes d'un beau génie, n'avoit jamais produit un seul grand homme. Le Dieu de Sinaï étoit son Dieu. Ce n'étoit point, comme le Jupiter des Grecs, une Divinité revêtue des passions humaines, mais un Dieu tonnant, un Dieu sublime, qui, entre toutes les cités de la terre, choisit la ville de Jacob pour y être adoré.

Parmi ce peuple juif, l'Eternel avoit dit qu'une Vierge, de la maison de David, écraseroit la tête du serpent, et enfanteroit un Homme-Dieu. Et cependant les siècles s'étoient écoulés, et Jérusalem gémissoit sous le joug d'Auguste, et le grand monarque tant attendu n'avoit point encore paru.

Tout à coup le bruit se répand que le Sauveur a vu le jour dans la Judée. Il n'est point né dans la pourpre, mais dans l'humble asile de l'indigence ; il n'a point été annoncé aux grands et aux superbes, mais les anges l'ont révélé aux petits et

---

[1] Je ne marque point les dates, parce qu'elles se trouvent aux chapitres des philosophes modernes.

aux simples; il n'a point réuni autour de son berceau les heureux du monde, mais les infortunés; et, par ce premier acte de sa vie, il s'est déclaré de préférence le Dieu du misérable.

Si la morale la plus pure et le cœur le plus tendre, si une vie passée à combattre l'erreur et à soulager les maux des hommes, sont les attributs de la Divinité, qui peut nier celle de Jésus-Christ? Modèle de toutes les vertus, l'amitié le voit endormi sur le sein de Jean, ou léguant sa mère à ce disciple chéri; la tolérance l'admire avec attendrissement, dans le jugement de la femme adultère; partout la pitié le trouve bénissant les pleurs de l'infortuné; dans son amour pour les enfants, son innocence et sa candeur se décèlent; la force de son ame brille au milieu des tourments de la croix; et son dernier soupir, dans les angoisses de la mort, est un soupir de miséricorde.

CHAPITRE XXXV.

Accroissement du christianisme jusqu'à Constantin.

Le Christ, dans sa glorieuse ascension, ayant disparu aux yeux des hommes, ses disciples, doués de son esprit, se disséminèrent dans les contrées voisines : bientôt ils passèrent en Grèce et en Italie. Nous avons vu les diverses raisons qui tendoient alors à affoiblir le culte de Jupiter; quelle fut la surprise des peuples, lorsque les apôtres, sortis de l'Orient, vinrent étonner leur esprit par des récits de prodiges, et consoler leur cœur par la plus aimable des morales ! Ils étoient esclaves, et la nouvelle religion ne prêchoit qu'égalité; souffrants, et le Dieu de paix ne chérissoit que ceux qui répandent des larmes; ils gémissoient écrasés par des tyrans, et le prêtre leur chantoit, *deposuit potentes de sede, et exaltavit humiles*. Enfin Jésus avoit été pauvre comme eux, et il promettoit un asile aux misérables dans le royaume de son père. Quelle divinité du paganisme pouvoit, dans le cœur du foible et du malheureux, balancer le nouveau Dieu qu'on offroit à ses adorations? Qu'avoit le plébéien à espérer d'un Elysée où l'on ne comptoit que des princes et des rois?

Voilà les grands moyens qui favorisèrent la propagation du christianisme. Aussi est-il remarquable qu'il se glissa d'abord dans les classes indigentes de la société. Les disciples furent bientôt assez nombreux pour former une secte. On la persécuta, et conséquemment on l'accrut. Les premiers chrétiens, trompant les bourreaux, se déroboient au supplice, et s'affermissoient dans leur culte. Une religion a bien des charmes, lorsque, prosterné au pied des autels, dans le silence redoutable des catacombes, on dérobe aux regards des humains un Dieu persécuté; tandis qu'un prêtre saint, échappé à mille dangers, et nourri dans quelque souterrain par des mains pieuses, célèbre peut-être à la lueur des flambeaux, devant un petit nombre de fidèles, des mystères que le péril et la mort environnent.

Des martyrs, des miracles populaires, les vices des Néron[1] et des Caligula, tout concourut à multiplier la nouvelle doctrine. Après avoir essayé de la doctrine, les empereurs songèrent à s'en servir. Constantin arbora l'étendard de la croix, et les dieux du paganisme tombèrent du Capitole[a].

---

[1] Suétone nous apprend comment l'impie Néron en usoit avec les dieux : *Religionum usquequaque contemptor, præter unius deæ Syriæ Hanc mox ita sprevit, ut urina contaminaret.*

[a] Ces deux derniers chapitres ont été transportés presque tout entiers dans le *Génie du Christianisme*, et ils méritoient cet honneur : c'est l'excuse et l'expiation de tout ce qui va suivre. Quand je suis chrétien ainsi, sans vouloir l'être, il y a un accent de vérité dans ce que j'écris qui ne se trouve point au fond de mes radotages philosophiques. Pour tout homme de bonne foi la question est jugée par ces deux chapitres. J'étois chrétien et très chrétien avant d'être chrétien. (N. Ed.)

CHAPITRE XXXVI.

Suite.

Depuis Constantin jusqu'aux Barbares.

La religion chrétienne ne fut pas plutôt solidement établie, qu'elle se divisa en plusieurs sectes[1]. On vit alors ce qu'on avoit ignoré jusqu'à ce temps, je veux dire un caractère nouveau de culte. On vit des hommes se jeter dans tous les écarts de l'imagination, et se persécuter les uns les autres pour des mots qu'ils n'entendoient pas. Les prêtres, durant ces troubles, commencèrent à acquérir une influence que ceux du polythéisme n'avoient jamais eue, et à jeter les fondements de la grandeur des papes.

Julien voulut faire un dernier effort en faveur des dieux de l'Olympe. Il abjura le christianisme; et, en qualité de guerrier, de politique et de philosophe, il avoit une triple raison de s'opposer aux progrès du christianisme. Il sentoit

---

[a] Bien qu'il soit plus question, dans cette partie, des Révolutions modernes que des RÉVOLUTIONS ANCIENNES, ce dernier titre a dû rester en tête de toutes les pages, en conformité de l'édition de Londres, qui porte les mots RÉVOLUTIONS ANCIENNES en marge jusqu'à la fin.

[1] Les Ariens, etc.

que, partout où une nouvelle religion s'établit, l'Etat court à une révolution inévitable; mais il étoit trop tard pour y remédier, et en cela Julien se trompa.

Il ne se contenta pas d'attaquer le christianisme par la force civile, il le fit encore par le sel de ses écrits ª. Plusieurs philosophes s'exercèrent aussi sur le même sujet : on opposoit aux miracles de Jésus ceux de divers imposteurs. Les poètes, d'un autre côté, trouvant que Belzébuth et Astaroth entroient mal dans le mètre de Virgile, regrettoient Pluton et l'ancien Tartare.

Les chrétiens ne manquoient pas de champions, qui réussirent à railler les dieux du Pan-

---

ª « L'Eglise, sous l'empereur Julien, fut exposée à une per-
» sécution du caractère le plus dangereux. On n'employa pas
» la violence contre les chrétiens; mais on leur prodigua le
» mépris. On commença par dépouiller les autels; on défendit
» ensuite aux fidèles d'enseigner et d'étudier les lettres. Mais
» l'empereur, sentant l'avantage des institutions chrétiennes,
» voulut, en les abolissant, les imiter; il fonda des hôpitaux
» et des monastères; et, à l'instar du culte évangélique, il es-
» saya d'unir la morale à la religion, en faisant prononcer des
» espèces de sermons dans les temples.
» Les sophistes dont Julien étoit environné se déchaînèrent
» contre le christianisme; Julien même ne dédaigna pas de se
» mesurer avec les Galiléens. L'ouvrage qu'il écrivit contre eux
» ne nous est pas parvenu; mais saint Cyrille, patriarche d'A-
» lexandrie, en cite des fragments dans la réfutation qu'il a
» faite, et que nous avons encore. Lorsque Julien est sérieux,
» saint Cyrille triomphe du philosophe; mais lorsque l'empe-
» reur a recours à l'ironie, le patriarche perd ses avantages. »
(*Génie du Chr.*, 1ʳᵉ part., liv. 1ᵉʳ, chap. 1ᵉʳ.)

théon, que Lucien avoit déjà traînés dans la boue. Julien ayant péri dans son expédition contre les Perses, la croix sortit triomphante.

Mais le moment critique étoit arrivé. Constantin, en divisant l'empire et réformant les légions, lui avoit porté un coup mortel. Les malheurs de la famille de ce prince ébranlèrent le système romain ; les opinions religieuses vinrent augmenter le désordre : des myriades de Barbares se précipitèrent sur toutes les frontières. Théodose soutint un moment le choc ; le calme avoit reparu, quand tout à coup le destructeur de l'empire, le génie des Huns, qui du mur de la Chine s'étoit, durant trois siècles, avancé en silence à travers les forêts, jeta un cri formidable dans le désert. A la voix du fantôme, les Goths épouvantés se précipitèrent dans l'empire. Valens tomba du trône de l'Orient, et peu après un roi d'Italie régna sur le patrimoine des Brutus [1].

[1] *Vidend.* FLEURY, *Hist. Ecclésiast.*; *Hist. August.*; GIBB., *Rise and fall of the roman empire*; DE GUINES, *Hist. des Huns et des Tartares*; MONTESQUIEU, *Cause de la grandeur et de la décadence des Romains.*

CHAPITRE XXXVII.

Suite.

Conversion des Barbares.

Si le christianisme avoit trouvé dans les malheurs des hommes une cause de ses premiers succès, cette cause agit dans sa plus grande force au moment de l'invasion des barbares. Un bouleversement général de propriétés et de libertés eut lieu en même temps dans tout le monde connu. On écrasoit les hommes comme des insectes : lorsque les Vandales ne pouvoient prendre une ville, ils massacroient leurs prisonniers; et, abandonnant leurs cadavres à l'ardeur du soleil autour de la cité assiégée, ils y communiquoient la peste [1].

Toute autorité étant donc dissoute au civil, les prêtres seuls pouvoient protéger les peuples. Ce qui restoit encore d'habitants attachés à l'ancien culte se rangea sous la bannière du christianisme. Si jamais la religion a paru grande, c'est lorsque, sans autre force que la vertu, elle opposa son front auguste à la fureur des Barbares, et, les

---

[1] ROBERTSON, *Hist. of Charles V*, vol. I.

subjuguant d'un regard, les contraignit de dépouiller à ses pieds leur férocité native[a].

On conçoit aisément comment des Sauvages, sortis de leurs forêts, n'ayant aucun préjugé religieux antérieur à déraciner, se soumirent à la première théologie que le hasard leur offrit. L'imagination est une faculté active, à la fois écho et miroir de la nature qui l'environne : celle de l'homme des bois, frappée du spectacle des déserts, des cavernes, des torrents, des montagnes, se remplit de murmures, de fantômes, de grandeur. Présentez-lui alors des objets intellectuels, elle les saisira avidement, surtout s'ils sont incompréhensibles, car la mort de l'imagination, c'est la connoissance de la vérité.

D'autres raisons facilitoient encore la conversion des Barbares au christianisme. A mesure qu'ils émigroient vers le sud, en quittant les régions sombres et tempétueuses du septentrion, ils perdoient l'idée de leur culte paternel, inhérent au climat qu'ils habitoient. Un ciel rasséréné ne leur montroit plus dans les nuages les ames des héros décédés; ils ne retenoient plus, à la pâle lueur de la lune, des bruyères désertes, des vallées solitaires, où l'on entendoit derrière soi les pas légers des fantômes; des ombres irri-

---

[a] Mais, en vérité, n'est-ce pas là le *Génie du Christianisme* tout pur, et ne suis-je pas, dans ces paragraphes, l'apologiste plutôt que le détracteur de la religion ? (N. Ed.)

tées ne saisissoient plus la cime des pins dans leur course; le météore ne reposoit plus entre les rameaux du cerf, au bord du torrent bleuâtre ; le brouillard du soir avoit cessé d'envelopper les tours, la bouffée de la nuit de siffler dans les salles abandonnées du guerrier; le vent du désert de soupirer dans l'herbe flétrie, et autour des quatre pierres moussues de la tombe[1] : enfin la religion de ces peuples s'étoit dissipée avec les orages, les nues et les vapeurs du nord [2].

D'ailleurs le nouveau culte qu'on leur offroit n'étoit pas si étrange aux dogmes de leurs pères qu'on l'a généralement cru. Si Jéhovah créa Adam et Ève, Odin aussi avoit formé de limon le brave

---

[1] Les *deux Edda;* MALLET, *Introd. à l'Hist. du Dan. ;* OSSIAN.

[2] Si je cite Ossian avec d'autres auteurs, c'est que je suis, avec le docteur Blair en Angleterre, M. Goethe en Allemagne et plusieurs autres, un de ces esprits crédules auxquels les plaisanteries de Johnson n'ont pu persuader qu'il n'y eût pas quelque chose de vrai dans les ouvrages du Barde écossois. Que Johnson, lorsqu'on lui demandoit s'il connoissoit beaucoup d'hommes capables d'écrire de pareils poèmes, ait répondu : « Oui, plusieurs hommes, plusieurs femmes, plusieurs enfants, » le mot est gai, mais ne prouve rien. Il me paroît singulier que, dans cette dispute célèbre, on ait oublié de citer la collection du ministre Smith, qui cote le celte continuellement au bas des pages, et propose une édition de l'original des poèmes d'Ossian par souscription. On trouve dans cette collection de Smith un chant sur la mort de Gaul, où il y a des choses extrêmement touchantes; particulièrement Gaul expirant de besoin sur un rivage désert, et nourri du lait de son épouse *.

* Je ne suis plus convaincu de l'authenticité des poèmes d'Ossian ; au lieu de croire aujourd'hui que le celte d'Ossian a été traduit en anglois par Macpherson, je crois, au contraire, que l'Anglois Macpherson a été traduit en celte par les bons Ecossois amoureux de la gloire de leur pays.   (N. ED.)

Askus, et la belle Emla : Henœrus leur donna la raison; et Lœdur, versant dans leurs veines les flots d'un sang pur, ouvrit leurs yeux à la vie [1].

Enfin les rois barbares, déjà politiques, embrassèrent le christianisme pour obtenir des empires; et les hommes, ayant changé de mœurs, de langage, de religion, ayant perdu jusqu'au souvenir du passé, crurent être nouvellement créés sur la terre [2].

[1] BARTHOLIN, *Antiq. Dan.*
> Askum et Emlam, omni conatu destitutos,
> Animam nec possidebant, rationem nec habebant,
> Nec sanguinem, nec sermonem, nec faciem venustam :
> Animam dedit Odinus ; rationem dedit Hœnerus ;
> Lœdur sanguinem addidit et faciem venustam.

[2] DANIEL, *Hist. de France;* GRÉG. DE TOURS, liv. I; HUME'S *Hist. of Engl;* HENRY'S, *ib.*, etc.

CHAPITRE XXXVIII.

Depuis la conversion des Barbares jusqu'à la renaissance des lettres. Le christianisme atteint à son plus haut point de grandeur.

Au milieu de ces orages, les prêtres, croissant de plus en plus en puissance, étoient parvenus à s'organiser dans un système presque inébranlable. Des sectes de solitaires, vivant à l'abri des cloîtres, formoient les colonnes de l'édifice; le clergé régulier, classé de même en ordres distincts et séparés, exécutoit les décrets du pontife romain, qui, sous le nom modeste de *Pape*, s'étoit placé par degrés à la tête du gouvernement ecclésiastique. L'ignorance, redoublant alors ses voiles, servoit à donner à la superstition une apparence plus formidable; et l'Eglise, environnée de ténèbres qui agrandissoient ses formes, marchoit comme un géant au despotisme.

Ce fut après le règne de Charlemagne et la division de son empire que le christianisme atteignit à son plus haut point de grandeur. Les guerres civiles d'Italie, connues sous le nom des guerres des Guelfes et des Gibelins, offrent un caractère neuf à quiconque n'a pas étudié les hommes. Les papes, attaqués par les empereurs, avoient contre eux la moitié des peuples d'Italie, qui les regardoient comme des tyrans et des scélérats ; et cependant un édit de la cour de Rome détrônoit tel ou tel souverain, l'obligeoit à venir pieds et tête nus se morfondre en hiver sous les fenêtres du pontife, qui daignoit enfin lui accorder une absolution humblement demandée à genoux [1]. Rome religieuse se trouvoit alors mêlée dans toutes les affaires civiles, et disposoit des couronnes, comme des hochets de sa puissance.

Les Croisades qui suivirent bientôt après forment époque dans l'histoire du christianisme [2], parce qu'en adoucissant les mœurs par l'esprit de chevalerie elles préparèrent la voie au retour des lettres. C'étoit alors que les sires de Créqui, embrassant leur écu, abandonnoient leur manoir pour aller en quête de royaumes et d'aventures. Ces bons chevaliers se trouvoient-ils sans armes dans un péril imminent, ils se jetoient tous aux pieds les uns des autres, comme le rapporte le sire de Joinville, en s'entre-demandant naïvement l'absolution. Avoient-ils la lance au poing au milieu des dangers, ils se disoient en riant : « Biaux sires, et en fairons moult récits à les damselles. »

---

[1] DENIN., *Ist. d'It.*; MACCHIAV., *Ist. Fior.*; ABB., *Chr. d'Allem.*; HAIN., *Chron.*; GIAN., *Ist. di Nap.*

[2] VERT., *Hist. des Crois.*; *Mém. de Joinv.*

CHAPITRE XXXIX.

Décadence du christianisme occasionnée par trois causes : les vices de la cour de Rome, la renaissance des lettres, et la réformation.

C'est de l'époque des Croisades qu'il faut dater la décadence de la religion chrétienne. Les papes, expulsés d'Italie, s'étoient retirés pendant quelque temps à Avignon ; et la création des anti-papes, en faisant naître des schismes, affoiblissoit l'autorité de l'Eglise. D'une autre part, les pontifes, subjugués par le luxe et l'ivresse de la puissance, s'étoient plongés dans tous les vices. L'athéisme public de quelques uns, l'effronterie et le scandale de leur vie privée, ne devoient pas beaucoup servir au maintien du culte chez les peuples. Le clergé, aussi dépravé que son chef, se livroit à tous les excès ; et les couvents servoient de repaire à la crapule et à la débauche [1].

Dans ces circonstances, un grand évènement vint porter un coup mortel au christianisme. L'empire d'Orient étant tombé sous le joug des Turcs, le reste des savants grecs se réfugia auprès des Médicis en Italie. Par un concours singulier de choses, l'imprimerie avoit été découverte en Occi-

---

[1] DANTE, *Inferno;* PETR., *Lett.;* MACCH., *Ist. Fiorent.*

dent quelque temps avant l'arrivée de ces philosophes, comme si elle eût été préparée pour la réception des illustres fugitifs. J'ai parlé ailleurs de la renaissance des lettres et de ses effets. Elle fut bientôt suivie de la réformation ; de sorte que le christianisme eut à soutenir coup sur coup des attaques dont il ne s'est jamais relevé [a].

[a] Il y a quelque chose de vrai, historiquement parlant, dans ce sens que je viens de dire du christianisme depuis la conversion des Barbares jusqu'à la réformation; mais on sent un ennemi dans l'historien ; l'esprit de satire perce de toute part. Quant au christianisme, qui *ne s'est jamais relevé des attaques qu'il a eu à soutenir*, c'est une erreur capitale que d'en avoir jugé ainsi. La religion chrétienne n'a point péri dans la révolution; elle ne périra point chez les hommes, parce qu'elle a ses racines dans la nature divine et dans la nature humaine. La foi pourra changer de pays; mais elle subsistera toujours, selon la parole de Dieu.   (N. ED.)

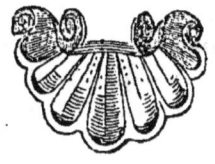

CHAPITRE XL.

La réformation.

C'est une grande époque dans l'Europe moderne que celle de la réformation. Dès que les hommes commencent à douter en religion, ils doutent en politique. Quiconque ose rechercher les fondements de son culte, ne tarde pas à s'enquérir des principes de son gouvernement. Quand l'esprit demande à être libre, le corps aussi veut l'être : c'est une conséquence naturelle [a].

[a] J'expose ici dans quatre lignes deux ou trois vérités sur lesquelles on a élevé depuis de gros ouvrages remplis de déclamations contre les libertés publiques. Il n'y a point de mal à s'enquérir des principes de son gouvernement pour s'y attacher quand ils sont bons, pour les réformer quand ils sont mauvais ; je ne vois aucune raison de mettre un bandeau sur les yeux des hommes afin de les faire marcher droit. Je sais bien, il est vrai, que celui qui prétend guider les hommes a un grand intérêt à leur laisser ce bandeau, parce qu'il peut alors les conduire où il veut et comme il veut. Le christianisme, de son côté, ne craint pas plus la lumière que la liberté ne la craint : plus on l'examinera, plus on le trouvera digne d'admiration et d'amour. Il n'est pas bien d'ailleurs de vouloir faire de la religion et de la politique une cause commune ; il s'ensuivroit que quand un peuple est esclave il faudroit qu'il le restât éternellement, dans la peur de toucher aux choses saintes. Ce seroit faire un tort immense à la foi que de l'associer aux injustices du despotisme.
(N. Ed.)

Erasme avoit préparé le chemin à Luther ; Luther ouvrit la voie à Calvin ; celui-ci à mille autres. L'influence politique de la réformation se trouvera dans les révolutions qui me restent à décrire. En la considérant seulement ici sous le rapport religieux, on peut remarquer que les diverses sectes qu'elle engendra produisirent sur le christianisme le même effet que les écoles philosophiques de la Grèce sur le polythéisme : elles affoiblirent tout le système sacerdotal. L'arbre, partagé en rameaux, ne poussa plus vigoureusement sa tige unique, et devint ainsi plus aisé à couper branche à branche. Je ne puis quitter l'article de la réformation sans faire une réflexion de plus. Pourquoi toutes ces scènes de carnage ? La Ligue [1] où l'on vit, comme de nos jours, les

---

[1] *Esprit de la Ligue.*

On trouve dans les *Lettres de Pasquier* deux passages intéressants sur les malheurs que les révolutions ont causés à la France, et surtout à la capitale de ce royaume. Je les citerai tous les deux.

Le premier a rapport aux guerres civiles du temps de Charles VI. Pasquier, après avoir parlé de la population et de la richesse de Paris sous Charles V, ajoute :

« Pendant que furieusement nostre ville s'amusa de soustenir le party bourguignon, elle deuint, sans y penser, toute deserte, et commencerent ces grands hostels de Flandres, Artois, Bourbon, Bourgongne, Nesles, et plusieurs autres, seruir de nids à corneilles, au lieu où au precedent c'estoient receptacles de princes, ducs, marquis et comtes. I'ai leu dans vn liure escrit à la main, en forme de papier iournal, que de ce temps-là il y auoit vn loup qui tous les mois passoit au trauers de la ville, lequel ils appelloyent *le Courtout*, estant le peuple tant accoutumé de le voir, qu'il n'en faisoit que rire. Chose qui se faisoit, ou pour les massacres qui se commettoient dans Paris, et pour les cadaures qui y pouuoient estre (n'y ayant animal qui ait le flair si subtil comme le loup), ou parce que la ville

François traîner les entrailles fumantes de leurs victimes, dévorer leurs cœurs encore palpitants,

estoit lors grandement deshabitee. Quoy que soit s'estant sur les troubles du Bourguignon et Orleannois entre la guerre de l'Anglois et du François, il faut tenir pour chose très certaine que la ville de Paris vint en grande souffrette, veu qu'en l'histoire mesdisante du roy Louys vj, nous trouuons que, pour la repeupler, il voulut faire comme Romulus auoit fait autrefois dans Rome, et donner toute impunité des mesfaits precedents, et rappel de ban à tous ceux qui s'y voudroient habituer. Mais plus grande demonstration ne pouuez-vous auoir ceste pauureté et solitude, que de l'ordonnance qui se trouue aux vieux registres du Chastellet, par laquelle il estoit permis de mettre en criees les lieux vagues de la ville; et si, pendant les six semaines, il ne se trouuoit nul proprietaire qui s'y opposast, le lieu demeuroit a celui qui se le faisoit adiuger. Aussi quand nous lisons dans nos vieux tiltres et enseignements quelques maisons et heritages, tant en la ville qu'ez champs, vendus à non-prix, tant s'en faut que ce soit vn argument de la félicité de ce temps-là, qu'au contraire c'est vne demonstration très certaine du malheur qui estoit lors en regne, par la longue suite des troubles. » (T. I, l. x, p. 655.)

Si, dans une histoire de la révolution actuelle, on traduisoit mot à mot en françois le morceau suivant du même auteur, personne ne se douteroit qu'il s'agit de la Ligue. « Il y a long-temps que ie ronge ie ne sçay quelle humeur melancholique dans moi, qu'il faut maintenant que ie vomisse en vostre sein. Ie crain, ie croy, ie voi presentement la fin de nostre republique. Nous ne pouuons denier que n'ayons vn grand roi; toutes fois si Dieu ne l'aduise d'un œil de pitié, il est sur le poinct ou de perdre sa couronne, ou de voir son Royaume tout renuersé. — Le vray subside dont le Prince doit faire fonds, est de la bienveillance de ses subiects. La plus grande partie de ceux qui ont esté près du Roy, ont estimé n'auoir plus beau magazin pour s'accroistre, qu'en lui fournissant mémoires à la ruine du pauure peuple, c'est-à-dire la ruine de lui-même : dignes certes, ces malheureux ministres, d'vne punition plus horrible, que celuy qu'on tire à quatre cheuaux, pour auoir voulu attenter contre la Maiesté de son Prince. D'autant qu'en conservant leur grandeur par ces damnables inuentions, ils ont mis leur maistre en tel désarroy que nous le voyons maintenant......

« Dieu doua nostre Roy de plusieurs grandes bénédictions, qui luy sont particulieres; mais comme il est né homme, aussi ne peut-il estre accomply de tant de bonnes parties qu'il n'ait des imperfections. Y a-t-il aucun

leurs chairs encore tièdes ; et, fouillant dans les sépulcres, couvrir le sol de la patrie des carcasses

seigneur (ie n'en excepterai vn) de ceux qui ont eu part en ses bonnes graces, qui ait, ie ne diray point résisté (ce mot seroit mal mis en œuvre contre un Roy), mais qui ne se soit estudié de fauorizer en toutes choses ses opinions, ores qu'elles se fouruoyassent à l'œil, du chemin de la raison ? On le voyoit naturellement enclin à vne libéralité. C'estoit une inclination qu'il tenoit de le Royne sa mere; vertu vraiment royale, quand elle ne se desborde à la foule et oppression des subiects : qui est celuy qui par ses importunitez extraordinaires n'en ait abuzé?... Le malheur veut que nul de ses principaux officiers, qui estoient près de luy, ne la controolle. Voilà comment un grand et beau prince se laissant en premier lieu emporter par ses volontez, puis vaincu par les importunitez des siens, enfin non secouru de ceux qui pour la nécessité de leurs charges y deuoient auoir l'œil, il n'a pas esté mal aisé de voir toutes nos affaires tomber au desordre et confusion telle que nous voyons aujourd'hui.

Sur ce pied a esté batie la ruine de notre France; premièrement par ie ne sçay quelle malheureuse inuention de contents (qui ont rendu tous les gens de bien malcontents), lesquels ne pouuans à la longue fournir aux liberalitez extraordinaires du Roy, ont eu recours à une infinité de meschants edicts, non pour subuenir aux necessitez publiques, ains pour en faire dons, voire au milieu des troubles, à vns et autres. Et pour leur faire sortir effect, on a forcé les Seigneurs des Cours Souveraines de les passer, tantost par la présence du Roy, tantost des Princes du sang : liberalité qui ne s'estoit jamais pratiquee en autre republique que la nostre. Et si l'argent n'y estoit prompt, pour suppleer à ce deffaut, la malignité du temps produisit vne vermine de gens, que nous appellasmes par vn nouueau mot *partisans*, qui avançoient la moitié ou tiers du denier, pour avoir le tout : race vrayement de viperes, qui ont fait mourir la France, leur mere, aussi tost qu'ils furent esclos.

On adiousta à tout cela, pour chef-d'œuure de nostre malheur, vn esloignement des Princes et des grands Seigneurs, et auancement des moindres près du Roy. Ie vous racompte tout cecy en gros. Car si j'auoy entrepris de vous particularizer en détail, et par le menu, comme toutes ces choses se sont passees, l'encre me deffaudroit plus tost que la matiere. Mais quel fruit a produit tout ce mesnage? Vne oppression de tous les subiects, une paureté par tout le royaume, vn mescontentement général des grands, vne haine presque de tout le peuple encontre son Roy. Et puis au bout de tout cela, que pouuions-nous attendre autre chose que ce meschef, qui nous

à moitié consumées de leurs pères ? Pourquoi ces troubles des Pays-Bas, où le duc d'Albe joua le premier acte de la tragédie de Robespierre[1] ? les massacres des paysans d'Allemagne, les guerres civiles d'Ecosse [2]? la révolution de Cromwell, durant laquelle des malheureux, entassés dans les cales humides des vaisseaux, périssoient empoisonnés les uns par les autres[3] ? Pourquoi, dis-je,

est ces iours passez aduenu ?.... Tant de novalitez mises sus à la foule des pauures subiects sans subiect, estoient autant de malignes humeurs ramassees au corps de notre republique, lesquelles ne nous promettoient autre chose, que ce grand esclat de scandale, que nous avons veu dans Paris. C'estoit vn pus, c'estoit vne bouë qui couvoit dans nous, à laquelle le médecin supernaturel a voulu donner vent, lors que nul de nous n'y pensoit. Le Roy mesme l'a fort bien recogneu ; quand soudain apres estre arriué à Chartres, pour donner quelque ordre à ce mal, il a reuoqué trente malheureux edicts et encores promis par autres lettres patentes de n'user plvs de contents. Pleut à Dieu que deux mois auparavant il les eust reuoquez de son seul instinct, affin que ceux que ie voy contre luy vlcerez eussent estimé luy devoir totalement ceste grace, et non au scandale aduenu. Mais c'est un mal commun à tous Roys, de ne recognoistre iamais leurs fautes, quand ils sont visitez de Dieu... De ma part, ie ne pense point que iamais Roy ait receu vn plus grand affront de son peuple (il faut que ceste parole à notre très grande honte m'eschape), que celui qu'a receu le nostre. Que luy, qui a son retour de la Beauce avoit esté receu auec tant de congratulations et applaudissements du Parisien, six ou sept mois après ait esté caressé de telle façon qu'auons veu, en la iournée des Barricades, mesmes dans vne ville qu'il auoit aimée et cherie par-dessus toutes les autres. Que le ieudy et vendredy qu'il demeura dans la ville, on ne veit iamais plus grand chaos et emotion populaire, et le samedy soudain que l'on fust adverty de son partement, nous veismes un raquoisement inopiné de toutes choses : signe malheureux et trop expres de la haine qu'on luy porte. » (Id., l. xii, pag. 796, etc.)

[1] Bentivog., Grotius, Strada, etc.

[2] Robertson's *Hist. of Scotland*.

[3] Hume, Whitelock, Walker, etc.

ces abominables spectacles? Parce qu'un moine s'avisa de trouver mauvais que le pape n'eût pas donné à son ordre, plutôt qu'à un autre, la commission de vendre des indulgences en Allemagne ! Pleurons sur le genre humain [a].

[a] Ce chapitre avoit bien commencé pour la réformation ; c'est dommage, pour le philosophisme, qu'il ait fini aussi mal. Il paroît que je n'étois dans l'*Essai* ni pour *Genève* ni pour *Rome*. (N. Ed.)

CHAPITRE XLI.

Depuis la réformation jusqu'au régent.

Lorsque les tempêtes élevées par la réformation se furent apaisées, le Vatican reparut, mais à moitié en ruine. Il avoit perdu l'orgueil de ses murs, et ses combles entr'ouverts étoient sillonnés de ses propres foudres, que la fureur de l'orage avoit repoussées contre lui. Les rois et les papes, en s'opposant par des mesures violentes aux innovations religieuses, n'avoient fait qu'irriter les esprits. Petite et foible dans le calme, la liberté devient un géant dans la tempête.

Entre les conséquences funestes qui résultèrent de ces troubles pour la religion, une ne doit pas être omise. Les révolutions ravagent les mœurs dans leurs cours, comme ces sources empoisonnées qui font mourir les fleurs sur leur passage. L'œil de la loi, fermé pendant les convulsions d'un Etat, ne veille plus sur le citoyen, qui lâche les rênes à ses passions et se plonge dans l'immoralité; il faut ensuite des années, quelquefois des siècles, pour épurer un tel peuple. Ce fut évidemment le cas en Europe, après les troubles dont je viens de parler; et la religion, qui se calcule toujours sur les mœurs, dut, en proportion de la relaxation de celles-ci perdre beaucoup de son influence.

Cependant, l'harmonie s'étant rétablie, les hommes reportèrent les yeux en arrière, et commencèrent à rougir de leur folie. Les lumières, toujours croissantes, secondoient ce penchant à haïr ce qui sembloit la cause de tant de maux. En matière de foi il n'est point de bornes ; aussitôt qu'on cesse de croire quelque chose, on cessera bientôt de croire le tout. Rabelais, Montaigne, Mariana, étonnèrent les esprits par la nouveauté et la hardiesse de leurs opinions politiques et religieuses. Hobbes et Spinosa, levant ensuite le masque, se montrèrent à découvert ; et bientôt après, Louis XIV donna à l'Europe le dernier exemple de fanatisme national, par la révocation de l'édit de Nantes¹.

---

¹ Je ne parle pas des scènes scandaleuses de la populace de Londres contre les catholiques, en 1680.

CHAPITRE XLII.

Le régent. La chute du christianisme s'accélère.

Enfin le régent parut, et de cette époque il faut dater presque la chute totale du christianisme [a]. Le duc d'Orléans brilloit de génie, de graces, d'urbanité, mais il étoit l'homme le plus immoral de son siècle, et le moins fait pour gouverner une nation volage, sur laquelle les vices de ses chefs avoient tant d'influence, lorsqu'ils étoient aimables. Ce fut alors qu'on vit naître la secte philosophique, cause première [b] et finale de la révolution présente. Lorsque les nations se corrompent, il s'élève des hommes qui leur apprennent qu'il n'y a point de vengeance céleste.

Le bouleversement que Law [1] opéra dans

---

[a] Toujours la *chute du christianisme!* Le christianisme ne tomboit point ; les mœurs seulement se corrompoient. Et quand la religion chrétienne se seroit affoiblie en France, cela voudroit-il dire qu'elle s'éteint également dans le reste du monde ?
(N. Éd.)

[b] Il falloit mettre au lieu de *cause première*, cause seconde.
(N. Éd.)

[1] Dans les projets de cet étranger, on retrouve le plan littéral exécuté de nos jours par Mirabeau l'aîné : le paiement de la dette nationale en papier, la vente des biens du clergé, etc.

l'Etat par son papier ne contribua pas peu à ébranler la morale du peuple. Intérêt et cœur humain sont deux mots semblables ᵃ. Changer les mœurs d'un Etat, ce n'est qu'en changer les fortunes. Dans les accès du désespoir, et dans le délire des succès, tout sentiment de l'honnête s'éteint, avec cette différence que le parvenu conserve ses vices, et l'homme tombé perd ses vertus.

La presse, cette invention céleste et diabolique ᵇ, commençoit à vomir les chansons, les pamphlets, les livres philosophiques. Chaque poste annonçoit au citoyen, tantôt l'inceste d'un père, l'exécrable mort d'un cardinal, des débauches que la plume d'un Suétone rougiroit de décrire; et, en payant les taxes, il soldoit à la fois et les vils courtisans, et les troupes qui le forçoient à leur obéir. Le mépris, puis la rage, étoient les sentiments qui devoient s'emparer du cœur de ce citoyen ᶜ. Que le peuple alors apprenne le secret de sa force, et l'État n'est plus.

ᵃ Cela n'est pas vrai en France.   (N. Ed.)

ᵇ La presse n'est diabolique que lorsqu'elle n'est pas réglée par des lois. Si vous l'enchainez par l'arbitraire, c'est-à-dire par la censure, elle perd ce qu'elle a de céleste, et ne conserve que ce qu'elle a de diabolique. Personne n'approuve les abus de la presse; mais c'est aux lois seules à prévenir et à punir les abus.
(N. Ed.)

ᶜ J'ai raison dans mon indignation contre la régence. La régence et le règne de Louis XV sont deux époques de notre histoire qu'on ne sauroit assez maltraiter.   (N. Ed.)

Ce fut sous le règne suivant qu'éclata la secte encyclopédique, dont j'ai déjà touché quelque chose. Je vais, comme je l'ai promis, la considérer à présent dans ses rapports religieux et politiques avec les institutions de la France.

CHAPITRE XLIII.

La secte philosophique sous Louis XV.

Cet esprit d'innovation et de doute qui prit naissance sous le régent fit en peu de temps des progrès rapides. On vit enfin sous Louis XV se former une société des plus beaux génies que la France ait produits : les Diderot, les d'Alembert, les Voltaire [a]. Deux grands hommes seulement, et les deux plus grands, refusèrent d'en être, Jean-Jacques Rousseau et Montesquieu [b] : de là, la haine de Voltaire contre eux, et surtout contre le premier, l'apôtre de Dieu et de la morale. Cette société disoit avoir pour fin la diffusion des lumières et le renversement de la tyrannie : rien de plus noble sans doute ; mais le vrai esprit des encyclopédistes étoit une fureur persécutante de systèmes, une intolérance d'opinions qui vouloit détruire dans les autres jusqu'à la liberté de penser ; enfin, une rage contre ce

---

[a] Diderot et d'Alembert placés au nombre des plus beaux génies que la France ait produits est une chose parfaitement ridicule. (N. Éd.)

[b] Non, Voltaire les vaut, et Buffon se place, comme écrivain, auprès de ces trois grands hommes. (N. Éd.)

qu'ils appeloient l'*Infame*, ou la religion chrétienne qu'ils avoient résolu d'exterminer [a].

Ce qu'il y a de bien étonnant dans l'histoire du cœur humain, c'est que le despote Frédéric étoit de cette coalition qui sapoit la base du pouvoir des princes. Le monument le plus extraordinaire de littérature qui existe est peut-être la correspondance entre Diderot, Voltaire, d'Alembert et le roi de Prusse. C'est là qu'à chaque page on s'étonne de voir les philosophes jetant le manteau dont ils se revêtoient pour la foule; le monarque, déposant le masque royal, traiter de fable la morale de la terre, parler hardiment de liberté entre eux, en réservant l'esclavage pour le peuple stupide, se jouer de ce qu'il y a de plus sacré, et se jeter les uns aux autres, ballotter d'une main criminelle et puissante les hommes et leurs opinions comme de vains jouets.

Telle étoit cette fameuse secte, qui, sous

---

[a] Bien jugé, très bien jugé, selon mon âge mûr : les encyclopédistes étoient les plus intolérants des hommes, et c'est pour cela que je ne les puis souffrir. Je les regarde comme des hypocrites de liberté, comme de faux apôtres de philosophie, qui prenoient l'honneur de leur vanité blessée pour un sentiment d'indépendance, leurs mauvaises mœurs pour un retour au droit naturel, et leur fureur irréligieuse pour de la sagesse. Ce ne sont point leurs doctrines qui ont produit ce qu'il y a de bon au fond de notre révolution; nous ne leur devons dans cette révolution que le massacre des prêtres, les déportations à la Guiane, et les échafauds.   (N. Ed.)

Louis XV, commença à s'étendre, et à détruire la morale en France; ses progrès furent étonnants. L'infatigable Voltaire ne cessoit de répéter : Frappons, écrasons l'infame. Une foule de petits auteurs, pour être regardés du grand homme, se mirent à écrivailler à l'exemple de leur maître. Le bon ton fut bientôt d'être incrédule. Jean-Jacques avoit beau crier d'une voix sainte : « Peuple, on vous égare; il est un Dieu vengeur des crimes, et rémunérateur des vertus; » les efforts du sublime athlète furent vains contre le torrent des philosophes et des prêtres, ennemis mortels réunis pour persécuter le grand homme [a].

Tandis que les principes religieux étoient combattus par une troupe de philosophes, d'autres attaquoient la politique; car il est remarquable que la secte athée déraisonnoit pitoyablement en matière d'État [b]. Montesquieu, J.-J. Rousseau, Mably, Raynal [c], vinrent malheureusement éclairer des hommes qui avoient perdu cette force et cette pureté d'ame, nécessaires pour faire

---

[a] Ai-je dans le *Génie du Christianisme* rien de plus fort, rien de plus énergique contre le philosophisme anti-religieux ? J'oppose très bien ici Rousseau aux autres philosophes.
(N. Ed.)

[b] Cela est vrai : l'athéisme n'est bon à rien; il n'est qu'une preuve de la foiblesse de l'esprit et de la médiocrité des talents.
(N. Ed.)

[c] Mably et Raynal, avec Montesquieu et Rousseau, ce sont de ces associations que l'on fait dans la jeunesse, lorsque le jugement n'est pas formé, et que le goût est incertain. (N. Ed.)

un bon usage de la vérité. Depuis la révolution, chaque faction a déchiré ces illustres citoyens, les jacobins Montesquieu, les royalistes Jean-Jacques; cela n'empêchera pas que l'immortel *Esprit des Lois*, et le sublime *Émile* si peu entendu, ne passent à la dernière postérité. Quant au *Contrat Social*, comme on en retrouve une partie dans l'*Émile*, que ce n'est d'ailleurs qu'un extrait d'un grand ouvrage, qu'il rejette tout et ne conclut rien, je crois que, dans son état actuel d'imperfection, il a fait peu de bien et beaucoup de mal [a] : je suis seulement étonné que les républicains du jour l'aient pris pour leur règle ; il n'y a pas de livre qui les condamne davantage.

Ainsi, au moment que le peuple commença à lire, il ouvrit les yeux sur des écrits qui ne prêchoient que politique et religion : l'effet en fut prodigieux. Tandis qu'il perdoit rapidement ses mœurs et son ignorance, la cour, sourde au bruit d'une vaste monarchie qui commençoit à rouler en bas vers l'abîme où nous venons de la voir disparoître, se plongeoit plus que jamais dans les vices et le despotisme. Au lieu d'élargir ses plans, d'élever ses pensées, d'épurer sa morale, en progression relative à l'accroissement des lumières, elle rétrécissoit ses petits préjugés, ne savoit ni se soumettre à la force des choses

---

[a] Je juge bien le *Contrat Social*, et très mal l'*Emile*.

(N. Ed.)

ni s'y opposer avec vigueur. Cette misérable politique, qui fait qu'un gouvernement se resserre quand l'esprit public s'étend, est remarquable dans toutes les révolutions : c'est vouloir inscrire un grand cercle dans une petite circonférence; le résultat en est certain. La tolérance s'accroît, et les prêtres font juger à mort un jeune homme qui, dans une orgie, avoit insulté un crucifix : le peuple se montre incliné à la résistance, et tantôt on lui cède mal à propos, tantôt on le contraint imprudemment : l'esprit de liberté commence à paroître, et on multiplie les lettres de cachet. Je sais que les lettres ont fait plus de bruit que de mal; mais, après tout, une pareille institution détruit radicalement les principes. Ce qui n'est pas loi est hors de l'essence du gouvernement, est criminel. Qui voudroit se tenir sous un glaive suspendu par un cheveu sur sa tête, sous prétexte qu'il ne tombera pas? A voir ainsi le monarque endormi dans la volupté, des courtisans corrompus, des ministres méchants ou imbéciles, le peuple perdant ses mœurs; les philosophes, les uns sapant la religion, les autres l'Etat; des nobles ou ignorants, ou atteints des vices du jour; des ecclésiastiques, à Paris la honte de leur ordre, dans les provinces pleins de préjugés, on eût dit d'une foule de manœuvres s'empressant à l'envi de démolir un grand édifice [a].

[a] Courageusement jugé, et aussi bien écrit que je puisse écrire. (N. Éd.)

Depuis le règne de Louis XV, la religion ne fit plus que décliner en France; et elle s'est enfin évanouie ª avec la monarchie dans le gouffre de la révolution.

Pour compléter l'histoire du christianisme, je vais maintenant montrer les armes avec lesquelles les philosophes modernes sont parvenus à le renverser, de même que j'ai expliqué les systèmes par lesquels les sophistes grecs ébranlèrent le polythéisme. Il y a cependant entre eux cette différence, que les Platon et les Aristote se contentèrent de publier des dogmes nouveaux, sans attaquer directement la religion de leur pays; tandis que les Voltaire et les d'Alembert, sans énoncer d'autres opinions, se déchaînèrent contre le culte de leur patrie : en cela, bien plus immoraux que les sectaires d'Athènes [b].

J'avertis que, dans les chapitres qui vont suivre, je n'y suis plus pour rien. Simple narrateur des faits, je rapporte, comme mon sujet m'y oblige, les raisonnements des autres sans les admettre [c].

---

[a] La religion, encore une fois, ne s'est pas évanouie. Quand la monarchie passeroit, la religion resteroit. (N. Ed.)

[b] On ne peut être ni plus impartial ni plus sévère. Si je suis un philosophe dans l'*Essai*, il faut convenir que les philosophes n'ont jamais eu un confrère d'une humeur plus aigre et plus désagréable. (N. Ed.)

[c] Passage bien remarquable dans l'*Essai*! Il suffiroit seul pour me laver des reproches que l'on a voulu me faire comme antichrétien. On ne peut prétendre que ces paroles soient une précaution de l'écrivain; car il n'y a pas de trace d'hypocrisie ou

Il est nécessaire de faire connoître les causes qui nous ont plongés dans la révolution actuelle; or celles-ci sont d'entre les plus considérables.

de frayeur dans l'*Essai :* rien n'y est caché ; je ne capitule ni avec les choses ni avec les hommes, j'écris tout avec l'outrecuidance d'un jeune homme. Je ne cherchois donc point par ces paroles à me mettre à l'abri de l'avenir. Je disois simplement la vérité ; je disois que j'allois rapporter les raisonnements des autres *sans les admettre ;* que je n'étois pour rien dans les chapitres qui alloient suivre : ce sont pourtant ces chapitres qui ont servi principalement d'acte d'accusation contre moi. En vérité, plus on lit l'*Essai*, plus on l'examine, et moins on me trouve coupable. Cependant je ne prétends point me faire un bouclier du passage qui donne lieu à cette note ; j'ai eu tort, très grand tort, de rapporter les objections des philosophes contre le christianisme ; d'autant plus tort qu'il est évident que je m'y complais, que tout en disant qu'elles ne sont pas de moi, ce qui est vrai, j'ai pourtant l'air d'y applaudir.   (N. Ed.)

CHAPITRE XLIV.

Objections des philosophes contre le christianisme. Objections philosophiques.

On peut diviser les différentes objections des philosophes contre le christianisme en quatre sortes : 1° objections philosophiques proprement dites ; 2° objections historiques et critiques ; 3° objections contre le dogme ; 4° objections contre la discipline. Voyons les premières.

Objections philosophiques[1]. La création est absurde. Quelle volonté peut tirer une parcelle de matière du néant ? Toutes les raisons imaginables ne renverseront jamais cet axiome commun : Rien ne se fait de rien. Mais les Ecritures mêmes ne l'admettent pas, le néant : et l'*Esprit de Dieu reposoit sur les eaux*. Voilà donc la matière coexistante avec l'esprit ; voilà donc un chaos.

Dieu, dites-vous, a été l'architecte ? Ce n'est plus le système chrétien. Mais voyons si cela même peut être admis.

Si Dieu a arrangé la matière, c'est un être im-

---

[1] Il seroit impossible de citer à chaque ligne les auteurs dont ces raisonnements sont empruntés ; parce qu'ils se trouvent répétés d'un bout à l'autre de leurs livres, et qu'il faudroit pour ainsi dire noter toutes les pages. Je les rassemblerai donc en commun à la fin de chaque chapitre.

puissant et borné. Le chaos était la première forme, et de nécessité la meilleure, puisqu'elle est la forme naturelle; puisque les vices, les souffrances, les chagrins y dorment passifs. Qu'a fait Dieu ? Il a tout séparé, tout divisé, et, en classant les maux, il n'a fait qu'un monde vulnérable dans toutes ses parties d'un univers engourdi et tranquille; il a donné une ame à la douleur, et rendu les peines sensibles [a]. Il s'est donc mépris, et son prétendu ordre est un affreux désordre.

Mais nous vous abandonnons la majeure. Nous supposons, pour un moment, que tout est émané de Dieu. Ce Dieu, en créant l'homme, lui a dit : Tu ne pècheras point, ou tu mourras; et il avoit prévu qu'il pècheroit et qu'il mourroit : Tu seras bon, vertueux, ou je te condamnerai aux peines de l'enfer; et Dieu savoit qu'il ne seroit ni bon ni vertueux, et c'étoit lui qui l'avoit créé ! Dieu, répondez-vous, vous a fait libre ? Ce n'est pas là la question. A-t-il prévu que je tomberois, que je serois à jamais malheureux ? Oui, indubitablement. Eh bien ! votre Dieu n'est plus qu'un tyran horrible et absurde. Il donne aux hommes des passions plus fortes que leur raison, et il s'écrie : Je t'ai donné la raison ! — Sans doute, et les passions aussi; et tu savais que celles-ci l'emporteroient; et tu prévis, des millions de siècles avant

---

[a] Voyez, pour la réfutation de toutes ces belles choses, les *Notes et Éclaircissemens du Génie du Christianisme.*

(N. Ed.)

ma naissance, que je serois vicieux, que je serois condamné à ton tribunal aux éternelles douleurs. Qui t'obligeoit à me tirer du néant? Qui te forçoit, Être tout-puissant, à faire un misérable? Ne pouvois-tu me rendre fort et vertueux au degré nécessaire pour me rendre heureux? Tu te crées des victimes et tu les insultes au milieu des tourments, en leur parlant d'un franc arbitre, sur des choses que ta prescience t'avoit fait connoître de toute éternité; et qui, par la raison même que tu les avois prévues, devoient nécessairement arriver!

Dieu ne pouvoit vous empêcher de naître dans la chaîne des êtres où votre place se trouvoit marquée : — d'accord; mais ceci n'est plus le dieu des Juifs, c'est la destinée, autre système qui a ses inconvéniens. Vous vous retranchez dans le grand argument, et vous dites que nous ne pouvons pas plus comprendre le grand Être qu'un ciron ne sauroit comprendre un homme : cette raison, excellente en elle-même, ne prouve rien pour les Ecritures. Je m'en tiens à ce que je ne puis comprendre Dieu; et là-dessus je n'ai pas plus de motifs d'en croire Moïse que Platon, excepté que celui-ci raisonne mieux que celui-là.

Je passe une multitude d'autres raisons philosophiques, telles que celles tirées de diverses espèces de l'homme, de l'ancienneté du globe, etc.; et je viens aux raisons historiques et critiques [1].

---

[1] BAYLE, *Lettres de Diderot au roi de Prusse*; TOLAND; VOLT., *Dictionn. Philosoph.*; HUME's *Philosoph. Essay*; LE BOUCHER, BUFFON, etc.

CHAPITRE XLV.

Objections historiques et critiques.

Les prophètes d'Israel avoient depuis longtemps annoncé la mission du fils de Dieu. Et il est venu, ce fils de Dieu ; et la lettre des prophètes a été accomplie.

Une chose n'est pas prédite parce qu'elle arrivera, mais elle arrive parce qu'elle est prédite. De cela les évangiles mêmes font preuve ; ils ont la naïveté de nous dire à chaque ligne : « Et Jésus fit cette chose, *afin que la parole du prophète fût accomplie.* » Mais, sans nous arrêter à combattre votre futile argument, nous vous montrerons que cette annonce du Christ ne vient que de la honteuse ignorance des Juifs : ils convertirent en prédictions le calendrier céleste des Egyptiens qu'ils n'entendoient pas. Là, on voyoit tout le mystère de la Vierge et de son fils, qui ne signifioit autre chose que le lever et le coucher de diverses constellations. Les Hébreux, en sortant d'Egypte, emportèrent ces signes, et les transformèrent bientôt en des fables les plus absurdes.

Il y a bien plus : c'est qu'il n'est pas du tout démontré qu'il exista jamais un homme appelé Jésus, qui se fit crucifier à Jérusalem. Quelles sont vos preuves de ce fait? Les évangiles. Admettriez-vous, dans un procès, comme valides, des papiers visiblement écrits par l'une des parties ? Nous raisonnons ici comme si nous croyions à l'authenticité du Nouveau-Testament (ce que nous sommes bien loin de faire, comme on le verra par la suite). Loin de rien trouver dans l'histoire qui admette la vérité de l'existence du Christ, nous voyons, d'après les auteurs latins, qui parlent avec le dernier mépris de la secte naissante [1], que les évangiles n'étoient pas même entendus à la lettre par les premiers chrétiens. C'étoient des espèces d'allégories, des mystères auxquels on se faisoit initier comme à ceux d'Eleusis.

Mais encore il vous a plu de supprimer une multitude d'évangiles, que vous appelez apocryphes, qui cependant ne le sont pas plus que les autres. Là, on remarque tant de contradictions (contradictions que vous n'avez pu même faire disparoître des évangiles que vous nous avez laissés), qu'il faut nécessairement en conclure que, dans le principe, l'histoire du Christ étoit un conte qu'on brodoit selon son bon plaisir.

Les premiers schismes de l'Eglise viennent à l'appui de cette opinion. Les Pères ne s'entendoient pas plus sur le fond que sur la forme. Comment se peut-il qu'étant si près de l'évènement ils

---

[1] « Afflicti suppliciis Christiani, genus hominum superstitionis novæ ac maleficæ. » (Suet., *in Neron.*) Tacite n'en parle guère mieux.

ignorassent la vérité? Il est trop clair, par ce choc de sentiments opposés, que le système chrétien n'étant pas encore formé, chacun le modifioit à sa manière. Rien ne paroit donc moins prouvé que l'existence du Christ.

Allons plus loin. Admettons la réalité de sa vie, et l'authenticité des évangiles. De la simple lecture de ceux-ci résulte le renversement de la divinité de Jésus. Nous voyons que tout ce qu'il y avoit d'honnêtes gens à Jérusalem, les prêtres, les magistrats, enfin cette classe d'hommes que, dans tous les temps, on croit de préférence à la populace, regardoit le Christ comme un imposteur qui cherchoit à se faire un parti. On lui demanda des miracles publics, et il ne put en faire; mais il ressuscitoit, il est vrai, des morts parmi la canaille. Dans ses réponses il ne s'explique jamais clairement, il parle obscurément, comme l'oracle de Delphes. Quant à sa résurrection, un peu de vin et d'argent aux gardes en explique tout le mystère. A qui apparut-il après sa sortie triomphante du tombeau? A ses disciples, à des femmes crédules, à des gens qui avoient intérêt à prolonger l'imposture. Il ne se montra pas aux prêtres, au peuple, aux magistrats, qui le virent expirer, et qui étoient bien sûrs qu'il n'étoit plus. Passons aux dogmes[1].

---

[1] Voyez les auteurs cités aux chapitres précédents.

CHAPITRE XLVI.

Objection contre le dogme.

Il paroît, par les preuves internes et externes, que les évangiles ne furent jamais prêchés par Jésus, ni écrits par ses disciples. Ils furent, en toute probabilité, composés à Alexandrie dans les premiers siècles de l'Eglise.

Après les conquêtes d'Alexandre, et l'érection du royaume égyptien par les Ptolémée, les écoles de la Grèce furent transférées à Alexandrie, où elles prirent un nouvel éclat. De la situation de cette cité, qui formoit le passage entre l'Orient et l'Occident, il en résulta que les opinions des brachmanes des Indes, des mages de la Perse, des anciens prêtres de l'Egypte, et des philosophes de l'Ouest, vinrent se concentrer dans ce foyer commun d'erreurs et de lumières. C'est au milieu de la bibliothèque d'Alexandrie et de cette foule de sectes, que les évangiles furent visiblement compilés. Ils sont un mélange de diverses doctrines recueillies dans un corps et revêtues du langage figuré de l'Orient. Leur auteur ou leurs auteurs furent sans doute doués d'un beau génie et d'une ame sensible. En rassemblant la morale de tous les sages, la simplicité, la pureté des leçons de Socrate, l'élévation des principes de Confucius, de Moïse, ils y mêlèrent une tendresse de cœur qui leur étoit propre, et, en y faisant entrer le roman touchant et allégorique du Christ, ils parvinrent à répandre le plus grand charme sur leur ouvrage. Telle est l'histoire de la partie morale des évangiles; quant aux dogmes, les voici :

Le mystère de la Trinité est emprunté de l'école de Platon : Dieu, l'esprit, ou les idées, l'ame du monde, ou le Fils incorporé à la matière [1]. Du Whisnou des brachmanes vient le mystère de l'Incarnation [2], qui correspond d'ailleurs à

---

[1] Voyez les différents systèmes aux articles des philosophes grecs et persans. Il y a eu des modernes qui ont avancé que Jésus-Christ n'étoit autre chose que Platon, qu'on disoit aussi sorti du sein d'une vierge. Les Indiens avoient de même une trinité : Sree-Mun Narrain, Mhah Letchimy, une belle femme (comme le fils, emblème de l'amour), et le serpent, ou l'esprit (*Sketches on the Mythology and Customs of the Hindoos*, page 11.) « These persons, » dit l'auteur du livre cité, « are supposed by the Hindoos to be wholly indivisible. The one is three, and the three are one. » (Page 12.)

[2] Whisnou n'étoit pas le seul Dieu des Indiens qui se fût incarné. Voici l'histoire d'une des incarnations de Sree-Mun Narrain. « Sree-Mun Narrain, la grande Divinité des Indiens, avec ses inséparables associés Mhah Letchimy, et le Serpent, résolut de s'incarner, pour corriger d'énormes abus qui s'étoient glissés parmi les hommes. Narrain prit la figure du guerrier Ram; Letchimy devint sa femme, sous le nom de Seetah Devee; et le Serpent métamorphosé joua le personnage de Letchimum, frère et compagnon de Ram. Un jour qu'ils voyageoient dans un désert, Ram se trouvant obligé de quitter Seetah, la confia, jusqu'à son retour, à la garde de son frère Letchimum. Celui-ci demeura quelque temps avec sa belle-sœur sans qu'il lui arrivât aucun accident; mais un fameux magicien ayant aperçu Seetah, en devint éperdument amoureux. Pour la séparer de son fidèle gardien, il se transforma en un oiseau du plus brillant plumage. La foible épouse de Ram n'eut pas plutôt remarqué le perfide oiseau qu'elle supplia Letchimum de l'attraper. C'est en vain que celui-ci représente le danger : désir de femme est irrésistible; Seetah, sourde à toutes les raisons, dans un mo-

l'ame du monde des académiques. La Vierge, comme nous l'avons déjà dit, renferme un emblème astronomique. La persécution, le martyre et la résurrection du Christ ne sont que le dogme allégorique persan concernant le bon et le mauvais Principe, dans lequel le méchant triomphe et détruit d'abord le bon; ensuite le bon renaît, et subjugue à son tour le méchant. La doctrine de la rénovation des choses, et de la résurrection des corps, après l'incendie général du globe, se tire de la secte de Zénon, ou des fatalistes. Il seroit aisé, disoient les philosophes, de morceler ainsi tous vos évangiles et d'en montrer les pièces de rapport, mais tenons-nous-en ici : il suffit d'avoir fait voir où vos dogmes fondamentaux ont été puisés. Nous allons maintenant parler de la discipline de votre église [1].

ment de dépit, accuse son beau-frère d'avoir des vues criminelles sur elle. A cette horrible accusation, Letchimum ne balance plus; mais, avant de quitter l'ingrate beauté pour courir après l'oiseau, il trace un cercle autour d'elle, en lui apprenant que, tandis qu'elle se tiendra dans cet espace, elle n'a rien à craindre. A peine est-il parti, que le magicien, prenant la forme d'un vieillard décrépit, s'approche de Seetah, et la supplie de lui procurer un peu d'eau pour apaiser une soif ardente. La malheureuse et compatissante épouse de Ram franchit le cercle fatal, et devient la proie du cruel enchanteur. »

L'auteur dont je tire cette historiette se tait sur la suite de l'aventure. Il paroît seulement que le magicien n'obtint pas le but de sa perfidie; car lorsque Ram eut retrouvé Seetah, ne se fiant pas trop aux protestations de sa femme, il ordonna l'épreuve par le feu. Seetah marcha sur les fers rouges; « mais ses pieds, dit l'auteur, bronzés par l'innocence, les foulèrent comme un lit de fleurs. » (*Sketches of the Mythology of the Hindoos*, pag. 74-81.)

[1] *Les Ruines* de Volney et les auteurs précédents.

CHAPITRE XLVII.

Objection contre la discipline.

Vous dites que c'est Dieu lui-même qui a établi votre église, où tout respire une origine divine. En vérité, il faut que vous supposiez les hommes bien sots ou bien ignorants.

Votre hiérarchie de cardinaux, d'archevêques, d'évêques, de prêtres, de diacres, de sous-diacres, sont des institutions égyptiennes. Là, se trouvoit un hiérophante, d'où découloit une suite de prêtres, qui diminuoient d'ordres et de pouvoir en raison de leur plus ou moins d'éloignement du chef suprême. L'Occident, et l'Orient surtout, vous fournirent le modèle de vos cérémonies et de vos costumes. Vous imitâtes les chœurs d'enfants, la marche sur deux colonnes, les oscillations de l'encensoir, la génuflexion et le chant à de certains signaux réguliers, d'après les pompes attiques et romaines. Vous retenez de nos jours, dans vos cérémonies funèbres, l'air qu'on chantoit à Athènes dans des occasions semblables au siècle de Périclès; et plusieurs de vos sectes marchent encore dans la sandale grecque.

La tenture, l'exposition des tableaux, la suspension des lampes, le dais, les vases d'or et d'argent, vous viennent de l'Orient. Mais que disons-nous! vous portez sur vous-même les marques du paganisme, sans vous en apercevoir! La tonsure sur votre tête, l'étole à votre cou, l'hostie et le sacrement rayonnant dans vos mains, ne sont-ils pas les mêmes symboles qui, parmi les prêtres de la Perse, représentoient le disque et les rayons de l'astre qu'on y adoroit? Si les mages revenoient parmi nous, ne croiroient-ils pas, en voyant vos mitres, vos robes, vos surplis, vos chapes, que vous êtes des membres de leurs sectes, disséminés chez des peuples barbares?

Les détails de vos cérémonies offrent les mêmes rapports. On sait que la communion est une institution judaïque. L'époque de vos fêtes correspond exactement à celle des fêtes chez les anciens. Vous avez conservé même dans vos prières les formes latines. La messe des Rameaux, dans le onzième siècle, où le peuple répétoit trois fois en chorus le cri d'un âne après l'*Ite Missa est*, cachoit une des allégories les plus obscènes de l'antiquité. Le carnaval, avant le jour des Cendres, n'étoit qu'un reste des bacchanales. Enfin il est clair que vous dérivez votre discipline des prêtres du polythéisme [1].

Nous ne condamnons pas ceci absolument, ajoutoient les philosophes, nous vous en voulons seu-

---

[1] Saint-Foix, *Essai sur Paris*. Les *Ruines* de Volney et les auteurs cités.

lement de n'être pas de bonne foi, et de vouloir faire passer tout cela comme provenant d'une origine céleste[a]. Nous sentons fort bien que vous n'auriez jamais converti les peuples au christianisme sans la solennité du culte. C'est en quoi nous préférons la secte romaine. Il est ridicule d'être luthérien, calviniste, quaker, ect., de recevoir, à quelques différences près, l'absurdité du dogme, et de rejeter la religion des sens, la seule qui convienne au peuple. Il n'est pas plus difficile de croire le tout qu'une partie, et lorsqu'on admet l'incarnation, il n'en coûte pas davantage d'adopter la présence réelle.

Telles étoient les objections des philosophes modernes contre le christianisme; objections dont je n'ai extrait qu'une très petite partie. Je suis bien fâché que mon sujet ne me permette pas de rapporter les raisons victorieuses avec lesquelles les Abadie, les Houteville, les Bergier, les Warburton ont combattu leurs antagonistes, et d'être obligé de renvoyer à leurs ouvrages[b].

[a] Jamais l'Eglise n'a prétendu que les vêtements de ses prêtres, les ornements de ses autels, etc., eussent une origine céleste. J'ai mieux raisonné dans le *Génie du Christianisme*, lorsque, pour faire aimer la majesté de notre culte, j'ai montré qu'il se rattachoit aux plus nobles coutumes de l'antiquité, et aux traditions historiques les plus vénérables. (N. Ed.)

[b] Puisque j'avois cité contre la religion d'aussi misérables autorités que celles de Diderot, de Toland, de Saint-Foix, etc.; je pouvois bien citer pour la religion les Abadie, les Warburton, les Clarke, etc. (N. Ed.)

Moi, qui suis très peu versé dans ces matières, je répèterai seulement aux incrédules, en ne me servant que de ma propre raison, ce que je leur ai déjà dit. « Vous renversez la religion de votre pays, vous plongez le peuple dans l'impiété, et vous ne proposez aucun autre palladium de la morale. Cessez cette cruelle philosophie ; ne ravissez point à l'infortuné sa dernière espérance : qu'importe qu'elle soit une illusion, si cette illusion le soulage d'une partie du fardeau de l'existence ; si elle veille dans les longues nuits à son chevet solitaire et trempé de larmes ; si enfin elle lui rend le dernier service de l'amitié, en fermant elle-même sa paupière, lorsque seul et abandonné sur la couche du misérable, il s'évanouit dans la mort[a] ? »

[a] J'ai cité ce paragraphe dans la Préface de l'*Essai :* réuni à celui où je déclare que *je rapporte les objections des autres sans les admettre*, il détruit, en grande partie, l'effet de ces misérables et odieux chapitres. (N. ED.)

CHAPITRE XLVIII.

De l'esprit des prêtres chez les anciens et chez les modernes, considéré dans un gouvernement populaire.

Nous avons consacré la fin de ce premier livre à des recherches sur les religions. Les prêtres tiennent de si près à ce sujet, et leur influence a été si grande dans tous les siècles, qu'on ne peut s'empêcher d'en dire un mot en parlant du culte. Au reste, ceci demanderoit un volume, et je n'ai que quelques chapitres à y consacrer.

J'entends par prêtres des ministres dévoués au service de l'autel, qui ont souvent des vertus, quelquefois des vices, vivent des préjugés du peuple, comme mille autres états, ne sont ni moins ni plus fripons que le reste de leur siècle, ni meilleurs ni pires que les autres hommes [a].

Ceux de l'antiquité nous offrent un esprit un peu différent de ceux de notre âge : ceci tient aux positions politiques des nations. Distinguons donc entre les prêtres dans un Etat monarchique et les

---

[a] Quoique dur, le jugement est impartial. Mais le mot de fripon, qui vient sans cesse sous ma plume en parlant du siècle, est très peu poli.   (N. Ed.)

prêtres dans une république. Commençons par les derniers.

Chez les Grecs et chez les Romains, l'influence du sacerdoce étoit considérable ; mais l'Etat se trouvant administré sous une forme populaire, l'intérêt des prêtres penchoit du côté de la liberté. Lorsqu'on alloit consulter l'oracle de Delphes, les réponses du dieu se faisoient généralement dans le sens de l'indépendance ; cependant il se ménageoit toujours adroitement une porte de retraite, et les trépieds des tyrans étoient suspendus aux voûtes du temple, comme ceux des patriotes. En cela, les prêtres anciens et les prêtres modernes se ressembloient parfaitement.

Autre ressemblance. La caste religieuse d'Athènes n'étoit guère moins persécutante que les ministres du christianisme [a]. Les sophistes s'en trouvoient aussi mal en Grèce que les encyclopédistes en France ; mais comme la loi, dans le premier pays, protégeoit le citoyen, lorsque la charge d'*impiété* n'étoit pas prouvée, le magistrat renvoyoit l'accusé. Pour claquemurer parmi nous un philosophe à la Bastille, il ne falloit pas tant de cérémonies [b]. Venons maintenant aux différences.

[a] Les ministres de la *philosophie* ont été moins *persécutants* que les ministres du christianisme ? (N. Ed.)

[b] Ici, je suis extrêmement injuste, même historiquement parlant. On condamnoit très bien à l'exil ou à la mort à Athènes pour causes d'impiété, et cela sur un simple écrit, quel-

D'abord, une très importante se présente. Les prêtres des Grecs avoient un pouvoir considérable sur la masse du peuple, mais ils n'en exerçoient aucun sur les particuliers : les nôtres, au contraire, nous environnoient, nous assiégeoient. Ils nous prenoient au sortir du sein de nos mères, et ne nous quittoient plus qu'après nous avoir déposés dans la tombe. Il y a des hommes qui font le métier de vampires, qui vous sucent de l'argent, le sang, et jusqu'à la pensée [a].

Seconde différence. Chez les anciens, surtout à Rome, les prêtres ignoroient ce système d'association, qui communique tant de force aux choses religieuses. Les ministres des dieux, dispersés dans l'Etat, ne s'appuyoient point les uns les autres, et par conséquent ne pouvoient, comme individus, devenir dangereux à la liberté. La constitution hiérarchique de l'église romaine, chez les peuples modernes, infusoit dans tout le clergé un esprit de corps trop formidable. Au reste, les

---

quefois sur un seul vers. Il ne faut ni tuer ni emprisonner personne pour cause de religion ; mais quand on écrit l'histoire il ne faut pas dénaturer les faits. Il n'est pas bien de représenter les philosophes persécutés par les prêtres, à l'époque même où les philosophes triomphoient des prêtres. J'aurois dû être averti : quand j'écrivois ces choses-là, n'avois-je pas sous les yeux, dans les rues de Londres, ces prélats vénérables, ces milliers de prêtres déportés, exilés par les disciples des encyclopédistes ?

(N. Ed.)

[a] Toutes ces injures sont ignobles, et j'en ai fait justice dans le *Génie du Christianisme*. (N. Ed.)

gardiens du culte en Grèce, graves, posés, vertueux, se tenoient dans la mesure de leur profession ª. Nos abbés en manteau court exhiboient à Paris le vice, le ridicule et la sottise ᵇ; et l'on concevroit à peine comment des hommes pouvoient ainsi se donner en spectacle, si l'on ne connoissoit la bêtise et la friponnerie du monde. Lorsque je vois les différents personnages de la société, je me figure ces escrocs qui se rendent exprès sur les promenades publiques, bizarrement vêtus. Tandis que la foule hébétée se rassemble à considérer le bout de ruban rouge, bleu, noir, dont le pasquin est bariolé, celui-ci lui vide adroitement ses poches; et c'est toujours le plus chargé de décorations qui fait fortune ᶜ.

Tout considéré, les prêtres sont nécessaires aux mœurs et excellent dans une république; ils ne sauroient y causer de mal, et peuvent y faire beaucoup de bien.

ª Cela n'est pas vrai; il y avoit en Grèce des prêtres de tous les dieux, de tous les vices, de toutes les folies. Les ministres de Bacchus, de Mercure, de Cybèle, de Priape, de Cupidon, n'étoient ni graves ni posés. *La mesure de leur profession* étoit de se prostituer, de s'enivrer, de courir les champs comme des forcenés, ou de faire des saltimbanques dans les villages et aux carrefours des cités. (N. ÉD.)

ᵇ Vulgairement écrit et injuste : le vice de quelques individus dans un ordre ne peut jamais être considéré comme le caractère d'un ordre entier. (N. ÉD.)

ᶜ J'en voulois sérieusement à la société. Je ne lui pardonnois pas, quand j'étois jeune, le mal qu'elle m'avoit fait. Aujour-

CHAPITRE XLIV.

De l'esprit des prêtres chez les anciens et chez les modernes, considéré dans un gouvernement monarchique.

Mais si l'esprit du sacerdoce peut être salutaire dans une république [a], il devient terrible dans un Etat despotique, parce que, servant d'arrière-

---

d'hui je suis sans rancune; nous allons bientôt nous quitter. Je reconnois que mes observations n'étoient pas toutes également justes : par exemple, j'ai été à mon tour chargé de rubans; je ne vois pas qu'ils m'aient servi à enchaîner la fortune. (N. ÉD.)

[a] Je ne sais pas pourquoi les prêtres seroient plus utiles dans une république que dans une monarchie; je dirois même tout le contraire aujourd'hui, et je crois dire plus vrai. D'ailleurs, est-ce là une grande vue du sujet ? Politiquement et philosophiquement parlant, il falloit montrer ce qu'étoient les prêtres en Grèce et à Rome dans l'ordre social, quelle part ils avoient à la politique, quelle portion du pouvoir ils retenoient, et comment ils influoient sur les destinées de l'Etat, soient qu'ils fussent placés en dedans, soit qu'ils fussent laissés en dehors des institutions. On ne peut pas dire que les hommes qui, dans de certains cas, pouvoient éloigner ou dissoudre les assemblées du peuple, empêcher ou ordonner de livrer une bataille, étoient des hommes sans autorité politique surtout lorsqu'il y avoit des charges pontificales souvent occupées par des citoyens ambitieux et puissants. Je n'ai donc su absolument ce que je disois dans ce passage de l'*Essai,* qui me paroit, sous tous les rapports, pitoyable. (N. ÉD.)

garde au tyran, il rend l'esclavage légitime et saint aux yeux du peuple [a].

Les prêtres de la Perse et de l'Egypte ressemblèrent parfaitement aux nôtres. Leur esprit se composoit également de fanatisme et d'intolérance [b]. Les mages firent brûler et ravager les temples de la Grèce lors de l'expédition de Xercès. Ils gouvernoient le trône, et avoient exclusivement l'oreille des rois : deux traits cependant les distinguent des ministres du culte chez les chrétiens.

Ils ne croyoient pas à la religion qu'ils enseignoient ; ils professoient secrètement une autre doctrine, et adressoient leurs prières au vrai Dieu qui gouverne le monde. Nos prêtres, pour la plupart, admettent les dogmes qu'ils publient [c].

---

[a] Si je n'avois dit que de ces choses-là j'aurois eu moins de corrections fraternelles à m'administrer. (N. Éd.)

[b] J'ai toujours la même horreur du fanatisme et de l'intolérance ; mais l'esprit des prêtres chrétiens n'étoient point l'intolérance et le fanatisme. Ces prêtres ont été quelquefois fanatiques et intolérants selon les siècles ; et même dans ces siècles où ils subissoient les mœurs de leur temps, ils se sont souvent montrés plus éclairés et plus charitables que leurs contemporains. Des évêques se sont opposés aux massacres de la Saint-Barthélemy. Que Rome ait applaudi à ces massacres ; que quelques prêtres indignes de ce nom se soient fait remarquer par leur fureur à différentes époques de notre histoire, encore une fois il n'est pas juste de conclure du particulier au général. Des citations du *Génie du Christianisme* vont bientôt répondre à mes accusations philosophiques. (N. Éd.)

[c] Cet aveu du moins est honorable au clergé. (N. Éd.)

La seconde différence se trouve dans les lumières. Les mages étudioient particulièrement les sciences ; notre clergé, au contraire, faisoit vœu d'y renoncer [a]. Les deux chemins conduisent au même but : l'on domine également du fond du tonneau de Diogène et du haut de l'observatoire babylonien.

Mais une institution particulière a contribué à donner à nos ministres un esprit différent de celui des prêtres de l'antiquité, je veux dire la confession auriculaire. Cet ouvrage a été un des grands textes des déclamations des philosophes. Comment, disoient-ils, l'innocence allant peut-être déposer ses secrets dans le sein du crime, la pudeur dans celui de l'immoralité, l'homme libre révélant sa pensée au tyran, les inimitiés entre deux amis, entre l'époux et l'épouse, enfin tout ce qui ne doit être connu que du ciel et de nous, le confier à un homme foible, à un homme sujet à nos passions ! Prêtre, je m'agenouille à ton tribunal : j'ai péché : j'ai trahi l'amitié, la beauté, la jeunesse, l'innocence.... Mais je te vois pâlir !

---

[a] Mais étois-je devenu fou ? Quand donc le clergé a-t-il renoncé aux sciences ? Les plus beaux génies, les hommes les plus savants, ne sont-ils pas sortis de l'ordre du clergé ? N'est-ce pas le clergé qui a sauvé les lettres du naufrage de la barbarie, etc., etc. ? Le clergé faire vœu de renoncer aux sciences ! Une telle assertion suffiroit seule pour décréditer tout un livre. Voyez, au reste, le *Génie du Christianisme* sur les services rendus aux lettres par le clergé. (N. Ed.)

Et toi aussi serois-tu coupable? et n'es-tu pas homme? Sois donc mon ami, et ne sois pas mon juge; console-moi, laisse-moi te consoler; prions ce Dieu qui nous créa foibles, afin que nous nous appuyions l'un sur l'autre, ce Dieu qui, pour toute pénitence, nous a donné le remords [a]. Ainsi raisonnoient les philosophes.

Finissons par quelques remarques générales.

L'esprit dominant du sacerdoce doit être l'é-

---

[a] « La confession suit le baptême; et l'Église, avec une prudence qu'elle seule possède, a fixé l'époque de la confession à l'âge où l'idée du crime peut être conçue : il est certain qu'à sept ans l'enfant a les notions du bien et du mal. Tous les hommes, les philosophes mêmes, quelles qu'aient été d'ailleurs leurs opinions, ont regardé le sacrement de pénitence comme une des plus fortes barrières contre le vice, et comme le chef-d'œuvre de la sagesse. « Que de restitutions, de réparations, dit » Rousseau, la confession ne fait-elle point faire chez les catho- » liques! Selon Voltaire, la confession est une chose très excel- » lente, un frein au crime, inventé dans l'antiquité la plus » reculé : on se confessoit dans la célébration de tous les an- » ciens mystères. Nous avons imité et sanctifié cette sage cou- » tume : elle est très bonne pour engager les cœurs ulcérés de » haine à pardonner. »

« Sans cette institution salutaire, le coupable tomberoit dans le désespoir. Dans quel sein déchargeroit-il le poids de son cœur? Seroit-ce dans celui d'un ami? Eh! qui peut compter sur l'amitié des hommes? Prendra-t-il les déserts pour confidents? Les déserts retentissent toujours pour le crime du bruit de ces trompettes que le parricide Néron croyoit ouïr autour du tombeau de sa mère. Quand la nature et les hommes sont impitoyables, il est bien touchant de trouver un Dieu prêt à pardonner. Il n'appartient qu'à la religion chrétienne d'avoir faits deux sœurs de l'innocence et du repentir. » (*Génie du Christianisme*, 1re part., liv. 1er, chap. VI.)   (N. ÉD.)

goïsme ª. Le prêtre n'a que lui seul dans le monde ; repoussé de la société, il se concentre ; et voyant que tous les hommes s'occupent de leurs intérêts, il cherche le sien. Sans femme et sans enfants, il peut rarement être bon citoyen, parce qu'il prend peu d'intérêt à l'Etat. Pour aimer la patrie, il faut avoir fait le tour de la chambre sur ses mains, comme Henri IV ᵇ.

Autre trait général du caractère des prêtres : le fanatisme. En cela ils ressemblent au reste du monde : chacun fait valoir le chaland dont il vit. Nous sommes assis dans la société comme des marchands dans leurs boutiques : l'un vend des lois, l'autre des abus, un troisième du mensonge, un quatrième de l'esclavage ; le plus honnête homme est celui qui ne falsifie point sa drogue et qui la débite toute pure, sans en déguiser l'amertume avec de la liberté, du patriotisme, de la religion ᶜ.

Enfin, la haine doit dominer chez les prêtres,

ª Cela seroit vrai pour tout autre prêtre qu'un prêtre chrétien. Mais la charité évangélique est là pour lui donner toutes les saintes tendresses de l'ame ; par elle, le prêtre devient un prêtre compatissant, un frère dévoué, un ami fidèle : comme son divin maître, *il va faisant le bien.* (N. Éd.)

ᵇ Nos révolutionnaires les plus atroces, ces tigres qui s'enivroient du sang françois, adoroient les petits enfants ; on n'a jamais vu de meilleurs pères : aussi *comme ils aimoient la patrie!* (N. Éd.)

ᶜ Je serois bien fâché de mépriser autant la race humaine aujourd'hui. (N. Éd.)

ESSAI HISTOR. T. II. 16

parce qu'ils forment un corps. Il n'est point de la nature du cœur humain de s'associer pour faire du bien; c'est le grand danger des clubs et des confréries. Les hommes mettent en commun leurs haines et presque jamais leur amour [a].

[a] Si ces réflexions étoient vraies il faudroit mettre le feu aux quatre coins des cités. (N. Ed.)

CHAPITRE L.

DU CLERGÉ ACTUEL EN EUROPE.

Du clergé en France.

Nous allons maintenant examiner l'état du clergé en Europe. Commençons par la France.

Le clergé gallican peut se diviser en trois classes : les évêques, les abbés et les curés.

Les évêques conservoient peut-être encore trop de l'ancien esprit de leur ordre, mais ils étoient généralement instruits et charitables ; ils connoissoient mieux l'état de l'opinion que les grands, parce qu'ils vivoient davantage avec le peuple, et si tous avoient imité quelques uns d'entre eux, si éminents pour la pureté des mœurs, ils seroient encore à la tête de leur troupeau. Mais, malgré leur connoissance du génie national, ils ne furent pas assez au niveau de leur siècle ; en cela pourtant moins ignorants que la cour, dont l'ineptie étoit révoltante sur cet article [a]. J'ai vu des hommes me dire, en 1789 : La révolution ! on en parlera, dans deux ou trois ans d'ici, comme du

---

[a] Ce jugement n'est pas trop partial pour un petit philosophe en jaquette. (N. Ed.)

mesmérisme et de l'affaire du collier ! Dès lors je prévis de grands malheurs.

Les abbés, qui forment la seconde classe, ont été en partie la cause de ce déluge de haines qui a fondu sur la tête du clergé. N'oublions pas cependant que les Raynal, les Mably, les Condillac, les Barthélemy, et mille autres, se trouvoient dans l'ordre des abbés [a].

Quant aux curés, ils étoient pleins de préjugés et d'ignorance : mais la simplicité du cœur, la sainteté de la vie, la pauvreté évangélique, la charité céleste, en faisoient la partie la plus respectable de la nation. J'en ai connu quelques uns qui sembloient moins des hommes que des esprits bienfaisants descendus sur la terre pour soulager les maux de l'humanité. Souvent ils se dépouillèrent de leurs vêtements pour en couvrir la nudité de leurs semblables ; souvent ils se refusèrent la vie même pour nourrir le nécessiteux. Qui oseroit reprocher à de tels hommes quelque sévérité d'opinion ? Qui de nous, superbes philanthropes, voudroit, durant la rigueur des hivers, dans l'épaisseur des ténèbres, se voir réveillé au milieu de la nuit, pour aller porter au loin dans la campagne un Dieu de vie à l'indigent expirant sur un peu de paille ? Qui de nous voudroit avoir sans cesse le cœur brisé du spectacle d'une misère qu'on ne peut secourir ? se voir en-

---

[a] C'est encore juste pour les abbés. (N. Éd.)

vironné d'une famille à moitié nue, dont les joues creuses, les yeux hâves, annoncent l'ardeur de la faim et de tous les besoins ? Consentirons-nous à suivre le curé de la ville dans le séjour du crime et de la douleur, pour consoler le vice et l'impureté sous ses formes les plus dégoûtantes, pour verser l'espérance dans un cœur désespéré ? Qui de nous enfin voudroit se séquestrer du monde des heureux, pour vivre éternellement parmi les souffrances; et ne recevoir en mourant, pour tant de bienfaits, que l'ingratitude des pauvres et la calomnie des riches [a] ?

On peut conjecturer, de cet état du clergé en France, que le christianisme y subsistera encore long-temps [b]. Le prêtre vivant au milieu du petit peuple, étant presque aussi indigent que lui, est un compagnon d'infortune que le misérable se résoudra difficilement à perdre. Le protestantisme seroit mal calculé pour mes compatriotes [c]; ils

---

[a] J'ai transporté cet éloge des curés dans le *Génie du Christianisme*. Il ne falloit pas dire dans le précédent chapitre que l'esprit dominant du sacerdoce est l'égoïsme, le fanatisme, la haine, pour dire dans celui-ci tout le contraire, à propos des évêques et des curés. (N. ÉD.)

[b] Très juste; mais pourquoi ai-je dit dans les chapitres précédents que la religion chrétienne avoit reçu un coup mortel, qu'elle n'en reviendroit pas, que c'étoit une affaire finie ?
(N. ÉD.)

[c] Bien observé : la France pourroit être impie ou indifférente en matière religieuse; elle ne sera jamais protestante.
(N. ÉD.)

détesteroient un ministre distant, qu'ils n'apercevroient qu'un moment chaque dimanche : ils demandent un curé populaire, qu'ils puissent adorer et couvrir d'injures. Le François est la plus aimante des créatures ; il faut des gestes, des expressions chaudes, de l'intimité. Au reste, cette communication du pasteur avec l'indigent est un des liens les plus respectables qui se soient jamais formés entre des hommes [a]. Le christianisme a repris une nouvelle vigueur en France par la persécution du bas clergé ; et il est à présumer qu'il durera quelques années de plus qu'il n'auroit fait dans le calme [b].

[a] Encore très bien ; mais pourquoi disois-je tout à l'heure le contraire ? Pourquoi parlois-je de l'égoïsme des prêtres ?
(N. Éd.)

[b] *Quelques années de plus :* je me suis souvenu tout à coup (on le voit par cette phrase) de ce que j'avois écrit plus haut ; et, pour ne pas me mettre trop en contradiction avec moi-même, je me fais une petite concession de *quelques années.*
(N. Éd.)

CHAPITRE LI.

Du clergé en Italie.

La multiplicité des sectes monastiques en Italie sert à y nourrir la superstition. Qui croiroit qu'à la fin du dix-huitième siècle les nobles de Rome font encore des pèlerinages, pieds nus et la hart au cou, pour racheter le pardon d'un assassinat? Mais comme les contraires existent toujours l'un près de l'autre, il suit de cette crédulité que les liens de la religion sont aussi plus près de se rompre.

De tous les temps les Italiens furent divisés en deux sectes, l'une athée, l'autre superstitieuse : voisins des abus et des vices de la cour de Rome, c'est nécessairement le résultat de leur position locale [a]. La dégénération du caractère moral, plus avancée en Italie que dans le reste de l'Eu-

[a] Il y a quelque vérité dans ces observations; mais je prononce trop en général. Il auroit fallu distinguer les divers Etats de l'Italie; ne pas prendre Rome pour toute la Péninsule, ne pas parler de la cour de Rome sous Pie VI, Pie VII et Léon XII, comme de cette même cour sous les Borgia. Il y a confusion de temps, d'hommes et de choses.   (N. Éd.)

rope, y accélèrera aussi la chute du christianisme [1].

---

[1] Voyez, pour la réfutation de tous ces chapitres, relatifs au clergé catholique, une note à la fin de ce volume, contenant quelques extraits du III° volume du *Génie du Christianisme* ; note que, par son étendue, je n'ai pu placer ici. Il m'a paru important de mettre ces extraits immédiatement sous les yeux du lecteur, sans le renvoyer au III° volume du *Génie du Christianisme*. (N. Éd.)

CHAPITRE LII.

Du clergé en Allemagne.

C'est en Allemagne que la religion trouvera son dernier refuge. Elle s'y soutient par la force morale du peuple et par les vertus et les lumières du clergé. J'y ai souvent vu quelque vénérable pasteur, à la porte de son presbytère champêtre, faire un prône naïf à de bonnes gens qui sembloient tout attendris, et je me suis cru transporté à ces temps où le Dieu de Jacob se communiquoit aux patriarches au bord des fontaines.

CHAPITRE LIII.

Du clergé en Angleterre.

Le christianisme expirera en Angleterre dans une profonde indifférence. La raison de cette tiédeur, en matière religieuse, si remarquable dans la Grande-Bretagne, se tire de deux causes [1] : du culte et du clergé.

Du culte. La religion n'y a pas assez d'extérieur : défaut de toutes les religions réformées ; les exercices de piété n'y sont pas assez multipliés : dans les campagnes, les temples restent fermés pendant la semaine, et tout s'y borne à quelques courtes prières le dimanche. Johnson se plaint souvent de cet usage, et en prédit la chute du christianisme.

Du clergé. Le ministre anglois, riche et homme du monde, ne se rapproche pas assez du peuple ; à peine ses paroissiens le connoissent-ils. L'abus de non-résidence est aussi au grand détriment de la religion : un ministre va desservir en hâte deux ou trois églises le dimanche dans la campagne,

---

[1] Je ne parle que des causes religieuses et non des politiques. On sent que, le commerce obligeant chacun de songer à ses affaires, on a peu le temps de passer ses jours à l'Église.

ensuite se retire dans la ville voisine, où il disparoît pour huit jours. Vu sous le jour philosophique, on ne sauroit blâmer le mode de vie qu'a choisi le clergé britannique : considéré sous le jour religieux, il accélère certainement la chute du christianisme. On ne peut se figurer l'étonnement des étrangers lorsqu'on leur apprend que les ministres anglois dansent au bal, donnent des fêtes, font des parties de vin et de femmes, que rien, en un mot, ne distingue leurs mœurs de celles de leurs compatriotes[1]. Les lumières, l'érudition, la philosophie, la générosité, que j'ai rencontrées parmi quelques membres de l'église anglicane, me font déplorer du fond du cœur la ruine où je vois que la force des choses et le train du siècle les précipitent. Il me semble impossible que leur manière de vivre s'accorde long-temps avec leurs grands revenus, parce que la première est d'eux et que les seconds sont du peuple. Si je parle sévèrement, qu'on m'excuse : j'ai fait profession de vérité; c'est par reconnoissance même

---

[1] Ceci a encore un autre effet dangereux, en tendant à augmenter la secte presbytérienne, qui profite de cette facilité de mœurs pour calomnier les ministres anglois. Aussi les presbytériens augmentent-ils en une proportion effrayante, parce que la politique vient en outre à l'appui de la religion. Il est vrai que l'église d'Angleterre subsistera aussi long-temps que la constitution de l'État; mais il faut bien prendre garde que, par un relâchement de mœurs, on ne donne lieu à saper une partie de l'édifice qui amèneroit bientôt la chute du tout. Craignons surtout les révolutions. S'il en arrivoit une maintenant en Angleterre, celle de Cromwell ne seroit qu'un jeu auprès : j'en sais bien la raison.

que j'ose m'expliquer avec cette franchise, afin que le clergé cherche dans sa sagesse les moyens les plus propres à éloigner la catastrophe que je lui prédis [a].

[a] Ce qu'il y a de trop positif dans ce texte est corrigé dans la note, où je dis que l'église d'Angleterre subsistera aussi longtemps que la constitution de l'Etat. Dans ce cas elle subsistera long-temps. (N. Ed.)

CHAPITRE LIV.

Du Clergé en Espagne et en Portugal. Voyage aux Açores. Anecdote.

Je considère les prêtres espagnols et portugais comme ne formant qu'un seul corps, et je vais raconter un fait dont j'ai été témoin, qui servira plus à faire connoître leurs mœurs que tout ce que je pourrois en dire.

Manquant d'eau et de provisions fraîches, et nous trouvant au printemps de 1791 par la hauteur des Açores, il fut résolu que nous y relâcherions. Dans le vaisseau sur lequel je passois alors en Amérique, il y avoit plusieurs prêtres françois qui émigroient à Baltimore, sous la conduite du supérieur de S^t..., M. N. Parmi ces prêtres se trouvoient quelques étrangers, en particulier M. T., jeune Anglois d'une excellente famille, qui s'étoit nouvellement converti à la religion romaine [1].

---

[1] L'histoire de ce jeune homme est trop singulière pour n'être pas racontée, surtout écrivant en Angleterre, où elle peut intéresser plusieurs personnes. J'invite le lecteur à la parcourir avant de continuer la lecture du chapitre.

M. T. étoit né d'une mère écossoise et d'un père anglois, ministre, je

Le 6 mai, vers huit heures du matin, nous découvrîmes le pic de l'île du même nom, qui, dit-

crois, de W. (quoique j'aie fait en vain des démarches pour trouver celui-ci, et que je puis d'ailleurs avoir oublié les vrais noms). Il servoit dans l'artillerie, où son mérite l'eût sans doute bientôt fait distinguer. Peintre, musicien, mathématicien, parlant plusieurs langues, il réunissoit, aux avantages d'une taille élevée et d'une figure charmante, les talents utiles et ceux qui nous font rechercher de la société.

M. N., supérieur de Saint...., étant venu à Londres, je crois en 1790, pour ses affaires, fit la connoissance de T. A l'esprit rusé d'un vieux prêtre, M. N. joignoit une chaleur d'ame qui fait aisément des prosélytes parmi des hommes d'une imagination aussi vive que celle de T. Il fut donc résolu que celui-ci passeroit à Paris, renverroit de là sa commission au duc de Richemont, embrasseroit la religion romaine, et, entrant dans les ordres, suivroit M. N. en Amérique. La chose fut exécutée; et T., en dépit des lettres de sa mère, qui lui tiroient des larmes, s'embarqua pour le Nouveau-Monde.

Un de ces hasards qui décident de notre destinée m'amena sur le même vaisseau où se trouvoit ce jeune homme. Je ne fus pas long-temps sans découvrir cette ame, si mal assortie avec celles qui l'environnoient; et j'avoue que je ne pouvois cesser de m'étonner de la chance singulière qui jetoit un Anglois, riche et bien né, parmi une troupe de prêtres catholiques. T., de son côté, s'aperçut que je l'entendois : il me recherchoit, mais il craignoit M. N., qui marquoit de moi une juste défiance, et redoutoit une trop grande intimité entre moi et mon disciple.

Cependant notre voyage se prolongeoit, et nous n'avions pu encore nous ouvrir l'un à l'autre. Une nuit enfin nous restâmes seuls sur le gaillard, et T. me conta son histoire. Je lui représentai que, s'il croyoit la religion romaine meilleure que la protestante, je n'avois rien à dire à cet égard; mais que d'abandonner sa patrie, sa famille, sa fortune, pour aller courir à l'autre bout du monde avec un séminaire de prêtres, me paroissoit une insigne folie dont il se repentiroit amèrement. Je l'engageai à rompre avec M. N. : comme il lui avoit confié son argent, et qu'il craignoit de ne pouvoir le ravoir, je lui dis que nous partagerions ma bourse; que mon dessein étoit de voyager chez les Sauvages aussitôt que j'aurois remis mes lettres de recommandation au général Washington; que, s'il vouloit m'accompagner dans cette intéressante caravane, nous reviendrions ensemble en Europe; que je passerois par amitié pour lui en Angleterre, et que j'aurois le plaisir de le remettre moi-même au sein de sa famille. Je me

on, surpasse en hauteur celui de Ténériffe ; bientôt nous aperçûmes une terre plus basse, et, entre

chargeai en même temps d'écrire à sa mère, et de lui annoncer cette heureuse nouvelle. T. me promit tout, et nous nous liâmes d'une tendre amitié.

T. étoit, comme moi, épris de la nature. Nous passions les nuits entières à causer sur le pont, lorsque tout dormoit dans le vaisseau, qu'il ne restoit plus que quelques matelots de quart ; que, toutes les voiles étant pliées, nous roulions au gré d'une lame sourde et lente, tandis qu'une mer immense s'étendoit autour de nous dans les ombres, et répétoit l'illumination magnifique d'un ciel chargé d'étoiles. Nos conversations alors n'étoient peut-être pas tout à fait indignes du grand spectacle que nous avions sous les yeux ; et il nous échappoit de ces pensées qu'on auroit honte d'énoncer dans la société, mais qu'on seroit trop heureux de pouvoir saisir et écrire. Ce fut dans une de ces belles nuits, qu'étant à environ cinquante lieues des côtes de la Virginie, et cinglant sous une légère brise de l'ouest, qui nous apportoit l'odeur aromatique de la terre, il composa, pour une romance françoise, un air qui exhaloit le sentiment entier de la scène qui l'inspira. J'ai conservé ce morceau précieux ; et lorsqu'il m'arrive de le répéter dans les circonstances présentes, il fait naître en moi des émotions que peu de gens pourroient comprendre.

Avant cette époque, le vent nous ayant forcés de nous élever considérablement dans le nord, nous nous étions trouvés dans la nécessité de faire une seconde relâche à l'île de Saint-Pierre *. Durant les quinze jours que nous passâmes à terre, T. et moi nous allions courir dans les montagnes de cette île affreuse ; nous nous perdions au milieu des brouillards dont elle est sans cesse couverte. L'imagination sensible de mon ami se plaisoit à ces scènes sombres et romantiques : quelquefois, errant au milieu des nuages et des bouffées de vent, en entendant les mugissements d'une mer que nous ne pouvions découvrir, égarés sur une bruyère laineuse et morte, au bord d'un torrent rouge qui rouloit entre des rochers, T. s'imaginoit être le barde de Cona ; et, en sa qualité de demi-Écossois, il se mettoit à déclamer des passages d'*Ossian*, pour lesquels il improvisoit des airs sauvages, qui m'ont plus d'une fois rappelé le « *'t was like the memory of joys that are past, pleasing and mournful to the soul.* » Je suis bien fâché de n'avoir pas noté quelques-uns de ces chants extraordinaires, qui auroient étonné les amateurs et les artistes. Je me souviens que nous passâmes toute une après-dînée à élever quatre grosses pierres en mémoire d'un

* Sur la côte de Terre-Neuve.

onze heures et midi, nous jetâmes l'ancre dans une mauvaise rade, sur un fond de roches, par quarante-cinq brasses d'eau.

malheureux célébré dans un petit épisode à la manière d'*Ossian* *. Nous nous rappelions alors Rousseau s'amusant à lever des rochers dans son île, pour regarder ce qui étoit dessous : si nous n'avions pas le génie de l'auteur de l'*Émile*, nous avions du moins sa simplicité. D'autres fois nous herborisions.

Mais je prévis dès lors que T. m'échapperoit. Nos prêtres se mirent à faire des processions, et voilà mon ami qui se monte la tête, court se placer dans les rangs et se met à chanter avec les autres. J'écrivis aussi de Saint-Pierre à la mère de T. Je ne sais si ma lettre lui aura été remise, comme le gouverneur me l'avoit promis ; je désire qu'elle se soit perdue, puisque j'y donnois des espérances qui n'ont pas été réalisées.

Arrivé à Baltimore, sans me dire adieu, sans paroître sensible à notre ancienne liaison, à ce que j'avois fait pour lui (m'étant attiré la haine des prêtres), T. me quitta un matin, et je ne l'ai jamais revu depuis. J'essayai, mais en vain, de lui parler ; le malheureux étoit circonvenu, il se laissa aller. J'ai été moins touché de l'ingratitude de ce jeune homme que de son sort : depuis ma retraite en Angleterre, j'ai fait de vaines recherches pour découvrir sa famille. Je n'avois d'autre envie que d'apprendre qu'il étoit heureux, et de me retirer ; car, quand je le connus, je n'étois pas ce que je suis : je rendois alors des services, et ce n'est pas ma manière de rappeler des liaisons passées avec les riches, lorsque je suis tombé dans l'infortune. Je me suis présenté chez l'évêque de Londres, et, sur les registres qu'on m'a permis de feuilleter, je n'ai pu trouver le nom du ministre T. Il faut que je l'orthographie mal. Tout ce que je sais, c'est que T. avoit un frère, et que deux de ses sœurs étoient placées à la cour. J'ai peu trouvé d'hommes dont le cœur fût mieux en harmonie avec le mien que celui de T. ; cependant mon ami avoit dans les yeux une arrière-pensée que je ne lui aurois pas voulu **.

* Il étoit tiré de mes *Tableaux de la Nature*, que quelques gens de lettres ont connus, et qui ont péri comme je le rapporte ci-après.

** Il n'y a de passable dans cette note que mes descriptions comme voyageur. Il falloit bien, au reste, puisque j'étois philosophe, que j'eusse tous les caractères de ma secte : la fureur

L'île *Gracioza*, sur laquelle nous étions mouillés, se forme de petites collines un peu renflées au sommet, comme les belles courbes des vases corinthiens. Elles étoient alors couvertes de la verdure naissante des blés, d'où s'exhaloit une odeur suave, particulière aux moissons des Açores. On voyoit paroître, au milieu de ces tapis onduleux, les divisions symétriques des champs, formées de pierres volcaniques mi-parties blanches et noires, et entassées les unes sur les autres, comme des murs à hauteur d'appui bâtis à froid. Des figuiers sauvages, avec leurs feuilles violettes et leurs petites figues pourprées, arrangées comme des nœuds de chapelet sur les branches, étoient semés çà et là dans la campagne. Une abbaye se montroit au haut d'un mont ; au pied de ce mont, dans une anse cailllouteuse, apparoissoient les toits rouges de la petite ville de Santa-Crux. Toute l'île, avec ses découpures de baies, de caps, de criques, de promontoires, répétoit son paysage investi dans les flots. De grands rochers nus, verticaux au plan des vagues, lui servoient de ceinture extérieure, et contrastoient, par leurs couleurs enfumées, avec les festons d'é-

---

du propagandisme et le penchant à calomnier les prêtres. J'ai été plus heureux comme ambassadeur que je ne l'avois été comme émigré. J'ai retrouvé à Londres, en 1822, M. T. Il ne s'est point fait prêtre ; il est resté dans le monde : il s'est marié ; il est devenu vieux comme moi ; il n'a plus *d'arrière-pensée dans les yeux* ; son roman, ainsi que le mien, est fini. (N. Éd.)

cume qui s'y appendoient au soleil comme une dentelle d'argent. Le pic de l'île du même nom, par delà Gracioza, s'élevoit majestueusement dans le fond du tableau au dessus d'une coupole de nuages. Une mer couleur d'émeraude et un ciel du bleu le plus pur formoit la tenture de la scène, tandis que des goëlands, des mauves blanches, des corneilles marbrées des Açores, planoient pesamment en criant au dessus du vaisseau à l'ancre, coupoient la surface des vagues avec leurs grandes ailes recourbées en manière de faux, et augmentoient autour de nous le bruit, le mouvement et la vie.

Il fut décidé que j'irois à terre comme interprète avec T., un autre jeune homme et le second capitaine; on mit la chaloupe en mer, et nos matelots ramèrent vers le rivage, dont nous étions à environ deux milles. Bientôt nous aperçûmes du mouvement sur la côte, et un large canot s'avança vers nous. Aussitôt qu'il parvint à la portée de la voix, nous distinguâmes une quantité de moines. Ils nous hélèrent en portugais, en italien, en anglois, et nous répondîmes, dans ces trois langues, que nous étions François. L'alarme régnoit dans l'île : notre vaisseau étoit le premier bâtiment d'un grand port qui y eût jamais abordé et qui eût osé mouiller dans la rade dangereuse où nous nous trouvions; d'une autre part, notre pavillon tricolore n'avoit point encore flotté dans ces parages, et l'on ne savoit si nous sortions d'Alger ou de Tunis. Quand on vit que nous portions figures humaines, et que nous entendions ce qu'on nous disoit, la joie fut universelle : les moines nous firent passer dans leur bateau, et nous arrivâmes à Santa-Crux, où nous débarquâmes avec difficulté, à cause d'un ressac assez violent qui se forme à terre.

Toute l'île accourut pour nous voir. Quatre ou cinq malheureux, qu'on avoit armés de vieilles piques à la hâte, s'emparèrent de nous. L'uniforme de Sa Majesté m'attirant particulièrement les honneurs, je passai pour l'homme important de la députation. On nous conduisit chez le gouverneur, dans une misérable maison où son éminence[a], vêtue d'un méchant habit vert autrefois galonné d'or, nous donna audience de réception. Il nous permit d'acheter les différents articles dont nous nous faisions besoin.

On nous relâcha après cette cérémonie, et nos fidèles religieux nous menèrent à un hôtel large, commode et éclairé, qui ressembloit bien plus à celui du gouverneur que le véritable.

T..... avoit trouvé un compatriote. Le principal frère, qui se donnoit tous les mouvements pour nous, étoit un matelot de Jersey, dont le

[a] Cet habit vert auroit dû m'avertir que le gouverneur n'étoit pas cardinal, et que je ne devois pas l'appeler *éminence*. La faute est peut-être au prote anglois, qui aura pris une *excellence* pour une *éminence*. On ne sait pas trop distinguer ces choses-là en Angleterre. (N. Éd.)

vaisseau avoit péri sur Gracioza plusieurs années auparavant. Lorsqu'il se fut sauvé seul à terre, ne manquant pas d'intelligence, il s'aperçut qu'il n'y avoit qu'un métier dans l'île, celui de moine. Il se résolut de le devenir : il se montra extrêmement docile aux leçons des bons pères, apprit le portugais, et à lire quelques mots de latin; enfin, sa qualité d'Anglois parlant pour lui, on sacra cette brebis ramenée au bercail. Le matelot jerseyois, nourri, logé, chauffé à ne rien faire et à boire du *fayal*, trouvoit cela beaucoup plus doux que d'aller ferler la misaine sur le bout de la vergue.

Il se ressouvenoit encore de son ancien métier. Ayant été long-temps sans parler sa langue, il étoit enchanté de trouver enfin quelqu'un qui l'entendît; il rioit, juroit, nous racontoit en vrai marin l'histoire scandaleuse du père tel, qui se trouvoit présent, et qui ne se doutoit guère du genre de conversation dont le frère anglois nous regaloit. Il nous promena ensuite dans l'île et à son couvent.

La moitié de Gracioza, sans beaucoup d'exagération, me sembla peuplée de moines, et le reste des habitants doit aussi leur appartenir par de tendres liens. De cela j'ai non seulement l'aveu de plusieurs femmes, mais ce que j'ai vu de mes yeux ne peut me laisser là-dessus aucun doute. Je passe plusieurs anecdotes plaisantes [1], et je m'en tiens à ce qui regarde le clergé.

---

[1] Deux traits peuvent servir à donner aux lecteurs une idée de l'igno-

Le soir étant venu, on nous servit un excellent souper. Nous eûmes pour échansons de très jolies filles ; il fallut avaler du *fayal* à grands flots. On prévoit assez ce qui nous arriva : à une heure du matin pas un convive ne pouvoit se tenir dans sa chaise. A six heures, notre moine de Jersey nous déclara en balbutiant, et avec un serment anglois très connu, qu'il prétendoit dire sur le champ la messe : nous l'accompagnâmes à l'église, où dans

rance, de l'oisiveté, de l'espèce d'enfance dans laquelle ces bons moines sont restés à la fin du dix-huitième siècle.

On nous avoit menés mystérieusement à un petit buffet d'orgue de la paroisse, pensant que nous n'avions jamais vu un si rare instrument. L'organiste, d'un air triomphant, se mit à toucher une misérable kyrielle de plain-chant, cherchant à voir dans nos yeux notre admiration. Nous parûmes extrêmement surpris ; T. s'approcha modestement, et fit semblant de peser sur les touches avec le plus grand respect ; l'organiste lui faisoit des signes, avec l'air de lui dire : « Prenez garde ! » Tout à coup T. déploya l'harmonie d'un célèbre passage de Pleyel. Il seroit difficile d'imaginer une scène plus plaisante : l'organiste en étoit à moitié tombé par terre ; les moines, la figure pâle et alongée, ouvroient une bouche béante, tandis que les frères servants faisoient des gestes d'étonnement les plus ridicules autour de nous.

La seconde anecdote n'est pas aussi gaie, mais elle montre le moine. On nous présenta un père, dont l'air réservé et important annonçoit le savantasse de son cloître. Il tira de sa manche un *Cœur de Jésus*, tout barbouillé de grimoires : mes voisins n'y entendoient rien ; la *curiosité* me parvint à mon tour. Je ne sais pourquoi, un jour en France, que je n'avois rien à faire, il m'étoit tombé dans la tête qu'il seroit bon que j'apprisse l'hébreu ; je savois donc un peu le lire. Le bon père avoit copié un verset de la Bible ; mais, n'en sachant pas davantage, il avoit omis les points qui, dans certains cas, forment, par leurs positions relatives, les voyelles ; de sorte que c'étoit un assemblage de consones parfaitement indéchiffrables. Je m'en aperçus, et je souris, mais je ne dis rien : pouvoir lire le *Cœur de Jésus* eût été trop fort, et je ne me soucios pas que l'inquisition se fût mêlée d'une sorcellerie si manifeste. Il en fut ensuite de même du Camoëns, et de quelques livres espagnols que nous expliquâmes.

moins de cinq minutes il sut expédier le tout. Plusieurs Portugais assistèrent très dévotement au saint sacrifice; et, en nous en retournant, nous rencontrâmes beaucoup de peuple qui baisoit religieusement la manche du père. L'impudence avec laquelle ce matelot, encore épris de vin et de débauche, présentoit son bras à la foule, me divertissoit, en même temps que je ne pouvois m'empêcher de déplorer au fond du cœur la stupidité humaine.

Ayant embarqué nos provisions vers les midi, nous retournâmes nous-mêmes à bord, accompagnés de nos inséparables religieux, qui nous présentèrent un compte énorme qu'il fallut payer; ils se chargèrent ensuite de nos lettres pour l'Europe, et nous quittèrent avec de grandes protestations d'amitié. Le vaisseau s'étant trouvé en danger la nuit précédente, par la levée d'une forte brise de l'est, on voulut virer l'ancre; mais, comme on s'y attendoit, on la perdit. Telle fut la fin de notre expédition.

Je veux croire que ces mœurs du clergé espagnol et portugais ne soient pas générales; mais on sait qu'elles ne sont pas pures. On pourroit en prédire la chute de la religion, si en même temps le peuple n'étoit si avili, si superstitieux; qu'on conçoit à peine où il pourroit trouver assez d'énergie pour se soustraire aux abus qui le rongent. Le christianisme subsistera donc encore longtemps en Espagne, à moins que quelques raisons étrangères ne viennent en hâter la chute. Il est curieux qu'à Gracioza les moines parlassent aussi de réformes qui devoient avoir lieu dans leurs couvents : ils avoient ouï dire quelque chose des affaires de France. Quant à la conduite du matelot de Jersey, elle ne manquoit ni d'esprit ni d'une espèce de philosophie ; il possédoit du moins celle qui consiste à se ranger du côté des fripons plutôt que du parti des dupes. En cela, il étoit toujours sûr d'avoir pour lui la voix d'une majorité respectable de la société [a].

[a] Qu'est-ce que prouve cette anecdote de matelot devenu moine aux Açores ? Rien du tout. Qu'est-ce que prouve la licence d'un couvent de moines, placé dans une petite île, loin des regards des supérieurs ecclésiastiques ? Rien du tout. Ce récit de mauvais ton, et qui sent son sous-lieutenant d'infanterie, étoit un très méchant argument dans mon système ; mais je voulois absolument raconter, je voulois parler de mes voyages : si je m'en étois tenu à la description de l'île de Gracioza, cela auroit suffi.

Une seule phrase est sérieuse dans ce récit, c'est celle où je dis que le christianisme subsistera encore long-temps en Espagne, à moins que quelques causes étrangères ne viennent en hâter la chute. Je dis encore que l'on conçoit à peine où le peuple espagnol pourroit trouver assez d'énergie pour se soustraire aux abus qui le rongent. La guerre de l'indépendance d'Espagne a prouvé du moins que ce peuple avoit assez d'énergie pour se soustraire au joug étranger. J'ai été meilleur prophète dans le *Génie du Christianisme*, lorsque j'ai dit : « L'Espagne, séparée des autres nations, présente encore à l'historien un caractère plus original : l'espèce de stagnation de mœurs dans laquelle elle repose lui sera peut-être utile un jour ; et, lorsque les peuples européens seront usés par la corruption, elle seule pourra reparoître avec éclat sur la scène du monde, parce que le fond des mœurs subsiste chez elle. » (*Génie du Christ.*, iii° part., liv. iii, chap. v.) Au surplus, je ne sais pas pourquoi je veux absolument confondre les Espagnols et les Portugais dans ce chapitre de l'*Essai*, ces peuples sont fort différents l'un de l'autre : depuis l'époque de l'alliance de la maison de Lancastre avec la maison souveraine de Portugal sous Richard II, les Anglois ont eu avec les Portugais des rapports multipliés, qui ont beaucoup influé sur les mœurs de ce dernier peuple. (N. Ed.)

CHAPITRE LV.

Quelle sera la religion qui remplacera le christianisme.

A la fin de cette histoire abrégée du polythéisme et du christianisme, une question se présente : Quelle sera la religion qui remplacera le christianisme[a] ?

Tout intéressante que soit cette question, elle demeure presque insoluble d'après les données communes. Le christianisme tombe de jour en jour, et cependant nous ne voyons pas qu'au-

[a] Ce chapitre a quelque rapport avec le dernier et peut-être le meilleur chapitre du *Génie du Christianisme*, ayant pour titre : *Quel seroit aujourd'hui l'état de la société si le Christianisme n'eût pas paru sur la terre ?* Mais dans l'*Essai* je suppose (très mal à propos) que le christianisme va s'éteindre, et dans le *Génie du Christianisme* je suppose que le christianisme n'a point existé. Or, la position de la société ne seroit pas la même dans les deux cas ; car si le christianisme pouvoit être détruit, il resteroit toujours des traces de son passage parmi les hommes, sa morale survivroit à ses dogmes. Il faut pourtant conclure de ce chapitre de l'*Essai* une chose grave, c'est que j'admets que la société ne peut exister sans la religion, et que je m'effraie de la perte de la religion sur la terre. Il y a dans cette idée un principe d'ordre qui fait compensation pour toutes les divagations de mon esprit. (N. Éd.)

cune secte cachée circule sourdement en Europe, et envahisse l'ancienne religion : Jupiter ne sauroit revivre ; la doctrine de Swedenborg ou des illuminés ne deviendra point un culte dominant; un petit nombre peut prétendre aux inspirations, mais non la masse des individus; un culte moral, où l'on personnifieroit seulement les vertus, comme la sagesse, la valeur, est absurde à supposer.

La religion naturelle n'offre pas plus de probabilité ; le sage peut la suivre, mais elle est trop au dessus de la foule : un Dieu, une ame immortelle, des peines et des récompenses, ramènent le peuple de nécessité à un culte composé; d'ailleurs cette métaphysique ne sera jamais à sa portée.

Peut-on supposer que quelque imposteur, quelque nouveau Mahomet, sorti d'Orient, s'avance la flamme et le fer à la main, et vienne forcer les chrétiens à fléchir le genou devant son idole? La poudre à canon nous a mis à l'abri de ce malheur[a].

---

[a] Non pas si les gouvernements chrétiens ont la folie de discipliner les sectateurs du Coran. Ce seroit un crime de lèse-civilisation que notre postérité, enchaînée peut-être, reprocheroit avec des larmes de sang à quelques misérables hommes d'État de notre siècle. Ces prétendus politiques auroient appelé au secours de leurs petits systèmes les soldats fanatiques de Mahomet, et leur auroient donné les moyens de vaincre en permettant qu'on leur enseignât l'art militaire. Or, la discipline n'est

S'élèvera-t-il parmi nous, lorsque le christianisme sera tombé en un discrédit absolu, un homme qui se mette à prêcher un culte nouveau? Mais alors les nations seront trop indifférentes en matières religieuses, et trop corrompues pour s'embarrasser des rêveries du nouvel envoyé, et sa doctrine mourroit dans le mépris, comme celle des illuminés de notre siècle. Cependant il faut une religion, ou la société périt. En vérité, plus on envisage la question, plus on s'effraie ; il semble que l'Europe touche au moment d'une révolution, ou plutôt d'une dissolution, dont celle de la France n'est que l'avant-coureur.

Autre hypothèse. Ne seroit-il pas possible que les peuples atteignissent à un degré de lumières et de connoissances morales suffisant pour n'avoir plus besoin de culte? La découverte de l'imprimerie ne change-t-elle pas à cet égard toutes les

---

pas la civilisation ; avec des renégats chrétiens pour officiers, les brutes du Coran peuvent apprendre à vaincre dans les règles les soldats chrétiens.

Le monde mahométan *barbare* a été au moment de subjuguer le monde chrétien *barbare*; sans la vaillance de Charles-Martel nous porterions aujourd'hui le turban : le monde mahométan *discipliné* pourroit mettre dans le même péril le monde chrétien *discipliné*. Il ne faut pas pour cela autant de temps que l'on se l'imagine : dix ans suffisent pour former une bonne armée ; et, puisque les cosaques, sujets du czar, sont bien venus des murailles de la Chine se baigner dans la Seine, les nègres de l'Abyssinie, esclaves du Grand-Turc, pourroient très bien venir aussi se réjouir dans la cour du Louvre. (N. Ed.)

anciennes données ? Ceci tombe dans le système de perfection que j'examinerai ailleurs ; je n'ai qu'un mot à en dire ici.

Lorsqu'on réfléchit que la grande cause qui renouvela si souvent la face du monde ancien a entièrement cessé, que l'irruption des peuples sauvages n'est plus à craindre pour l'Europe, on voit s'ouvrir devant soi un abîme immense de conjectures.

Que deviendront les hommes ?

Deux solutions :

Ou les nations, après un amas énorme de lumières, deviendront toutes éclairées et s'uniront sous un même gouvernement, dans un état de bonheur inaltérable ;

Ou, déchirées intérieurement par des révolutions partielles, après de longues guerres civiles et une anarchie affreuse, elles retourneront tour à tour à la barbarie. Durant ces troubles, quelques unes d'entre elles, moins avancées dans la corruption et les lumières, s'élèveront sur les débris des premières, pour devenir à leur tour la proie de leurs dissensions et de leurs mauvaises mœurs : alors les premières nations tombées dans la barbarie en émergeront de nouveau, et reprendront leurs places sur le globe ; ainsi de suite dans une révolution sans terme.

Si nous jugeons du futur par le passé, il faut avouer que cette solution convient mieux que l'autre à notre foiblesse[a] : si l'on demandoit à présent quels sont les peuples qui se détruiront les premiers, je répondrois, ceux qui sont les plus corrompus. Cependant, il y a des chances et des évènements incalculables qui peuvent précipiter une nation à sa ruine avant l'époque marquée par la nature. Mais ces visions politiques sont trop incertaines; elles servent tout au plus à satisfaire ce penchant de notre ame qui la porte à s'arrêter à des perspectives infinies : puisqu'on ne sauroit rien apprendre d'utile, cessons d'interroger des siècles à naître, trop loin pour que nous puissions les entendre, et dont la foible voix expire en remontant jusqu'à nous, à travers l'immensité de l'avenir.

[a] Non, le progrès des lumières est certain ; et comme ces lumières ne peuvent plus périr, grace à la découverte de l'imprimerie, quelque révolution que vous supposiez, le dépôt des lumières ira toujours s'accroissant. Il est impossible de supposer que ces lumières, descendues plus ou moins dans tous les esprits, soient sans effet sur la société en général. Poserez-vous l'hypothèse d'une extermination presque complète du monde civilisé par la peste ou par la guerre ? Mais l'Amérique s'est civilisée à son tour loin de la vieille Europe; il faudroit donc admettre la destruction des nations du nouveau continent en même temps que l'anéantissement de celles de l'ancien. L'espace que la civilisation occupe aujourd'hui sur le globe est encore un moyen de salut pour elle. Autrefois, renfermée dans la Grèce, elle pouvoit succomber sous une invasion de Barbares ; mais ces Barbares iroient-ils la chercher maintenant dans les quatre parties du monde, et jusque dans les îles de l'océan Pacifique ? (N. Ed.)

Ici j'ai rempli la première partie de ma tâche. On a maintenant sous les yeux une histoire à peu près complète des révolutions de la Grèce, considérées dans leurs rapports avec la révolution françoise. Nous allons maintenant quitter, pour n'y plus revenir, la terre sacrée des talents. Si j'ai fait voyager le lecteur avec un peu d'intérêt, peut-être consentira-t-il à me suivre dans mes nouvelles courses en Italie et chez les peuples modernes; mais, avant de les commencer, ces courses, il faut dire un dernier adieu à Sparte et à Athènes, et tâcher de résumer ce que nous avons appris.

CHAPITRE LVI.

Résumé.

Dans la première partie de ce premier livre, nous avons étudié *la révolution républicaine* de la Grèce, recherché son influence sur les nations contemporaines, et suivi ses ramifications aussi loin que nous avons pu les découvrir.

Dans la seconde partie de ce même livre, comprise sous le titre de *Révolution de Philippe et d'Alexandre*, nous venons de passer en revue les tyrans d'Athènes, Denys à Syracuse, Agis à Sparte, les philosophes grecs, leur influence politique et religieuse, l'histoire de la naissance, de l'accroissement et de la chute du polythéisme; et pour parallèle nous avons eu la Convention en France, les Bourbons fugitifs, Louis XVI à Paris, les philosophes modernes et leur influence sur leur siècle, enfin l'histoire du christianisme et du clergé. La première partie forme un tout compacte qui se lie; la seconde, un assemblage de pièces de rapport, non moins instructif. Ce qui nous reste à faire ici est de reconnoître le point où nous sommes parvenus, et jusqu'à quel degré nous nous trouvons avancés vers le but général de cet *Essai*.

Nous sommes toujours occupés à la recherche de ces questions (et nous le serons encore long-temps), savoir :

1° Quelles sont les révolutions arrivées autrefois dans les gouvernements des hommes ? Quel étoit alors l'état de la société, et quelle a été l'influence de ces révolutions sur l'âge où elles éclatèrent et les siècles qui les suivirent ?

2° Parmi ces révolutions en est-il quelques unes qui, par l'esprit, les mœurs et les lumières des temps, puissent se comparer à la révolution françoise ?

Il s'agit maintenant de savoir si nous avons fait quelques pas vers la solution de ces questions.

Certainement un pas considérable : quoique ce volume ne forme qu'une très petite partie de l'immense sujet de cet ouvrage, on peut prononcer hardiment que déjà la majorité des choses qu'on vouloit faire passer pour nouvelles dans la révolution françoise se trouve presque à la lettre dans l'histoire des Grecs d'autrefois. Déjà nous possédons cette importante vérité, que l'homme, foible dans ses moyens et dans son génie, ne fait que se répéter sans cesse ; qu'il circule dans un cercle dont il tâche en vain de sortir[a] ; que les faits même qui ne dépendent pas

---

[a] Le génie de l'homme ne circule point dans un cercle dont il

de lui, qui semblent tenir au jeu de la fortune, sont incessamment reproduits : en sorte qu'il deviendroit impossible de dresser une table dans laquelle tous les évènements imaginables de l'histoire d'un peuple donné se trouveroient réduits à une exactitude mathématique, et je doute que les caractères primitifs en fussent extrêmement nombreux, quoique de leur composition résulteroit une immense variété de calculs [1].

Mais quel fruit tirer de cette observation pour la révolution françoise ? Un très grand.

Premièrement, il s'ensuit qu'un homme bien

---

ne peut sortir. Au contraire (et pour continuer l'image), il trace des cercles concentriques qui vont en s'élargissant, et dont la circonférence s'accroîtra sans cesse dans un espace infini. M'obstinant dans l'*Essai* à juger le présent par le passé, je déduis bien des conséquences, mais je pars d'un mauvais principe; je nie aujourd'hui la *majeure* de mes raisonnements, et tous ces raisonnements tombent à terre. (N. ED.)

[1] Cette table seroit aisée à faire, et ne seroit pas un jeu frivole. On y poseroit, par exemple, pour principes, deux sortes de gouvernements : le monarchique et le républicain, l'homme politique et l'homme civil se trouveroient rangés sous deux colonnes : sur une troisième seroient marqués les degrés de lumière et d'ignorance; sur une quatrième, les chances et les hasards. On multiplieroit alors tous ces nombres par les différentes passions, comme l'envie, l'ambition, la haine, l'amour, etc., qu'on verroit écrites sur une cinquième colonne * : tout cela tomberoit en fractions composées, par les nuances des caractères, etc. Mais donnons-nous de garde de tracer une pareille table : les résultats en seroient si terribles que je ne voudrois même pas les faire soupçonner ici.

* Ingénieux, mais sans résultat. Du temps de la Calprenède et de Mlle de Scudéri, on faisoit des cartes *du Tendre* qui ne ressemblent pas mal à ma carte *du Politique*. (N. ED.)

persuadé qu'il n'y a rien de nouveau en histoire perd le goût des innovations, goût que je regarde comme un des plus grands fléaux qui affligent l'Europe dans ce moment. L'enthousiasme vient de l'ignorance; guérissez celui-ci, l'autre s'éteindra : la connoissance des choses est un opium qui ne calme que trop l'exaltation.

Mais, outre ce grand avantage, qui ne voit que ce tableau général des causes, des effets, des fins des révolutions, mène par degré à la solution de la question dernière, proposée pour but de cet ouvrage, savoir : « Si la révolution françoise se consolidera ? » En effet, si nous trouvons des peuples qui, dans la même position que celle des François, aient tenté les mêmes choses; si nous voyons les raisons qui firent réussir ou renversèrent leurs projets, n'est-ce pas un motif d'en conjecturer l'établissement ou la chute de la république en France? On a déjà pu entrevoir mon opinion[a] à ce sujet; mais il n'est pas temps de la développer : elle doit résulter de l'ensemble des

---

[a] Cette opinion étoit apparemment que la révolution françoise ne se consolideroit pas. Il y avoit du vrai et du faux dans cette opinion; du vrai, parce que la république devoit se transformer en despotisme militaire ou en monarchie tempérée; du faux, parce qu'il étoit impossible que la révolution ne laissât pas de traces après elle. Enfin, ce qu'il y avoit surtout de faux dans cette opinon, c'étoit de vouloir conclure de la société ancienne à la société moderne; de juger, les uns par les autres, des temps et des hommes qui n'avoient aucun rapport.
(N. Ed.)

révolutions, et non d'une partie. Quelle qu'elle puisse être, il demeure certain que j'ai pris la seule route qui mène à la découverte de cette vérité qui intéresse non seulement l'Europe, mais le reste du monde.

Mais je dois faire observer que, pour juger sainement, le lecteur ne sauroit trop se donner de garde de se méprendre : il faut considérer les objets sous leur vrai jour. Il est bien moins question de la ressemblance de position en politique et de la similitude d'évènements que de la situation morale du peuple : les mœurs, voilà le point où il faut se tenir, la clé qui ouvre le livre secret du sort [a]. Que si je me prends à répéter souvent *les mœurs*, c'est qu'elles sont le centre autour duquel tournent les mondes politiques : en vain ceux-ci prétendent s'en éloigner; il faut, malgré eux, décrire autour de ce point leur courbe obligée, ou, détachés de ce foyer commun d'attraction, tomber dans un vide incommensurable.

Le second volume de cet *Essai* va s'ouvrir avec les révolutions romaines [b], sujet peut-être encore

---

[a] Tout cela étoit vrai pour les peuples anciens, nullement pour les peuples modernes. Je répète cette vérité pour la millième fois. (N. Ed.)

[b] L'*Essai* ne formoit dans l'édition de Londres qu'un gros volume de six cent quatre-vingt-une pages. Dans l'édition actuelle ce seroit aussi le second volume, s'il pouvoit jamais me tomber dans la tête de continuer un pareil ouvrage : il est pourtant vrai que j'en ai la suite, mais le feu m'en fera raison, à quelques pages près qui me serviront pour un autre travail. Je suis saisi

plus magnifique que celui que nous venons de quitter ; on a pu s'apercevoir que je cherche, autant qu'il est en moi, à varier la marche de cet ouvrage : tout sujet a son vice ; le défaut de celui-ci, malgré sa grandeur, est de tomber dans les répétitions, je tâcherai donc d'écrire chaque révolution sur un plan différent des autres, comme je l'ai déjà fait à l'égard des deux parties de ce premier livre.

Après avoir montré ce qui résulte de la lecture de ce volume pour la vérité générale de l'ouvrage, voici quelques vérités particulières qu'on peut en tirer sur la nature de l'homme considéré dans ses rapports moraux et politiques ; je vais les donner comme je les trouve dans mon manuscrit, en pensées détachées, indiquant seulement le sujet qui me les a fournies.

L'homme est composé de deux organes différents dans leur essence, sans relations dans leur pouvoir : la tête et le cœur.

Le cœur sent, la tête compare.

Le cœur juge du bon et du méchant, la tête des rapports et des effets.

La vertu découle donc du cœur, les sciences fluent de la tête.

---

d'une espèce d'épouvante à la vue de mon énorme fécondité. Il faut que dans ma jeunesse les jours aient eu pour moi plus de vingt-quatre heures : quelque démon alongeoit sans doute le temps que j'employois à ma diabolique besogne. (N. ED.)

La vertu est la science écoutée et obéie, la science la nature éclairée.

Le vice et la vertu, d'après l'histoire, paroissent une somme donnée qui n'augmente ni ne diminue; les sciences, au contraire, des inconnues qui se dégagent sans cesse. Que devient le système de perfection ª ? (*Pensées résultantes de la considération de l'âge philosophique d'Alexandre, plein de lumières et de corruption* ᵇ.)

Il n'y a que deux principes de gouvernement : l'assemblée générale du peuple, la non-assemblée générale du peuple.

Dans le premier cas, l'Etat est une république ; dans le second, une monarchie.

Si le peuple s'assemble partiellement, la constitution demeure monarchique ou un assemblage de petites républiques.

La réunion des suffrages n'est pas alors la voix du peuple, mais un nombre collectif de voix.

Chacune de ces assemblées, ayant en elle-même toutes les propriétés du corps politique, devient une petite république parfaite et vivante dans son

---

ª Précisément ma distinction entre la partie morale et la partie intellectuelle de l'homme ne détruit pas ce système. (N. Ed.)

ᵇ Cette parenthèse en *italique*, ainsi que les parenthèses qui suivent, se trouvent imprimées de même dans l'édition de Londres : cela veut dire que les réflexions répandues dans ce chapitre sont suggérées par les différents passages de l'*Essai* auxquelles les parenthèses en *italique* renvoient le lecteur.

(N. Ed.)

tout; et cette petite république n'a pas plus le droit de soumettre son opinion à celle de la section voisine qu'elle n'est tenue elle-même à adopter celle de cette autre section. D'ici la France, avec ses assemblées primaires, n'est point une république.

Et comment ces assemblées primaires représenteroient-elles le peuple? N'est-ce pas la lie des villes qui se réunit, et qui, écartant les honnêtes gens, nomme tel ou tel député pour une quantité donnée d'assignats? N'est-ce pas de cela même que les représentants prennent le prétexte de se prolonger dans leurs fonctions? En livrant leur république à des hommes sans mœurs, les gouvernants de France semblent ne chercher qu'une raison légale de la détruire [a] : cela me rappelle ce tyran de Rome qui, pour sauver la lettre de la loi qui défendoit de mettre une vierge à mort, la faisoit violer auparavant par le bourreau. (*Réflexions tirées de l'examen des gouvernements de la Grèce où la représentation étoit inconnue.*)

N'êtes-vous pas étonné des prodiges de la révolution françoise, l'Europe vaincue, etc., etc.? Sans doute : j'assiste à ses tours de force comme devoient le faire les Romains à la danse des éléphants sur la corde, bien moins surpris de la merveille qu'effrayés de voir un colosse suspendu

---

[a] Ces réflexions seroient raisonnables, en général, si je n'oubliois la forme représentative soit de la république, soit de la monarchie. (N. ED.)

en l'air sur une base élastique de quelques pouces, et menaçant d'écraser les spectateurs dans sa chute [a]. (*Tiré du parallèle de la guerre Médique et de la guerre Républicaine.*)

De quoi s'agissoit-il entre Harmodius et Hipparque? D'une affaire, comme nous dirions, d'étiquette. Hipparque avoit forcé la sœur d'Harmodius de se retirer d'une procession publique : voilà la guerre Médique. La politique est au moral ce que le feu est au physique, un élément universel qui se tire de tous les chocs, naît de toutes les collisions. (*On voit d'où cela est tiré.*)

Comme ces enfants qu'on est forcé d'enlever à leur mère vicieuse, pour les confier à un lait plus pur, la liberté, fille de la vertu guerrière, ne sauroit vivre qu'elle ne soit nourrie au sein des bonnes mœurs. (*De la considération de l'état d'Athènes après la guerre Médique.*)

Pourquoi Agis périt-il à Sparte? pourquoi Denys fut-il chassé de Syracuse? pourquoi Thrasybule erra-t-il loin d'Athènes sa patrie? pourquoi, etc.? Parce qu'à Sparte, à Syracuse et à Athènes il y avoit des hommes, et qu'avec le cœur de cet incompréhensible bipède on explique tout. (*Sparte, Athènes, Syracuse.*)

---

[a] Louange et critique motivées, puisque les succès de la France n'avoient pas pour base la liberté, et qu'ils n'étoient enfantés que par le despotisme républicain ou militaire; mais ils produisoient la gloire qui servoit de contre-poids au crime, et qui devoit ramener à son tour la liberté. (N. Ed.)

Liberté ! le grand mot ! et qu'est-ce que la liberté politique ? je vais vous l'expliquer. Un homme libre à Sparte veut dire un homme dont les heures sont réglées comme celles de l'écolier sous la férule ; qui se lève, dîne, se promène, lutte sous les yeux d'un maître en cheveux blancs qui lui raconte qu'*il a été jadis jeune, vaillant et hardi :* si les besoins de la nature, si les droits d'un chaste hymen parlent à son cœur, il faut qu'il les couvre du voile dont on se sert pour le crime ; il doit sourire lorsqu'il apprend la mort de son ami ; et si la douce pitié se fait entendre à son ame, on l'oblige d'aller égorger un ilote innocent, un ilote son esclave, dans le champ que cet infortuné labouroit péniblement pour son maitre.

Vous vous trompez, ce n'est pas là la liberté politique ; les Athéniens ne l'entendoient pas ainsi. — Et comment ? — Chez eux il falloit avoir un certain revenu pour être admis aux charges de l'Etat ; et lorsqu'un citoyen avoit fait des dettes, on le vendoit comme un esclave. Un orateur à la tribune, pourvu qu'il sût enfiler une phrase, faisoit aujourd'hui empoisonner Socrate, demain bannir Phocion, et le peuple libre avoit toujours à sa tête, et seulement pour la forme, Pisistrate, Hippias, Thémistocle, Périclès, Alcibiade, Philippe, Antigonus ou quelque autre.

Je voudrois bien savoir enfin combien il y a de libertés politiques ; car toutes les autres petites villes grecques possédoient aussi leurs libertés, et n'expliquoient pas le mot dans le même sens que les Athéniens et les Spartiates. C'est un singulier gouvernement qu'une république où il faut que tous les membres de la communauté soient des Caton et des Catilina : si parmi les premiers il se trouve un seul coquin, ou parmi les derniers un seul honnête homme, la république n'existe plus [a]. (*Liberté.*)

On s'écrie : Les citoyens sont esclaves, mais esclaves de la loi. Pure duperie de mots. Que m'importe que ce soit la loi ou le roi qui me traîne à la guillotine? On a beau se torturer, faire des phrases et du bel esprit, le plus grand malheur des hommes c'est d'avoir des lois et un gouvernement [b].

L'état de société est si opposé à celui de nature,

---

[a] Me louerai-je ? j'en ai bien envie. La colère de ces pages m'a amusé; je les avois complètement oubliées. Parlons sérieusement : ce qu'il y a de faux dans mes raisonnements, c'est que je confonds les formes de la liberté avec la liberté elle-même. Je ne suis point républicain, je ne le serai jamais; j'ai toujours préféré par raison, et je préfèrerai toujours la liberté dans le mode de la monarchie représentative : je pense que cette liberté est tout aussi pleine, tout aussi entière dans ce mode que dans la forme républicaine ; mais je crois que les monarchies ne sont pas à l'abri des républiques si elles repoussent la liberté.

(N. Éd.)

[b] Miséricorde! j'ai déjà dit cela ailleurs dans l'*Essai;* c'est une si belle chose, que je ne pouvois trop le répéter. Il paroît que ces sauvages que M. Violet faisoit danser dans une grange auprès d'Albany m'avoient tourné la tête. (Voyez *Itinéraire.*)

(N. Éd.)

que dans le premier les êtres foibles tendent toujours au gouvernement : l'enfant bat les domestiques; l'écolier veut en montrer à son maître; le sot aspire aux emplois et les obtient presque toujours; l'hypocondriaque sacrifie son cercle à sa goutte; le vieillard réclame la première place, et la femme domine le tout.

Dans l'état de nature, l'enfant se tait et attend; la femme est soumise, le fort et le guerrier commandent, le vieillard s'assied au pied de l'arbre, et meurt [1]. (*Pensées relatives provenantes du même sujet.*)

---

[1] Philippe Le Coq, d'une petite ville du Poitou, passa au Canada dans son enfance, y servit comme soldat, à l'âge de vingt ans, dans la guerre de 1754, et, après la prise de Québec, se retira chez les Cinq-Nations, où, ayant épousé une Indienne, il renonça aux coutumes de son pays pour prendre les mœurs des Sauvages. Lorsque je voyageois chez ces peuples, je ne fus pas peu surpris en entendant dire que j'avois un compatriote établi à quelque distance dans les bois. Je courus chez lui; je le trouvai occupé à faire la pointe à des jalons, à l'ouverture de sa hutte. Il me jeta un regard assez froid, et continua son ouvrage; mais aussitôt que je lui adressai la parole en françois, il tressaillit au souvenir de la patrie, et la grosse larme roula dans ses yeux. Ces accents connus avoient reporté soudainement dans le cœur du vieillard toutes les sensations de son enfance : dans la jeunesse nous regrettons peu nos premiers ans; mais plus nous nous enfonçons dans la vie, plus leur souvenir devient aimable; c'est qu'alors chacune de nos journées est un triste terme de comparaison. Philippe me pria d'entrer; je le suivis. Il avoit de la peine à s'exprimer : je le voyois travailler à rassembler les anciennes idées de l'homme civil, et j'étudiois avidement cette leçon. Par exemple, j'eus lieu de remarquer qu'il y avoit deux espèces de choses relatives, absolument effacées de sa tête : celle de la propriété du superflu, et celle de la nuisance envers autrui sans nécessité. Je ne voulus lui faire ma grande question qu'après que quelques heures de conversation lui eurent redonné une assez grande quantité de mots et de pensées. A la fin je lui dis : « Philippe, êtes-vous heureux? » Il

Soyons hommes, c'est-à-dire libres; apprenons à mépriser les préjugés de la naissance et des richesses, à nous élever au dessus des grands et des rois, à honorer l'indigence et la vertu; donnons de l'énergie à notre ame, de l'élévation à notre pensée; portons partout la dignité de notre caractère, dans le bonheur et dans l'infortune; sachons braver la pauvreté et sourire à la mort: mais, pour faire tout cela, il faut commencer par cesser de nous passionner pour les institutions humaines, de quelque genre qu'elles soient. Nous n'apercevons presque jamais la réalité des choses, mais leurs images réfléchies faussement par nos désirs; et nous passons nos jours à peu près comme celui qui, sous notre zone nuageuse, ne verroit le ciel qu'à travers ces vitrages coloriés qui trompent l'œil en lui présentant la sérénité d'une plus douce latitude. Tandis que nous nous berçons

---

ne sut d'abord que répondre. « Heureux? dit-il en réfléchissant; heureux, oui..... oui, heureux, depuis que je suis Sauvage. » — « Et comment passez-vous votre vie? » repris-je. Il se mit à rire. « J'entends, dis-je; vous pensez que cela ne vaut pas une réponse. Mais est-ce que vous ne voudriez pas reprendre votre ancienne vie, retourner dans votre pays? » — « Mon pays, la France? Si je n'étois pas si vieux, j'aimerois à le revoir... » — « Et vous ne voudriez pas y rester? » ajoutai-je. Le mouvement de tête de Philippe m'en dit assez. « Et qu'est-ce qui vous a déterminé à vous faire, comme vous le dites, Sauvage? » — « Je n'en sais rien; l'instinct. » Ce mot du vieillard mit fin à mes doutes et à mes questions. Je restai deux jours chez Philippe pour l'observer, et je ne le vis jamais se démentir un seul instant: son ame, libre du combat des passions sociales, me sembla, pour m'exprimer dans le style des Sauvages, « calme comme le champ de bataille, après que les guerriers ont fumé ensemble le calumet de la paix. »

ainsi de chimères, le temps vole et la tombe se ferme tout à coup sur nous. Les hommes sortent du néant et y retournent : la mort est un grand lac creusé au milieu de la nature; les vies humaines, comme autant de fleuves, vont s'y engloutir; et c'est de ce même lac que s'élèvent ensuite d'autres générations qui, répandues sur la terre, viennent également, après un cours plus ou moins long, se perdre à leur source. Profitons donc du peu d'instants que nous avons à passer sur ce globe, pour connoître au moins la vérité. Si c'est la vérité politique que nous cherchons, elle est facile à trouver. Ici un ministre despote me bâillonne, me plonge au fond des cachots, où je reste vingt ans [1] sans savoir pourquoi : échappé de la Bastille, plein d'indignation, je me précipite dans la démocratie; un anthropophage m'y attend à la guillotine. Le républicain, sans cesse exposé à être pillé, volé, déchiré par une populace furieuse, s'applaudit de son bonheur [2]; le sujet, tranquille esclave, vante les bons repas et

---

[1] Tel que ce malheureux que M. de Malesherbes délivra.

[2] On dit que les orages de la démocratie valent mieux que le calme du despotisme. Cette phrase est harmonieuse, et voilà tout. On ne me persuadera jamais que le repos n'est pas la partie essentielle du bonheur. Je remarque même que c'est le but vers lequel nous tendons sans cesse : on travaille pour se reposer; on marche pour goûter un sommeil plus doux : on pense pour délasser ensuite sa pensée; un ami repose son cœur dans le cœur d'un ami; l'amour a placé de même le comble de ses voluptés dans le repos; enfin le malheureux qui a perdu la tranquillité sur la terre aspire encore à celle de la tombe, et la nature a élevé l'idée de la mort à l'extrémité des chagrins, comme Hercule ses colonnes au bout du monde.

les caresses de son maître. O homme de la nature! c'est toi seul qui me fais me glorifier d'être homme! Ton cœur ne connoît point la dépendance; tu ne sais ce que c'est que de ramper dans une cour ou de caresser un tigre populaire. Que t'importent nos arts, notre luxe, nos villes? As-tu besoin de spectacle, tu te rends au temple de la nature, à la religieuse forêt; les colonnes moussues des chênes en supportent le dôme antique; un jour sombre pénètre la sainte obscurité du sanctuaire, et de foibles bruits, de légers soupirs, de doux murmures, des chants plaintifs ou mélodieux circulent sous les voûtes sonores. On dit que le Sauvage ignore la douceur de la vie. Est-ce l'ignorer que de n'obéir à personne, que d'être à l'abri des révolutions, que de n'avoir ni à avilir ses mains par un travail mercenaire, ni son ame par un métier encore plus vil, celui de flatteur? N'est-ce rien que de pouvoir se montrer impunément toujours grand, toujours fier, toujours libre? de ne point connoître les odieuses distinctions de l'état civil? enfin, de n'être point obligé, lorsqu'on se sent né avec l'orgueil et la noble franchise d'un homme, de passer une partie de sa vie à cacher ses sentiments, et l'autre à être témoin des vices et des absurdités sociales?

Je sens qu'on va dire : Vous êtes donc de ces sophistes qui vantent sans cesse le bonheur du Sauvage aux dépens de celui de l'homme policé ? Sans doute, si c'est là ce que vous appelez être un sophiste, j'en suis un ; j'ai du moins de mon côté quelques beaux génies. Quoi ! il faudra que je tolère la perversité de la société, parce qu'on prétend ici se gouverner en république plutôt qu'en monarchie ; là, en monarchie plutôt qu'en république ! Il faudra que j'approuve l'orgueil et la stupidité des grands et des riches, la bassesse et l'envie du pauvre et des petits ! Les corps politiques, quels qu'ils soient, ne sont que des amas de passions putréfiées et décomposées ensemble : les moins mauvais sont ceux dont les dehors gardent encore de la décence et blessent moins ouvertement la vue ; comme ces masses impures destinées à fertiliser les champs, sur lesquelles on découvre quelquefois un peu de verdure [a].

Mais il n'y a donc point de gouvernement, point de liberté ? De liberté ? si : une délicieuse, une céleste, celle de la nature [b]. Et quelle est-elle, cette liberté que vous vantez comme le suprême bonheur ? Il me seroit impossible de la peindre ; tout ce que je puis faire est de montrer comment elle agit sur nous. Qu'on vienne passer une nuit avec moi chez les Sauvages du Canada, peut-être alors parviendrai-je à donner quelque idée de

[a] Il faut pardonner à un exilé, à un malheureux, à un jeune homme qui se croit prêt à mourir, cette boutade contre la société : elle est sans conséquence, et les sentiments exprimés ici par ce jeune homme ne sont cependant ni sans élévation ni sans générosité. (N. Ed.)
[b] M'y voilà ! faisons-nous Sauvages ! (N. Ed.)

cette espèce de liberté. Cette nuit aussi pourra délasser le lecteur de la scène de misères à travers laquelle je l'ai conduit dans ce volume : elle en sera la conclusion. On fermera alors le livre dans une disposition d'ame plus calme et plus propre à distinguer les vérités des erreurs contenues dans cet ouvrage, mélange inévitable à la nature humaine, et dont la foiblesse de mes lumières me rend plus susceptible qu'un autre.

CHAPITRE LVII ET DERNIER.

Nuit chez les Sauvages de l'Amérique.

C'est un sentiment naturel aux malheureux de chercher à rappeler les illusions du bonheur par le souvenir de leurs plaisirs passés. Lorsque j'éprouve l'ennui d'être, que je me sens le cœur flétri par le commerce des hommes, je détourne involontairement la tête, et je jette en arrière un œil de regret. Méditations enchantées! charmes secrets et ineffables d'une ame jouissant d'elle-même, c'est au sein des immenses déserts de l'Amérique que je vous ai goûtés à longs traits! On se vante d'aimer la liberté, et presque personne n'en a une juste idée. Lorsque, dans mes voyages parmi les nations indiennes du Canada, je quittai les habitations européennes, et me trouvai, pour la première fois, seul au milieu d'un océan de forêts, ayant pour ainsi dire la nature entière prosternée à mes pieds, une étrange révolution s'opéra dans mon intérieur. Dans l'espèce de délire qui me saisit, je ne suivois aucune route; j'allois d'arbre en arbre, à droite et à gauche indifféremment, me disant en moi-même : « Ici, plus de chemins à suivre, plus de villes, plus d'étroites maisons, plus de présidents, de républiques, de rois, surtout plus de lois, et plus d'hommes. Des hommes? si : quelques bons Sauvages[a] qui ne s'embarrassent de moi, ni moi d'eux; qui, comme moi encore, errent libres où la pensée les mène, mangent quand ils veulent, dorment où et quand il leur plaît. » Et pour essayer si j'étois enfin rétabli dans mes droits originels, je me livrois à mille actes de volonté, qui faisoient enrager le grand Hollandois qui me servoit de guide, et qui, dans son ame, me croyoit fou.

Délivré du joug tyrannique de la société, je compris alors les charmes de cette indépendance de la nature, qui surpassent de bien loin tous les plaisirs dont l'homme civil peut avoir l'idée. Je compris pourquoi pas un Sauvage ne s'est fait Européen, et pourquoi plusieurs Européens se sont faits Sauvages; pourquoi le sublime *Discours sur l'inégalité des conditions* est si peu entendu de la plupart de nos philosophes. Il est incroyable combien les nations et leurs institutions les plus vantées paroissoient petites et diminuées à mes regards; il me sembloit que je voyois les royaumes de la terre avec une lunette invertie; ou plûtôt, moi-même agrandi et exalté, je contemplois d'un œil de géant le reste de ma race dégénérée.

---

[a] **De *bons* Sauvages qui mangent leurs voisins.** (N. Ed.)

Vous, qui voulez écrire des hommes, transportez-vous dans les déserts; redevenez un instant enfant de la nature; alors, et seulement alors, prenez la plume.

Parmi les innombrables jouissances que j'éprouvai dans ces voyages, une surtout a fait une vive impression sur mon cœur[1].

J'allois alors voir la fameuse cataracte de Niagara, et j'avois pris ma route à travers les nations indiennes qui habitent les déserts à l'ouest des plantations américaines. Mes guides étoient le soleil, une boussole de poche et le Hollandois dont j'ai déjà parlé; celui-ci entendoit parfaitement cinq dialectes de la langue huronne. Notre

---

[1] Tout ce qui suit, à quelques additions près, est tiré du manuscrit de ces voyages, qui a péri avec plusieurs autres ouvrages commencés, tels que les *Tableaux de la Nature*, l'Histoire d'une nation sauvage du Canada, sorte de roman, dont le cadre totalement neuf, et les peintures naturelles, étrangères à notre climat, auroient pu mériter l'indulgence du lecteur *. On a bien voulu donner quelque louange à ma manière de peindre la nature; mais si l'on avoit vu ces divers morceaux écrits sur mes genoux, parmi les Sauvages mêmes, dans les forêts et au bord des lacs de l'Amérique, j'ose présumer qu'on y eût peut-être trouvé des choses plus dignes du public. De tout cela il ne m'est resté que quelques feuilles détachées, entre autres *la Nuit*, qu'on donne ici. J'étois destiné à perdre dans la révolution fortune, parents, amis, et ce qu'on ne recouvre jamais lorsqu'on l'a perdu, le fruit des travaux de la pensée; seul bien peut-être qui soit réellement à nous.

* Il s'agit ici des *Natchez*. J'ai déjà dit que les premières ébauches des *Natchez* avoient péri, mais que j'avois retrouvé le manuscrit de cet ouvrage écrit à Londres sur le souvenir récent de ces ébauches. J'ai publié sous le nom de *Natchez* ce manuscrit, dont j'avois déjà tiré *Atala* et *René*. (N. Ed.)

équipage consistoit en deux chevaux auxquels nous attachions le soir une sonnette au cou, et que nous lâchions ensuite dans la forêt : je craignois d'abord un peu de les perdre; mais mon guide me rassura en me faisant remarquer que, par un instinct admirable, ces bons animaux ne s'écartoient jamais hors de la vue de notre feu.

Un soir que, par approximation, ne nous estimant plus qu'à environ huit ou neuf lieues de la cataracte, nous nous préparions à descendre de cheval avant le coucher du soleil, pour bâtir notre hutte et allumer notre bûcher de nuit à la manière indienne, nous aperçûmes dans le bois les feux de quelques Sauvages qui étoient campés un peu plus bas, au bord du même ruisseau où nous nous trouvions. Nous allâmes à eux. Le Hollandois leur ayant demandé par mon ordre la permission de passer la nuit avec eux, ce qui fut accordé sur le champ, nous nous mîmes alors à l'ouvrage avec nos hôtes. Après avoir coupé des branches, planté des jalons, arraché des écorces pour couvrir notre palais, et rempli quelques autres travaux publics, chacun de nous vaqua à ses affaires particulières. J'apportai ma selle, qui me servit de fidèle oreiller durant tout le voyage; le guide pansa mes chevaux; et, quant à son appareil de nuit, comme il n'étoit pas si délicat que moi, il se servoit ordinairement de quelque tronçon d'arbre sec. L'ouvrage étant fini, nous nous assîmes tous en rond, les jambes croisées à la manière de tailleurs, autour d'un feu immense, afin de rôtir nos quenouilles de maïs et de préparer le souper. J'avois encore un flacon d'eau-de-vie, qui ne servit pas peu à égayer nos Sauvages; eux se trouvoient avoir des jambons d'oursins, et nous commençâmes un festin royal.

La famille étoit composée de deux femmes avec deux petits enfants à la mamelle, et de trois guerriers : deux d'entre eux pouvoient avoir de quarante à quarante-cinq ans, quoiqu'ils parussent beaucoup plus vieux; le troisième étoit un jeune homme.

La conversation devint bientôt générale, c'est-à-dire par quelques mots entrecoupés de ma part et par beaucoup de gestes : langage expressif que ces nations entendent à merveille, et que j'avois appris parmi elles. Le jeune homme seul gardoit un silence obstiné; il tenoit constamment les yeux attachés sur moi. Malgré les raies noires, rouges, bleues, les oreilles découpées, la perle pendante au nez dont il étoit défiguré, on distinguoit aisément la noblesse et la sensibilité qui animoient son visage. Combien je lui savois gré de ne pas m'aimer! Il me sembloit lire dans son cœur l'histoire de tous les maux dont les Européens ont accablé sa patrie.

Les deux petits enfants, tout nus, s'étoient endormis à nos pieds devant le feu; les femmes les prirent doucement dans leurs bras, et les couchèrent sur des peaux, avec ces soins de mère, si délicieux à voir chez ces prétendus Sauvages : la conversation mourut ensuite par degrés, et chacun s'endormit dans la place où il se trouvoit.

Moi seul je ne pus fermer l'œil : entendant de toutes parts les aspirations profondes de mes hôtes, je levai la tête, et, m'appuyant sur le coude, contemplai à la lueur rougeâtre du feu mourant les Indiens étendus autour de moi et plongés dans le sommeil. J'avoue que j'eus peine à retenir des larmes. Bon jeune homme, que ton repos me parut touchant ! toi, qui semblois si sensible aux maux de ta patrie, tu étois trop grand, trop supérieur, pour te défier de l'étranger. Européens, quelle leçon pour nous ! Ces mêmes Sauvages que nous avons poursuivis avec le fer et la flamme, à qui notre avarice ne laisseroit pas même une pelletée de terre, pour couvrir leurs cadavres, dans tout cet univers, jadis leur vaste patrimoine ; ces mêmes Sauvages, recevant leur ennemi sous leurs huttes hospitalières, partageant avec lui leur misérable repas, leur couche infréquentée du remords, et dormant auprès de lui du sommeil profond du juste ! ces vertus-là sont autant au dessus de nos vertus conventionnelles que l'ame de ces hommes de la nature est au dessus de celle de l'homme de la société.

Il faisait clair de lune. Echauffé de mes idées, je me levai et fus m'asseoir, à quelque distance, sur une racine qui traçoit au bord du ruisseau : c'étoit une de ces nuits américaines que le pinceau des hommes ne rendra jamais, et dont je me suis rappelé le souvenir avec délices.

[a] La lune étoit au plus haut point du ciel : on voyoit çà et là, dans de grands intervalles épurés, scintiller mille étoiles. Tantôt la lune reposoit sur un groupe de nuages, qui ressembloit à la cime de hautes montagnes couronnées de neiges; peu à peu ces nues s'alongeoient, se dérouloient en zones diaphanes et onduleuses de satin blanc, ou se transformoient en légers flocons d'écume, en innombrables troupeaux errants dans les plaines bleues du firmament. Une autre fois, la voûte aérienne paroissoit changée en une grève où l'on distinguoit les couches horizontales, les rides parallèles tracées comme par le flux et le reflux régulier de la mer : une bouffée de vent venoit encore déchirer le voile, et partout se formoient dans les cieux de grands bancs d'une ouate éblouissante de blancheur, si doux à l'œil, qu'on croyoit ressentir leur mollesse et leur élasticité. La scène sur la terre n'étoit pas moins ravissante: le jour céruséen et velouté de la lune flottoit silencieusement sur la cime des forêts, et, descendant dans les intervalles des arbres, poussoit des gerbes de lumière jusque dans l'épaisseur des plus

---

[a] Ici commence la description d'une nuit que l'on retrouve dans le *Génie du Christianisme*, liv. v, chap. 12, intitulé : *Deux Perspectives de la nature*. On peut, en comparant les deux descriptions, voir ce que le goût m'a fait changer ou retrancher dans mon second travail.   (N. Ed.)

profondes ténèbres. L'étroit ruisseau qui couloit à mes pieds, s'enfonçant tour à tour sous des fourrés de chênes-saules et d'arbres à sucre, et reparoissant un peu plus loin dans des clairières tout brillant des constellations de la nuit, ressembloit à un ruban de moire et d'azur, semé de crachats de diamants, et coupé tranversalement de bandes noires. De l'autre côté de la rivière, dans une vaste prairie naturelle, la clarté de la lune dormoit sans mouvement sur les gazons où elle étoit étendue comme des toiles. Des bouleaux dispersés çà et là dans la savane, tantôt selon le caprice des brises, se confondoient avec le sol en s'enveloppant de gazes pâles, tantôt se détachoient du fond de craie en se couvrant d'obscurité, et formant comme des îles d'ombres flottantes sur une mer immobile de lumière. Auprès, tout étoit silence et repos, hors la chute de quelques feuilles, le passage brusque d'un vent subit, les gémissements rares et interrompus de la hulotte; mais au loin, par intervalle, on entendoit les roulements solennels de la cataracte de Niagara, qui, dans le calme de la nuit, se prolongeoient de désert en désert, et expiroient à travers les forêts solitaires.

La grandeur, l'étonnante mélancolie de ce tableau, ne sauroient s'exprimer dans les langues humaines; les plus belles nuits en Europe ne peuvent en donner une idée. Au milieu de nos champs cultivés, en vain l'imagination cherche à s'étendre, elle rencontre de toutes parts les habitations des hommes : mais dans ces pays déserts, l'ame se plaît à s'enfoncer, à se perdre dans un océan d'éternelles forêts ; elle aime à errer, à la clarté des étoiles, aux bords des lacs immenses, à planer sur le gouffre mugissant des terribles cataractes, à tomber avec la masse des ondes, et pour ainsi dire à se mêler, à se fondre avec toute une nature sauvage et sublime.

Ces jouissances sont trop poignantes : telle est notre foiblesse, que les plaisirs exquis deviennent des douleurs, comme si la nature avoit peur que nous oubliassions que nous sommes hommes. Absorbé dans mon existence, ou plutôt répandu tout entier hors de moi, n'ayant ni sentiment, ni pensée distincte, mais un ineffable je ne sais quoi qui ressembloit à ce bonheur mental dont on prétend que nous jouirons dans l'autre vie, je fus tout à coup rappelé à celle-ci. Je me sentis mal, et je vis qu'il falloit finir. Je retournai à notre Ajouppa, où, me couchant auprès des Sauvages, je tombai bientôt dans un profond sommeil.

Le lendemain, à mon réveil, j'aperçus la troupe déjà prête pour le départ. Mon guide avoit sellé les chevaux; les guerriers étoient armés et les femmes s'occupoient à rassembler les bagages, consistant en peaux, en maïs, en ours fumés. Je me levai, et tirant de mon porte-manteau un peu de poudre et de balles, du tabac et une boîte de gros rouge, je distribuai ces présents parmi nos hôtes, qui parurent bien contents de ma générosité. Nous nous séparâmes ensuite, non sans des marques d'attendrissement et de regret, touchant nos fronts et notre poitrine, à la manière de ces hommes de la nature, ce qui me paroissoit bien valoir nos cérémonies. Jusqu'au jeune Indien, qui prit cordialement la main que je lui tendois, nous nous quittâmes tous le cœur plein les uns des autres. Nos amis prirent leur route au nord, en se dirigeant par les moussés, et nous à l'ouest, par ma boussole. Les guerriers partirent devant, poussant le cri de marche; les femmes cheminoient derrière, chargées des bagages et des petits enfants qui, suspendus dans des fourrures aux épaules de leurs mères, se détournoient en souriant pour nous regarder. Je suivis long-temps des yeux cette marche touchante et maternelle, jusqu'à ce que la troupe entière eût disparu lentement entre les arbres de la forêt.

Bienfaisants Sauvages! vous qui m'avez donné l'hospitalité, vous que je ne reverrai sans doute jamais, qu'il me soit permis de vous payer ici un tribut de reconnoissance. Puissiez-vous jouir long-temps de votre précieuse indépendance, dans vos belles solitudes où mes vœux pour votre bonheur ne cessent de vous suivre! inséparables amis, dans quel coin de vos immenses déserts habitez-vous à présent? Êtes-vous toujours ensemble, toujours heureux! Parlez-vous quelquefois de l'étranger de la forêt? Vous dépeignez-vous les lieux qu'il habite? Faites-vous des souhaits pour son bonheur au bord de vos fleuves solitaires? Généreuse famille, son sort est bien changé depuis la nuit qu'il passa avec vous; mais du moins est-ce une consolation pour lui, si, tandis qu'il existe au delà des mers, persécuté des hommes de son pays, son nom, à l'autre bout de l'univers, au fond de quelque solitude ignorée, est encore prononcé avec attendrissement par de pauvres Indiens [a].

[a] C'est à peu près l'apostrophe aux Sauvages qui termine *Atala*. Et moi je termine ici le pénible travail que m'ont imposé mon devoir et ma conscience. Me voilà tout entier devant les hommes, tel que j'ai été au début de ma carrière, tel que je suis au terme de cette carrière; qu'ils me jugent si je vaux la peine qu'ils s'occupent de moi : puis viendra sur nous tous l'arrêt suprême qui nous placera comme nous demeurerons.

(N. ED.)

FIN DE L'ESSAI.

NOTE.

Page 220.

RÉFUTATION

DE TOUS LES CHAPITRES PRÉCÉDENTS RELATIFS AU CLERGÉ CATHOLIQUE.

(Extrait du *Génie du Christianisme*.)

Aucune autre religion sur la terre n'a offert un pareil système de bienfaits, de prudence et de prévoyance, de force et de douceur, de lois morales et de lois religieuses. Rien n'est plus sagement ordonné que ces cercles qui, partant du dernier chantre de village, s'élèvent jusqu'au trône pontifical qu'ils supportent, et qui les couronne. L'Église ainsi, par ses différents degrés, touchoit à nos divers besoins : arts, lettres, sciences, législation, politique, institutions littéraires, civiles et religieuses, fondations pour l'humanité, tous ces magnifiques bienfaits nous arrivoient par les rangs supérieurs de la hiérarchie, tandis que les détails de la charité et de la morale étoient répandus par les degrés inférieurs, chez les dernières classes du peuple. Si jadis l'Église fut pauvre, depuis le dernier échelon jusqu'au premier, c'est que la chrétienté étoit indigente comme elle. Mais on ne sauroit exiger que le clergé fût demeuré pauvre, quand l'opulence croissoit autour de lui. Il auroit alors perdu toute considération, et certaines classes de la société, avec lesquelles il n'auroit pu vivre, se fussent soustraites à son autorité morale. Le chef de l'Église étoit prince, pour pouvoir parler aux princes; les évêques, marchant de pair avec les grands, osoient les instruire de leurs devoirs; les prêtres séculiers et réguliers, au dessus des nécessités de la vie, se mêloient aux riches, dont ils épuroient les mœurs, et le simple curé se rapprochoit des pauvres, qu'il étoit destiné à soulager par ses bienfaits, et à consoler par son exemple.

« Ce n'est pas que le plus indigent des prêtres ne pût aussi instruire les grands du monde, et les rappeler à la vertu; mais il ne pouvoit ni les suivre dans les habitudes de leur vie, comme le haut clergé, ni leur tenir un langage qu'ils eussent parfaitement entendu. La considération même dont ils jouissoient venoit en partie des ordres supérieurs de l'Église. Il convient d'ailleurs à de grands peuples d'avoir un culte honorable, et des autels où l'infortuné puisse trouver des secours...............................
....
....

« Que de choses admirables l'Occident ne nous montre-t-il pas à son tour dans les fondations des communautés, monuments de nos antiquités gauloises, lieux consacrés par d'intéressantes aventures, ou par des actes d'humanité!...

....
....

« Voyez ces retraites de la *charité*, des *pèlerins*, du *bien-mourir*, des *enterreurs de morts*, des *insensés*, des *orphelins* ; tâchez, si vous le pouvez, de trouver, dans le long catalogue des misères humaines, une seule infirmité de l'ame ou du corps pour qui la religion n'ait pas fondé son lieu de soulagement ou son hospice!

« Au reste, les persécutions des Romains contribuèrent d'abord à peupler les solitudes ; ensuite, les Barbares s'étant précipités sur l'empire, et ayant brisé tous les liens de la société, il ne resta aux hommes que Dieu pour espérance...
....
....

« On dira peut-être que les causes qui donnèrent naissance à la vie monastique n'existant plus parmi nous, les couvents étoient devenus des retraites inutiles. Et quand donc ces causes ont-elles cessé? N'y a-t-il plus d'orphelins, d'infirmes, de voyageurs, de pauvres, d'infortunés? Ah! lorsque les maux des siècles barbares se sont évanouis, la société, si habile à tourmenter les ames, et si ingénieuse en douleur, a bien su faire naître mille autres raisons d'adversité qui nous jettent dans la solitude! Que de passions trompées, que de sentiments trahis, que de dégoûts amers nous entraînent chaque jour hors du monde! C'étoit une chose fort belle que ces maisons religieuses,

où l'on trouvoit une retraite assurée contre les coups de la fortune, et les orages de son propre cœur..........
....
....

« Dieu des chrétiens, quelles choses n'as-tu pas faites? Partout où l'on tourne les yeux, on ne voit que les monuments de tes bienfaits. Dans les quatre parties du monde la religion a distribué ses milices et placé ses vedettes pour l'humanité. Le moine maronite appelle, par le claquement de deux planches suspendues à la cime d'un arbre, l'étranger que la nuit a surpris dans les précipices du Liban : ce pauvre et ignorant artiste n'a pas de plus riche moyen de se faire entendre; le moine abyssinien vous attend dans ce bois, au milieu des tigres : le missionnaire américain veille à votre conservation dans ses immenses forêts. Jeté par un naufrage sur des côtes inconnues, tout à coup vous apercevez une croix sur un rocher. Malheur à vous si ce signe de salut ne fait pas couler vos larmes! vous êtes en pays d'amis; ici sont les chrétiens. Vous êtes François, il est vrai, et ils sont Espagnols, Allemands, Anglois peut-être! Eh, qu'importe! n'êtes-vous pas de la grande famille de Jésus-Christ? Ces étrangers vous reconnoîtront pour frère, c'est vous qu'ils invitent par cette croix; ils ne vous ont jamais vu, et cependant ils pleurent de joie en vous voyant sauvé du désert.............................
....
....

« Immense et sublime idée qui fait du chrétien de la

Chine un ami du chrétien de la France, du Sauvage néophyte un frère du moine égyptien! Nous ne sommes plus étrangers sur la terre, nous ne pouvons plus nous y égarer. Jésus-Christ nous a rendu l'héritage que le péché d'Adam nous avoit ravi. Chrétien! il n'est plus d'océan ou de désert inconnu pour toi; tu trouveras partout la langue de tes aïeux et la cabane de ton père..........................
....

« La religion, laissant à notre cœur le soin de nos joies, ne s'est occupée, comme une tendre mère, que du soulagement de nos douleurs; mais, dans cette œuvre immense et difficile, elle a appelé tous ses fils et toutes ses filles à son secours. Aux uns elle a confié le soin de nos maladies, comme à cette multitude de religieux et de religieuses dévoués au service des hôpitaux; aux autres elle a délégué les pauvres, comme aux sœurs de la Charité. Le père de la Rédemption s'embarque à Marseille; où va-t-il seul ainsi avec son bréviaire et son bâton? Ce conquérant marche à la délivrance de l'humanité, et les armées qui l'accompagnent sont invisibles. La bourse de la charité à la main, il court affronter la peste, le martyre et l'esclavage. Il aborde le dey d'Alger, il lui parle au nom de ce roi céleste dont il est l'ambassadeur. Le Barbare s'étonne à la vue de cet Européen qui ose, seul, à travers les mers et les orages, venir lui redemander des captifs : dompté par une force inconnue, il accepte l'or qu'on lui présente; et l'héroïque libérateur, satisfait d'avoir rendu des malheureux à leur patrie, obscur et ignoré, reprend humblement à pied le chemin de son monastère.

« Partout c'est le même spectacle : le missionnaire qui part pour la Chine rencontre au port le missionnaire qui revient glorieux et mutilé du Canada ; la sœur grise court administrer l'indigent dans sa chaumière, le père capucin vole à l'incendie, le frère hospitalier lave les pieds du voyageur ; le frère du *bien-mourir* console l'agonisant sur sa couche, le frère *enterreur* porte le corps du pauvre décédé, la sœur de la Charité monte au septième étage pour prodiguer l'or, le vêtement et l'espérance ; ces filles, si justement appelées *Filles-Dieu*, portent et reportent çà et là les bouillons, la charpie, les remèdes ; la fille du Bon Pasteur tend les bras à la fille prostituée et lui crie : *Je ne suis point venu pour appeler les justes, mais les pécheurs!* L'orphelin trouve un père, l'insensé un médecin, l'ignorant un instructeur. Tous ces ouvriers en œuvres célestes se précipitent, s'animent les uns les autres. Cependant la religion attentive, et, tenant une couronne immortelle, leur crie : Courage, mes enfants! courage! Hâtez-vous, soyez plus prompts que les maux dans la carrière de la vie! Méritez cette couronne que je vous prépare ; elle vous mettra vous-mêmes à l'abri de tous maux et de tous besoins............................

« Étoit-il quelque chose qui pût briser l'ame, quelque commission dont les hommes ennemis des larmes n'osassent se charger, de peur de compromettre leurs plaisirs, c'étoit aux enfants du cloître qu'elle étoit aussitôt dévolue, et surtout aux pères de l'ordre de Saint-François ; on supposoit que des hommes qui s'étoient voués à la misère devoient être naturellement les hérauts du malheur. L'un étoit obligé d'aller porter à une famille la nouvelle de la perte de sa fortune; l'autre de lui apprendre le trépas d'un fils unique; le grand Bourdaloue remplit lui-même ce triste devoir : il se présentoit en silence à la porte du père, croisoit les mains sur sa poitrine, s'inclinoit profondément, et se retiroit muet comme la mort dont il est l'interprète.

« Croit-on qu'il y eût beaucoup de plaisirs (nous entendons de ces plaisirs à la façon du monde), croit-on qu'il fût fort doux pour un Cordelier, un Carme, un Franciscain, d'aller, au milieu des prisons, annoncer la sentence au criminel, l'écouter, le consoler, et d'avoir, pendant des journées entières, l'ame transpercée des scènes les plus déchirantes? On a vu, dans ces actes de dévouement, la sueur tomber à grosses gouttes du front de ces compatissants religieux, et mouiller ce froc qu'elle a pour toujours rendu sacré en dépit des sarcasmes de la philosophie; et pourtant quel honneur, quel profit revenoit-il à ces moines, de tant de sacrifices, sinon la dérision du monde, et les injures même des prisonniers qu'ils consoloient? Mais du moins les hommes, tout ingrats qu'ils sont, avoient confessé leur nullité dans ces grandes rencontres de la vie, puisqu'ils les avoient abandonnées à la religion, seul véritable secours au dernier degré du malheur. O apôtre de Jésus-Christ, de quelles catastrophes n'étiez-vous point témoin, vous qui, près du bourreau, ne craigniez point de vous couvrir du sang

des misérables, et qui étiez leur dernier appui! Voici un des plus hauts spectacles de la terre : aux deux coins de cet échafaud les deux justices sont en présence, la justice humaine et la justice divine : l'une, implacable et appuyée sur un glaive, est accompagnée du désespoir; l'autre, tenant un voile trempé de pleurs, se montre entre la pitié et l'espérance : l'une a pour ministre un homme de sang, l'autre un homme de paix : l'une condamne, l'autre absout : innocente ou coupable, la première dit à la victime : «Mœurs!» la seconde lui crie : « Fils de l'innocence ou du repentir, *montez au ciel!* ».............
....
....

« Voici encore une de ses grandes et nouvelles idées qui n'appartiennent qu'à la religion chrétienne. Les cultes idolâtres ont ignoré l'enthousiasme divin qui anime l'apôtre de l'Évangile. Les anciens philosophes eux-mêmes n'ont jamais quitté les avenues d'Académus et les délices d'Athènes pour aller, au gré d'une impulsion sublime, humaniser le sauvage, instruire l'ignorant, guérir le malade, vêtir le pauvre, et semer la concorde et la paix parmi des nations ennemies : c'est ce que les religieux chrétiens ont fait et font encore tous les jours. Les mers, les orages, les glaces du pôle, les feux du tropique, rien ne les arrête : ils vivent avec l'Esquimau dans son outre de peau de vache marine; ils se nourrissent d'huile de baleine avec le Groenlandois; avec le Tartare ou l'Iroquois, ils parcourent la solitude; ils montent sur le dromadaire de l'Arabe, ou suivent le Cafre errant dans ses

déserts embarrassés; le Chinois, le Japonois, l'Indien, sont devenus leurs néophytes; il n'est point d'île ou d'écueil dans l'Océan qui ait pu échapper à leur zèle; et, comme autrefois les royaumes manquoient à l'ambition d'Alexandre, la terre manque à leur charité..........
....
.../...

« Ce ne seroit rien connoître que de connoître vaguement les bienfaits du christianisme; c'est le détail de ces bienfaits, c'est l'art avec lequel la religion a varié ses dons, répandu des secours, distribué ses trésors, ses remèdes, ses lumières; c'est ce détail, c'est cet art qu'il faut pénétrer. Jusqu'aux délicatesses des sentiments, jusqu'aux amours-propres, jusqu'aux foiblesses, la religion a tout ménagé, en soulageant tout. Pour nous, qui depuis quelques années nous occupons de ces recherches, tant de traits de charité, tant de fondations admirables, tant d'inconcevables sacrifices, sont passés sous nos yeux, que nous croyons qu'il y a dans ce seul mérite du christianisme de quoi expier tous les crimes des hommes : culte céleste, qui nous force d'aimer cette triste humanité qui le calomnie..
....
....

« Pour se faire d'abord une idée de l'immensité des bienfaits de la religion, il faut se représenter la chrétienté comme une vaste république, où tout ce que nous rapportons d'une partie se passe en même temps dans

une autre . . . .
. . . .

« Il faut voir deux cents millions d'hommes au moins, chez qui se pratiquent les mêmes vertus et se font les mêmes sacrifices; il faut se ressouvenir qu'il y a dix-huit cents ans que ces vertus existent, et que les mêmes actes de charité se répètent : calculez maintenant, si votre esprit ne s'y perd, le nombre d'individus soulagés et éclairés par le christianisme chez tant de nations et pendant une aussi longue suite de siècles!. . . . .
. . . .

« Avant de passer aux services que l'Église a rendus à l'agriculture, rappelons ce que les papes ont fait pour les sciences et pour les beaux arts. Tandis que les ordres religieux travailloient dans toute l'Europe à l'éducation de la jeunesse, à la découverte des manuscrits, à l'explication de l'antiquité, les pontifes romains, prodiguant aux savants les récompenses, et jusqu'aux honneurs du sacerdoce, étoient le principe de ce mouvement général vers les lumières. Certes, c'est une grande gloire pour l'Église qu'un pape ait donné son nom au siècle qui commence l'ère de l'Europe civilisée, et qui, s'élevant du milieu des ruines de la Grèce, emprunta ses clartés du siècle d'Alexandre pour les réfléchir sur le siècle de Louis.

« Ceux qui représentent le christianisme comme arrêtant le progrès des lumières contredisent manifestement les témoignages historiques. Partout la civilisation a marché sur les pas de l'Évangile, au contraire des religieux de Mahomet, de Brama et de Confucius, qui ont borné les progrès de la société, et forcé l'homme à vieillir dans son enfance.

« Rome chrétienne étoit comme un grand port qui recueillit tous les débris des naufrages des arts. Constantinople tombe sous le joug des Turcs ; aussitôt l'Église ouvre mille retraites honorables aux illustres fugitifs de Bysance et d'Athènes. L'imprimerie, proscrite en France, trouve une retraite en Italie. Des cardinaux épuisent leur fortune à fouiller les ruines de la Grèce, et à acquérir des manuscrits. Le siècle de Léon X avait paru si beau au savant abbé Barthélemi, qu'il l'avoit d'abord préféré à celui de Périclès, pour celui de son grand ouvrage : c'étoit dans l'Italie chrétienne qu'il prétendoit conduire un moderne Anacharsis......................
....
....

« Les successeurs de Léon X ne laissèrent point s'éteindre cette noble ardeur pour les travaux du génie. Les évêques pacifiques de Rome rassembloient dans leur *villa* les précieux débris des âges. Dans les palais des Borghèse et des Farnèse le voyageur admiroit les chefs-d'œuvre de Praxitèle et de Phidias ; c'étoient des papes qui achetoient au poids de l'or les statues de l'Hercule et de l'Apollon ; c'étoient des papes qui, pour conserver les ruines trop insultées de l'antiquité, les couvraient du manteau de la religion. Qui n'admirera la pieuse industrie de ce pontife qui plaça des images chrétiennes sur les beaux débris des Thermes de Dioclétien? Le Panthéon n'existeroit plus s'il n'eût été consacré par le culte des apôtres, et la colonne Trajane ne seroit pas debout si la statue de saint Pierre ne l'eût couronnée.

« Cet esprit conservateur se faisoit remarquer dans tous les ordres de l'Église. Tandis que les dépouilles qui ornoient le Vatican surpassoient les richesses des anciens temples, de pauvres religieux protégeoient dans l'enceinte de leurs monastères les ruines des maisons de Tibur et de Tusculum, et promenoient l'étranger dans les jardins de Cicéron et d'Horace. Un Chartreux vous montroit le laurier qui croît sur la tombe de Virgile, et un pape couronnoit le Tasse au Capitole.

« Ainsi, depuis quinze cents ans, l'Église protégeoit les sciences et les arts; son zèle ne s'étoit ralenti à aucune époque. Si dans le huitième siècle le moine Alcuin enseigne la grammaire à Charlemagne, dans le dix-huitième *un autre moine industrieux et patient* trouve un moyen de dérouler les manuscrits d'Herculanum : si en 740 Grégoire de Tours décrit les antiquités des Gaules, en 1754 le chanoine Mazzochi explique les tables législatives d'Héraclée. La plupart des découvertes qui ont changé le système du monde civilisé ont été faites par des membres de l'Église. L'invention de la poudre à canon, et peut-être celle du télescope, sont dues au moine Roger Bacon; d'autres attribuent la découverte de la poudre au moine allemand Berthold Schwartz; les bombes ont été inven-

tées par Galen, évêque de Munster; le diacre Flavio de Givia, napolitain, a trouvé la boussole; le moine Despina, les lunettes; et Pacificus, archidiacre de Vérone, ou le pape Sylvestre II, l'horloge à roues. Que de savants, dont nous avons déjà nommé un grand nombre dans le cours de cet ouvrage, ont illustré les cloîtres, ont ajouté de la considération aux chaires éminentes de l'Église! Que d'écrivains célèbres! que d'hommes de lettres distingués! Que d'illustres voyageurs, que de mathématiciens, de naturalistes, de chimistes, d'astronomes, d'antiquaires! Que d'orateurs fameux! Que d'hommes d'État renommés! Parler de Suger, de Ximenès, d'Alberoni, de Richelieu, de Mazarin, de Fleury, n'est-ce pas rappeler à la fois les plus grands ministres et les plus grandes choses de l'Europe modernes?...................
....
....

« Rome chrétienne a été pour le monde moderne ce que Rome païenne fut pour le monde antique, le lieu universel : cette capitale des nations remplit toutes les conditions de sa destinée, et semble véritablement la ville éternelle. Il viendra peut-être un temps où l'on trouvera que c'étoit pourtant une grande idée, une magnifique institution, que celle du trône pontifical. Le père spirituel, placé au milieu des peuples, unissoit ensemble les diverses parties de la chrétienté. Quel beau rôle que celui d'un pape vraiment animé de l'esprit apostolique! Pasteur général du troupeau, il peut en contenir les fidèles dans le devoir, ou les défendre de l'oppression. Ses États, assez grands pour lui donner l'indépendance, trop petits pour qu'on ait rien à craindre de ses efforts, ne lui laissent que la puissance de l'opinion, puissance admirable quand elle n'embrasse dans son empire que des œuvres de paix, de bienfaisance et de charité!

« Le mal passager que quelques mauvais papes ont fait a disparu avec eux; mais nous ressentons encore tous les jours l'influence des biens immenses et inestimables que le monde entier doit à la cour de Rome. Cette cour s'est presque toujours montrée supérieure à son siècle. Elle avoit des idées de législation, de droit public; elle connoissoit les beaux arts, les sciences, la politesse, lorsque tout étoit plongé dans les ténèbres des institutions gothiques; elle ne se réservoit pas exclusivement la lumière; elle la répandoit sur tous; elle faisoit tomber les barrières que les préjugés élèvent entre les nations; elle cherchoit à adoucir nos mœurs, à nous tirer de notre ignorance, à nous arracher à nos coutumes grossières ou féroces. Les papes, parmi nos ancêtres, furent des missionnaires des arts envoyés à des barbares, des législateurs chez des sauvages. «Le règne seul de Charlemagne, dit Voltaire, eut « une lueur de politesse, qui fut probablement le fruit du « voyage de Rome. » (*Génie du Christianisme*, tome III, 4ᵉ partie, liv. III, chap. II, chap. III, chap. v, chap. vI; liv. IV, chap. I; liv. vI, chap. I, chap. vI.)

FIN.

TABLE DES MATIERES

CONTENUES

DANS CE VOLUME.

SECONDE PARTIE.

LIVRE PREMIER.

Chapitre premier. Seconde révolution. Philippe et Alexandre.	1
Chap. II. Athènes. Les Quatre Cents.	5
Chap. III. Examen d'un grand principe en politique.	11
Chap. IV. Les Trente Tyrans. Critias, Marat. Théramènes, Syeyes.	16
Chap. V. Accusation de Théramènes ; son discours et celui de Critias. Accusation de Robespierre.	20
Chap. VI. Guerre des émigrés. Exécution à Éleusine. Massacres du 2 septembre.	26
Chap. VII. Abolition de la tyrannie. Rétablissement de l'ancienne Constitution.	30
Chap. VIII. Un mot sur les émigrés.	32
Chap. IX. Denys le Jeune.	39
Chap. X. Expédition de Dion. Fuite de Denys. Troubles à Syracuse.	45
Chap. XI. Nouveaux troubles à Syracuse. Timoléon. Retraite de Denys.	52
Chap. XII. Denys à Corinthe. Les Bourbons.	55
Chap. XIII. Aux Infortunés.	66
Chap. XIV. Agis à Sparte.	82
Chap. XV. Condamnation et exécution d'Agis et de sa famille.	85

Chap. xvi. Jugement et condamnation de Charles Ier, roi d'Angleterre.	91
Chap. xvii. M. de Malesherbes. Exécution de Louis XVI.	98
Chap. xviii. Triple parallèle : Agis, Charles et Louis.	108
Chap. xix. Quelques pensées.	114
Chap. xx. Philippe et Alexandre.	117
Chap. xxi. Siècle d'Alexandre.	118
Chap. xxii Philosophes grecs.	120
Chap. xxiii. Philosophes modernes. Depuis l'invasion des Barbares jusqu'à la renaissance des lettres.	130
Chap. xxiv. Suite. Depuis Bacon jusqu'aux encyclopédistes.	138
Chap. xxv. Les encyclopédistes.	144
Chap. xxvi. Platon, Fénélon, J.-J. Rousseau. La république de Platon, le Télémaque, l'Émile.	147
Chap. xxvii. Mœurs comparées des philosophes anciens et des philosophes modernes.	163
Chap. xxviii. De l'influence des philosophes grecs de l'âge d'Alexandre sur leur siècle, et de l'influence des philosophes modernes sur le nôtre.	169
Chap. xxix. Influence politique.	170
Chap. xxx. Influence religieuse.	174
Chap. xxxi. Histoir du polythéisme, depuis son origine jusqu'à son plus haut point de grandeur.	176
Chap. xxxii. Décadence du polythéisme chez les Grecs, occasionée par les sectes philosophiques et plusieurs autres causes.	181
Chap. xxxiii. Le polythéisme à Rome jusqu'au christianisme.	185
Chap. xxxiv. Histoire du christianisme, depuis la naissance du Christ jusqu'à sa résurrection.	187
Chap. xxxv. Accroissement du christianisme jusqu'à Constantin.	189
Chap. xxxvi. Suite. — Depuis Constantin jusqu'aux Barbares.	191
Chap. xxxvii. Suite. — Conversion des Barbares.	194
Chap. xxxviii. Depuis la conversion des Barbares jusqu'à la renaissance des lettres. Le christianisme atteint à son plus haut point de grandeur.	198
Chap. xxxix. Décadence du christianisme occasionée par trois causes : les vices de la cour de Rome, la renaissance des lettres, et la réformation.	200
Chap. xl. La réformation.	202
Chap. xli. Depuis la réformation jusqu'au régent.	208
Chap. xlii. Le régent. La chute du christianisme s'accélère.	210
Chap. xliii. La secte philosophique sous Louis XV.	213

Chap. xliv. Objections des philosophes contre le christianisme. Objections philosophiques. 220
Chap. xlv. Objection historiques et critiques. 223
Chap. xlvi. Objection contre le dogme. 226
Chap. xlvii. Objections contre la discipline. 229
Chap. xlviii. De l'esprit des prêtres chez les anciens et chez les modernes, considéré dans un gouvernement populaire. 233
Chap. xlix. De l'esprit des prêtres chez les anciens et chez les modernes, considéré dans un gouvernement monarchique. 237
Chap. l. Du clergé actuel en Europe. — Du clergé en France. 243
Chap. li. Du clergé en Italie. 247
Chap. lii. Du clergé en Allemagne. 249
Chap. liii. Du clergé en Angleterre. 250
Chap. liv. Du clergé en Espagne et en Portugal. Voyage aux Açores. Anecdote. 253
Chap. lv. Quelle sera la religion qui remplacera le christianisme. 265
Chap. lvi. Résumé. 271
Chap. lvii et dernier. Nuit chez les Sauvages de l'Amérique. 280
Note. 299

FIN DE LA TABLE.

www.ingramcontent.com/pod-product-compliance
Lightning Source LLC
Chambersburg PA
CBHW071256160426
43196CB00009B/1311